Julius H. Schoeps
Leiden an Deutschland

SERIE PIPER
Band 1220

Zu diesem Buch

Das Thema dieser Arbeiten von Julius H. Schoeps ist das Verhältnis von Deutschen und Juden. Dabei gerät die Zeit des
Dritten Reiches in den Mittelpunkt, fast zwangsläufig: »Es
sind die Erinnerungen an die Nazi-Zeit, von denen wir uns
nicht freimachen können…. Was zwischen 1933 und 1945 geschah, ist nicht Geschichte, sondern peinigende Gegenwart.«
Schoeps beschäftigt sich mit heftig und kontrovers diskutier-
ten Fragen: Warum die Emanzipation der Juden scheiterte,
wie sich der Antisemitismus im Alltag auswirkte, was die
Gründe dafür waren, daß sich die protestantische Kirche in
den Dienst der NS-Ideologie stellte, und welche Schwierigkeiten Juden und Nichtjuden im Umgang miteinander haben
ebenso wie im »Bewältigen« der NS-Vergangenheit.

Julius H. Schoeps, geboren 1942 in Djursholm/Schweden, ist
Professor für Politische Wissenschaft und Direktor des Salo-
mon-Ludwig-Steinheim-Instituts für deutsch-jüdische Geschichte an der Universität Duisburg.

Julius H. Schoeps

Leiden an Deutschland

Vom antisemitischen Wahn
und der Last der Erinnerung

Piper
München Zürich

Von Julius H. Schoeps herausgegeben liegt
in der Serie Piper außerdem vor:
MENORA – Jahrbuch für deutsch-jüdische Geschichte 1 (1221)

ISBN 3-492-11220-X
Originalausgabe
September 1990
© R. Piper GmbH & Co. KG, München 1990
Umschlag: Federico Luci
Satz: SatzStudio Pfeifer, Gräfelfing
Druck und Bindung: Clausen & Bosse, Leck
Printed in Germany

INHALT

Anhang

Vorwort

Es sind die Erinnerungen an die Nazi-Zeit, von denen wir uns nicht freimachen können. Sie bestimmen unser Denken und Handeln, mehr als wir uns das manchmal eingestehen wollen. Was zwischen 1933 und 1945 geschah, ist nicht Geschichte, sondern peinigende Gegenwart. »Vergangenheit, die nicht vergeht«, hat es der Historiker Ernst Nolte, wenn auch in einem anderen Zusammenhang, durchaus zutreffend genannt. Ein Entrinnen ist unmöglich. Die Vergangenheit holt uns immer wieder ein, ob wir wollen oder nicht. Die Bilder der ausgemergelten Gestalten, die blicklosen Gesichter, das Wissen um den millionenfachen Mord lassen sich nicht verdrängen. Im Gegenteil. Je größer der Abstand, je mehr Jahre verstreichen, desto schmerzhafter wird vielen von uns bewußt, daß da etwas geschehen ist, dem mit üblichen Erklärungs- und Deutungsversuchen nicht beizukommen ist.

Jahrzehntelang wurde im Nachkriegsdeutschland geschwiegen. War der Grund dafür die Erkenntnis, einem Verbrecher hinterhergelaufen zu sein? Oder war es die Scham, die Unfähigkeit, darüber zu sprechen, daß ein relativ weiter Kreis von Deutschen zum größten Teil indirekt, zum Teil aber auch direkt an dem Massenmord an den Juden mitgewirkt hat? Es fällt schwer, rational nachzuvollziehen, zu begreifen, was sich da ereignet hat. Vermutlich stößt sogar der Versuch, das Phänomen der Massenvernichtung auf übliche Weise »verstehen« zu wollen, an gedankliche und sprachliche Grenzen, die durch die Ungeheuerlichkeit des realen Geschehens bedingt sind.

Der Historiker Dan Diner hat von Auschwitz und den Verbrechen der Nazis als einem »Zivilisationsbruch« gesprochen, der etwas vollständig Neues in der Geschichte markiert, dem mit Begriffen, mit denen sonst der Zivilisationsprozeß gekennzeichnet wird, nicht beizukommen ist. Ähnlich hat wohl auch der Schriftsteller Jean Améry gedacht, der sogar auf der prinzipiellen Nicht-Erklärbarkeit von Auschwitz bestanden hat: »Weil es nun einerseits nichts wirklich Aufklärendes gibt über die Eruption des radikal Bösen in Deutschland und weil andererseits dieses Böse in der Tat ... in seiner totalen inneren Logik und vermaledeiten Rationalität singulär und irreduktibel ist, stehen wir alle noch vor einem finsteren Rätsel« (»Jenseits von Schuld und Sühne«, Stuttgart 1980, S. 9)

Die einzig bestehende Möglichkeit, Auschwitz zu begreifen, ist vermutlich tatsächlich nur die Opferperspektive, die Sicht aus der »Radikalität des erfahrenen Opferseins«, wie das Dan Diner formuliert hat. Die nachstehend abgedruckten Texte handeln von verschiedenen Themen, haben aber alle das deutsch-jüdische oder jüdisch-deutsche Beziehungsproblem zum Inhalt. Gefragt wird, ob der Ende des 18. Jahrhunderts beginnende Emanzipationsprozeß nicht von vornherein zum Scheitern verurteilt war. Untersucht wird, welche Rolle der Alltagsantisemitismus spielte, wie die Juden auf ihn reagierten und welche Abwehrstrategien sie entwickelten. Erörtert wird, wie es zum Aufstieg der Nazis kam, wie die Mechanismen der Ausgrenzung und der Vertreibung funktionierten, warum nur wenige Widerstand leisteten und kaum jemand protestierte, als vor aller Augen die Juden in die Vernichtungslager deportiert wurden. Diskutiert wird, inwieweit dafür die Verantwortung den Kirchen zugeschrieben werden muß. Sicher wird das noch lange strittig bleiben, insbesondere ob es nicht doch ihre opportunistische und devote Haltung war, die dazu führte, daß die von Generation zu Generation tradierten Vorurteile in der Zeit des Nationalsozialismus in einer wüsten Orgie des Hasses und der Vernichtung explodierten.

Einige der Texte befassen sich mit den nach 1945 einsetzenden und bis heute andauernden Bemühungen, mit den eigenen Schuldgefühlen fertig zu werden. Das gilt, wie manche der Texte deutlich zu machen versuchen, für Juden wie für Nichtjuden gleichermaßen. Beide leiden an einer gemeinsamen, traumatisch empfundenen Erinnerung, die sich in Verdrängungsprozessen spiegelt, mitunter in heftigen Auseinandersetzungen entlädt, aber auch zum Ausdruck kommt in hilflosen, teilweise peinlichen Versuchen der Rechtfertigung. Beispiele dafür gibt es in den letzten Jahren genug. Erinnert sei nur an die Erregung, die sich an den Plänen entzündete, in Bonn ein Mahnmal für die Opfer des Krieges *und* der Gewaltherrschaft zu schaffen. Oder an die Debatten, die durch leichtfertig hingeworfene Bemerkungen eines Politikers ausgelöst wurden. Aber auch an den Skandal, den ein wildgewordener Theaterintendant inszenierte, weil er unbedingt ein Stück auf die Bühne bringen wollte, bei dem von vornherein klar war, daß es zu einem Eklat kommen würde.

Dem Chronisten drängt sich der Eindruck auf, daß die Nachkriegszeit mit dem 9. November 1989 endgültig zu Ende gegangen scheint. Bitburg, die Historiker-Kontroverse, die Jenninger-Rede vor dem Bundestag waren alles im Rückblick nur Zwischenstationen auf dem Wege zu diesem Datum, das im Bewußtsein einer breiten Öffentlichkeit als historische Zäsur interpretiert wird. Deutlich wird das zum Beispiel an der nach dem 9. November 1989 um sich greifenden Einheitseuphorie, an den heute allerorten zu hörenden Wiedervereinigungsparolen, die eine Wende signalisieren sollen, die mehr bedeutet als nur den vordergründigen Wunsch, die deutsche Einheit wiederherzustellen – sie wird von vielen nämlich auch als eine sich günstig bietende Möglichkeit begriffen, sich von der Verantwortung für die vom NS-System begangenen Taten freizusprechen und einen Schlußstrich unter die Vergangenheit zu ziehen.

Für den vorliegenden Band wurden Beiträge ausgewählt, die in den letzten Jahren zumeist für »Die Zeit«, die »Frankfurter Allgemeine Zeitung«, den »Aufbau« und den »Tagesspiegel« geschrieben worden sind. Aufgenommen wurden aber auch solche Aufsätze, die in Sammelbänden und Zeitschriften veröffentlicht wurden, von denen aber angenommen werden kann, daß sie einer größeren Öffentlichkeit nicht bekannt sind. Das im Anhang abgedruckte Interview führte Gert Mattenklott, dem Dank gilt, daß er die Erlaubnis für den Abdruck gab. Für die vorliegende Publikation wurden alle Beiträge sprachlich überarbeitet, sachlich ergänzt und mit den notwendigen Fußnoten versehen. Der »Nachweis der Druckorte« informiert, wann und wo zum ersten Mal die nachstehend abgedruckten Texte erschienen sind.

Meerbusch, im Winter 1989/1990   Julius H. Schoeps

VOM SCHEITERN EINER HOFFNUNG

DIE MISSGLÜCKTE EMANZIPATION
Zur Tragödie des deutsch-jüdischen Verhältnisses

Bis gegen Ende des 18. Jahrhunderts haben die Juden im Bewußtsein der Bevölkerung kaum eine Rolle gespielt. Sie wurden als außerhalb der Gesellschaft stehend empfunden. Die Stände betrachteten sie als eine Art »Landplage«, die Fürsten allenfalls als eine billige »Finanzquelle«, der man sich ungeniert und ohne Gewissensbisse bedienen konnte. Für ihre Umwelt stellten die Juden jedenfalls kein Problem dar, das irgendeiner prinzipiellen Lösung bedurft hätte. Eine Änderung dieser Einstellung begann sich erst mit der Aufklärungszeit, mit dem Wandel der sozialen, wirtschaftlichen und gesellschaftlichen Verhältnisse abzuzeichnen, einem Wandel, der den Juden schrittweise die rechtliche und politische Gleichstellung brachte[1] – aber auch verstärkt feindselige Haltungen ihnen gegenüber in der Bevölkerung auslöste.

Was meist übersehen wird, ist die Tatsache, daß die Forderung nach der Emanzipation der Juden in Deutschland nicht nur von aufgeklärten Geistern wie Dietz, Dohm, Hardenberg, Humboldt oder Lessing erhoben worden ist. Auch unter den Juden selbst hat es Stimmen gegeben, die sich für menschenwürdigere Verhältnisse, rechtliche Gleichstellung und gesellschaftliche Anerkennung einsetzten. Das Wirken vieler »privilegierter« und »generalprivilegierter« Juden in Preußen muß hier genannt werden. Die Ephraims, Itzigs, Fraenkels und Hirschs haben in erheblichem Maße mit dazu beigetragen, die Emanzipation ihrer Glaubensbrüder vorzubereiten.[2] Der beste Beleg für die aktive Mitwirkung der Juden am Emanzipationsprozeß ist wohl der, daß die vielgerühmte Schrift Christian Wilhelm Dohms »Über die bürgerliche Verbesserung der Juden« von 1781, die in der Geschichtsschreibung als »Bibel der Emanzipation« gefeiert wird[3], auf direkte

Anregung des Lessing-Freundes und Philosophen Moses Mendelssohn entstanden ist.

Wir wissen heute, daß der Emanzipationsprozeß grundlegende Veränderungen im jüdischen Selbstverständnis zur Folge hatte. So waren bis zum Beginn des 19. Jahrhunderts die Sehnsucht nach Zion und die Hoffnung auf Rückkehr in das Heilige Land integraler Bestandteil des Glaubens. »Nächstes Jahr in Jerusalem«[4] war nicht nur eine Gebetsformel, sondern ein Bekenntnis, dem sich jeder Jude verpflichtet fühlte. Das Prinzip der Einheit von jüdischer Religion und jüdischem Volk wurde noch nicht in Frage gestellt. In dem Maße, in dem ihnen nun die Teilnahme am gesellschaftlichen und kulturellen Leben ermöglicht wurde, begannen viele Juden sich ganz als Bürger des Staates zu fühlen, in dem sie lebten, und ihr Judesein nicht mehr als Zugehörigkeit zum jüdischen Volk zu verstehen. In der Hoffnung, das Vertrauen der europäischen Welt zu gewinnen und sich der Emanzipation »würdig« zu erweisen, bemühte man sich um Anpassung, darum, nicht aufzufallen. Einige Juden unterzogen sich sogar der Taufe, ein Akt (Heinrich Heine hat ihn bekanntlich spöttisch das »Entréebillet zur europäischen Kultur«[5] genannt), der vielfach als Unterwerfungs- und Anpassungsgeste gedeutet wurde und in der Regel den Abfall vom Judentum endgültig machte.

Wer sich mit den Problemen des Zusammenlebens von Juden und Deutschen befaßt, fragt sich unwillkürlich, ob der im 18. und zu Beginn des 19. Jahrhunderts eingeleitete Emanzipations- und Akkulturationsprozeß nicht von Anfang an zum Scheitern verurteilt war. Sind nicht die Widerstände, die die Versuche begleiteten, die Juden zu gleichberechtigten Bürgern zu machen, unüberwindlich gewesen? Vielleicht haben diejenigen Recht, die im Zusammenhang mit der Emanzipationsgesetzgebung in Deutschland von einer Art »Konstruktionsfehler« sprechen. Im Gegensatz zu Frankreich, wo es sich um einen einmaligen revolutionären Akt handelte, der den Juden mit einem Federstrich die Gleichberechtigung zugestand, war es in Deutschland die Konzeption der allmählichen, der stufenweisen Emanzipation, die nicht als Rechtsakt, sondern als Erziehungsvorgang begriffen wurde. In der Publizistik und in den gesetzgebenden Versammlungen wurde häufig die Ansicht geäußert, daß den Juden die völlige Gleichstellung erst dann zugestanden werden könnte, wenn sie sich diese durch Wohlverhalten verdient hätten – eine Forderung, die deutlich erkennen läßt, daß sie von Mißtrauen und Widerwillen diktiert war.

Bis 1848 hatte kaum ein Staat des Deutschen Bundes die volle gesetzlich verankerte Emanzipation der Juden verwirklicht. Hardenbergs berühmte Formel »Gleiche Pflichten – gleiche Rechte« wurde zwar im Prinzip anerkannt, aber selbst im Revolutionsjahr in den meisten deutschen Staaten auf die Juden nicht zur Anwendung gebracht. Vorhandene Hoffnungen wurden bitter enttäuscht. Das »Revolutionsjahrzehnt«, das dem Vormärz und der 48er Revolution folgte, beendete den »Emanzipationsspuk«[6], und die Juden mußten erfahren, daß die zugestandene verfassungsmäßige Gleichberechtigung mehr auf dem Papier als in der Wirklichkeit bestand.

Erste Anzeichen eines Umschwungs in der Haltung zur »Judenfrage« sind erst wieder Ende der 50er Jahre, mit Beginn der sogenannten »Neuen Ära« in Preußen festzustellen. Nur war es dann nicht der revolutionär auftretende Radikalliberalismus der Jahre 1848/49, sondern der staatsreformierende und staatsgründende (National-)Liberalismus, der auf dem Hintergrund eines expansiven, freihändlerischen und frei konkurrierenden Wirtschaftsdenkens und -schaffens die staatsbürgerliche Gleichstellung der Juden im »Norddeutschen Bund« und im »Deutschen Reich« von 1871 herbeiführte.

Vor einigen Jahren hat der Religionsphilosoph und -historiker Gershom Scholem eine seitdem oft und meistens kontrovers diskutierte These entwickelt, es habe nie eine deutsch-jüdische Symbiose gegeben, immer nur einen sehr einseitigen jüdisch-deutschen Dialog.[7] Die Unbefangenheit wirklicher Humanität, den Juden als Juden gelten zu lassen, hätten nur wenige Deutsche gehabt. Ob man diese These teilt oder nicht, sie führt jedenfalls in das Zentrum der Fragestellung: Wieso war die christlich-deutsche Umwelt in ihrer überwiegenden

Mehrheit gegen die Juden eingestellt? Und warum haben die Juden, trotz des Wissens um diese Feindschaft, sich dennoch um Emanzipation und Akkulturation bemüht?

In gewisser Weise wird Scholems These bestätigt durch die Untersuchungen von Historikern wie Jacob Toury zum Beispiel, der nachgewiesen hat, daß es sich bei der Emanzipationsgesetzgebung in den meisten deutschen Staaten lediglich um die Gewährung individueller Staatsbürgerrechte gehandelt hat[8] – einer Politik also, die den Menschen, aber nicht den Juden emanzipieren wollte, ganz nach dem Vorbild der Emanzipationsdebatte der französischen Nationalversammlung im Dezember 1789, wo Graf Clermont-Tonnèrre öffentlich zum ersten Mal den Satz formulierte, der dann zum unumstößlichen Credo der Emanzipationsgegner werden sollte: »Den Juden als Individuen alles, den Juden als Nation nichts.«[9]

Trotz der vorhandenen Hindernisse hat sich aber dennoch ein allmählicher Angleichungsprozeß der Juden an die christlich-deutsche Umwelt vollzogen, der mit Stichworten wie »Individualisierung«, »Säkularisierung« und »Eindeutschung« beschrieben werden kann. Daß dies geschah, dafür gibt es eine Reihe von Gründen, so u.a. den Eintritt der Juden in das Bürgertum, den damit verbundenen wirtschaftlichen Aufstieg in Groß- und Mittelstädten, den Anstieg »ordentlicher« kaufmännischer sowie akademischer Berufe unter den Juden, die Schrittmacherfunktionen von Juden im Neuland der wirtschaftlichen Umwälzungen und Entwicklungen. Diese und andere Faktoren waren es, die die wirtschaftlich-soziale Integration vorantrieben, den Anpassungsprozeß der Juden in Deutschland beschleunigten. Sieht man genauer hin, dann erkennt man jedoch, daß ihrer sozialen Integration zumeist gesellschaftliche Grenzen gesetzt waren. Typisch ist ein Bericht der »Breslauer Morgenzeitung« aus dem Jahre 1870 über einen Ball der Breslauer Kaufmannschaft: »Unsere christlichen und jüdischen Kaufleute haben zusammen marchandiert, discontiert, diniert, soupiert, smoliert, sie haben sich sogar spousiert, aber niemals miteinander getanzt. Ist das nicht höchst merkwürdig?...«[10]

Vorbehalte und offene Feindschaft haben nicht den Akkulturationsprozeß verhindern können, der sich – langsamer oder schneller, je nach Ort und Gemüt – bei den Juden durchsetzte. Radikale Veränderungen begannen sich abzuzeichnen. Eine Kultur der Anpassung entstand, die sich auf alle Lebensbereiche auswirkte: Rabbiner traten auf, die sich für eine Reform des Judentums einsetzten.[11] Die traditionell-jüdische Unterrichtsweise ging zurück. Die Sabbatheiligung wurde durch die Arbeitsruhe nicht mehr eingehalten, die rituellen Speisevorschriften mehr und mehr vernachlässigt. Die jüdische Religion wurde zu einer Konfession neben anderen. Der »deutsche Staatsbürger jüdischen Glaubens« die Formel, auf die man sich verständigte. In Kleidung und Sprache paßten sich die Juden der christlichen Umwelt an. Vereinzelt gelang es Juden sogar, Aufnahme an Honoratiorenstammtischen zu finden, in Turn- und Schützenvereine einzutreten und Mitglieder in Sängerbünden zu werden. Begeistert von der Möglichkeit einer vermeintlich vollendeten Akkulturation, erklärte eine jüdische Stimme im Jahre 1870: »Wir waren, sind und werden Deutsche sein, wie nur irgend Glieder der deutschen Nation es sind.« Demonstrative Vaterlandsliebe und Patriotismus (Walther Rathenau: »Wer sein Vaterland liebt, darf und soll ein wenig Chauvinist sein«[12]) brachte eine ganze Reihe von Juden sogar dahin, an eine tiefgehende Wesensähnlichkeit von Deutschtum und Judentum, an eine innere Identität von deutschen und jüdischen Eigenschaften zu glauben.

Begeistert von der Möglichkeit, vollständig im Deutschtum aufgehen zu können, haben viele Juden die letzten Hemmungen fallenlassen. Sie wollten Deutsche sein und kamen gar nicht auf die Idee, daß ihre Bereitschaft nicht akzeptiert werden könnte. Markus Lehmann, der Redakteur der in Frankfurt erscheinenden Wochenzeitung »Israelit«, erklärte gegen Ende 1870: »Wir deutschen Juden sind Deutsche, und nichts anderes.«[13] Das Bekenntnis zu Deutschland führte dazu, daß Familien ihre jüdischen Vornamen ablegten und dafür deutsche annahmen. Wer sich die Mühe macht, einen jüdischen Friedhof aufzusuchen, der kann feststellen, welchen Einfluß der Anpassungsprozeß auf Vor- und Familiennamen hatte. Besonders eindrucksvoll sind die Grabsteine auf dem jüdischen Friedhof in der Schönhauser Allee in Ost-Berlin. Dort liegen im Laub verwitterte Steine, wie der aus dem Jahre 1879, dessen Inschrift »Hier ruht unser heiß geliebtes Kind Alfred Deutschland«[14] vielleicht mehr über das Lebensgefühl der Zeit aussagt als lange gelehrte Abhandlungen.

Eine Gründung wie der »Centralverein deutscher Staatsbürger jüdischen Glaubens«[15], der als ein Abwehrinstrument gegen den Antisemitismus 1893 ins Leben gerufen worden war, hatte zwar zu einem Erstarken des jüdischen Gruppenbewußtseins um die Jahrhundertwende beigetragen, stand jedoch, als Theodor Herzls Judenstaatsgedanke aufkam, diesem ablehnend gegenüber. Das assimilierte deutsche Judentum sah im Zionismus eine rückläufige Bewegung, die die Entwicklung des Judentums zu einer freien allweltlichen, rein universal-religiösen Gemeinschaft aufhalte. Gleichzeitig wurde im Zionismus eine Gefahr für die staatsbürgerliche Stellung der in Deutschland lebenden Juden erblickt, die seit der Emanzipation gerade durch Aufgabe der nationalen Hoffnungen des Judentums errungen worden war. »Der [zionistische] Standpunkt«, so formulierte es Ludwig Holländer, langjähriger Chefredakteur der C.V.-Zeitung, »schlägt nicht nur unserer innersten Überzeugung geradezu ins Gesicht, sondern widerspricht auch vollkommen unseren Wünschen und Hoffnungen. Er ist uns so fremd wie möglich.«[16]

Noch deutlicher war die ablehnende Haltung bei Vereinigungen wie dem »Verband nationaldeutscher Juden«[17] oder dem »Reichsbund jüdischer Frontsoldaten«[18], in denen sich zumeist national-deutschkonservative Juden organisiert hatten, die nicht daran dachten, Zionisten zu werden, sondern sowohl Deutsche wie Juden sein und bleiben wollten. In diesen Verbänden wurde keinerlei historische oder kulturelle Gemeinsamkeit mit den Millionen Juden außerhalb Deutschlands anerkannt. Die Vorstellung, die Juden seien eine Nation unter anderen, stieß bei den nationaldeutsch gesinnten Juden auf Ablehnung. »Jüdisch-national ist derjenige Jude«, so formulierte der Berliner Rechtsanwalt Max Naumann, »der mit jedem anderen Gliede des über die Welt zerstreuten jüdischen Stammes sich durch unlösliche Bande des Blutes verknüpft fühlt, der innerhalb der Gesamtheit der Menschen den engeren Kreis der Stammesgenossen als Gefühlsgemeinschaft empfindet und aus der Gefühlsgemeinschaft der Kultur eine Nationalität ableitet.«[19] Für den »Verband der nationaldeutschen Juden« stand deshalb außer Zweifel, daß die deutschen Zionisten »entweder auszuwandern oder als Fremde sich so zu verhalten [hätten] wie jeder Ausländer«.[20]

Mit der Reichsgründung 1871 schien die Gleichstellung der Juden vollzogen zu sein. Doch wie gesichert war ihre Position? Gesellschaftlich integriert waren sie nicht, auch wenn es vielfach so schien. Bei vielen schlug sich das Gefühl des Nichtdazugehörens in einer inneren Unsicherheit nieder. Selbst Walther Rathenau, von der Möglichkeit der Symbiose zwischen Deutschtum und Judentum zutiefst überzeugt, ein Mann also, von dem man es eigentlich nicht erwarten würde, bekannte einmal, er werde »ein beklommenes Gefühl der Einengung und Verlassenheit ... nicht los«[21] und fühle sich immer von neuem schmerzlich daran erinnert, »daß er als Bürger zweiter Klasse in die Welt getreten ist und daß keine Tüchtigkeit und kein Verdienst ihn aus dieser Lage befreien kann«[22].

Zu einem Trauma für die jüdische Bevölkerung in Deutschland ist die »Judenzählung« im Ersten Weltkrieg 1916 geworden. Von offiziellen Stellen war damals verfügt worden, festzustellen, wie viele Kriegsteilnehmer jüdischer Herkunft waren. Kenner der Lage begriffen sofort, daß auf diese Weise versucht wurde, im jüdischen Bevölkerungsteil Drückebergerei und nationale Unzuverlässigkeit nachzuweisen. Jüdischerseits wurde die statistische Umfrage, deren Ergebnisse bezeichnenderweise nicht veröffentlicht wurden, als Ausdruck eines mehr oder weniger offenen Antisemitismus gedeutet. Proteste halfen wenig. Selbst der wiederholt geführte Nachweis, daß es 100 000 jüdische Kriegsteilnehmer gab und von diesen rund 12 000 gefallen seien (entsprechend dem Prozentsatz der Nichtjuden unter den Kriegstoten), nützte wenig.

In der öffentlichen Meinung stand das Urteil bereits fest. Bezeichnend war die bösartige Äußerung, mit der die Antisemiten die Nachricht vom Tod des an der Front gefallenen SPD-Reichstagsabgeordneten Ludwig Frank kommentierten: »Immer diese Juden. Selbst beim Sterben müssen sie sich noch vordrängeln!«

Zum Vorwurf der Drückebergerei und der nationalen Unzuverlässigkeit kam noch hinzu die Unterstellung des Spekulanten- und Schiebertums, die moderne Entsprechung des überkommenen Bildes vom »jüdischen Wucherer«. Juden profitierten zwar nicht häufiger und nicht seltener von der Kriegswirtschaft, als es dem jüdischen Anteil an bestimmten Wirtschaftszweigen entsprach. Wenn aber von »Kriegsgewinnlern« gesprochen wurde, dann waren immer nur die Juden gemeint, von denen der »einfache Mann« glaubte, sie würden sich an der Not des deutschen Volkes bereichern, während der tapfere deutsche Soldat mit der Waffe in der Hand sein Vaterland an der Front verteidigte. »Je mehr Juden in diesem Krieg fallen«, prophezeite Walther Rathenau, »desto nachhaltiger werden ihre Gegner beweisen, daß sie alle hinter der Front gesessen haben, um Kriegswucher zu treiben. Der Haß wird sich verdoppeln und verdreifachen.«[23]

Gleichgültig, wie groß die Opfer waren, die sie Deutschland, ihrem Vaterland, brachten, die Juden mußten erfahren, daß der Haß gegen sie eher zu- als abnahm, daß es nicht möglich war, die vorhandenen antisemitischen Vorurteile aus der Welt zu schaffen. Der Schriftsteller Jakob Wassermann gab seiner Verzweiflung darüber mit folgenden Worten Ausdruck: »Jedes Vorurteil, das man abgetan glaubt, bringt, wie Aas die Würmer, tausend neue zutage ... Es ist vergeblich, in das tobsüchtige Geschrei Worte der Vernunft zu werfen. Sie sagen: was, er wagt es aufzumucken? Stopft ihm das Maul ... Es ist vergeblich, für sie zu leben und für sie zu sterben. Sie sagen: er ist ein Jude.«[24]

Den Juden ist es nicht gelungen, von ihrer Umwelt akzeptiert zu werden. Sie blieben Außenseiter – und zwar nicht am Rand, sondern im Zentrum der Gesellschaft. Man empfand sie als Fremde, als Eindringlinge, die irritierten, vor denen man ein diffuses Gefühl der Angst hatte. Widerstände, Diskriminierungen und offene Feindschaft waren an der Tagesordnung. Die konservativen Kreise, namentlich Adel, Geistlichkeit, Landwirtschaft und Kleinbürgertum, d.h. die Teile der Bevölkerung also, die an Kapitalismus und Industrie keinen oder nur wenig Anteil hatten, betrachteten mit zunehmender Unruhe die Entwicklung, die manche Juden in der Wirtschaft, besonders im Bank- und Börsenwesen, in der Presse und in der Politik hervortreten ließ. Die aufkommende »antikapitalistische Sehnsucht« als Ausdruck eines Unbehagens an der Modernität in Verbindung mit den ursprünglichen theologisch-religiösen Wurzeln der Judenfeindschaft und dem Neid auf den Erfolg der Juden im Wirtschaftsleben führte dazu, daß in konservativen Kreisen schließlich die Juden als Haupturheber aller »zersetzenden« und »materialistischen« Ideen und als eine Gefahr für die deutsche Kultur angesehen wurden.

Der Historiker weiß heute, daß die Modernität, die um die Jahrhundertwende das ganze Leben durchdrang, die Arbeit und Spiel, Moral und Religion beeinflußte, die sich in der Kunst, in der Literatur und im Reich der Ideen niederschlug, fälschlich mit Juden und Judentum in Verbindung gebracht worden ist.[25] Was den angeblich unverhältnismäßig hohen Anteil und übergroßen Einfluß der Juden auf den sozio-kulturellen Wandel angeht, so sind dies Übertreibungen, die geeignet waren, die Juden als Verkörperung des Bösen zu denunzieren, sie für all das verantwortlich zu machen, mit dem man selbst nicht fertig wurde.

Besonders unsinnig war die stereotyp vorgebrachte Behauptung, die Juden seien besonders begierig auf Experimente und Neuerungen in Kunst und Literatur, weil ihr Judentum, sprich ihre »Wurzellosigkeit« bzw. ihr »Intellektualismus«, sie dazu prädestiniere. Es hat zwar Juden gegeben, die in vorderster Reihe der kulturellen Avantgarde standen. Das waren aber nur Ausnahmen. Die Mehrzahl der deutschen Juden verhielt sich angepaßt. Sie schwammen wie die Nichtjuden unauffällig im Strom der deutschen Kultur, verhielten sich bürgerlich rechtschaffen, waren konservativ in den politischen Anschauungen, konventionell im Geschmack und patriotisch in ihren Überzeugungen.

Kulturrevolutionäre, wie es häufig mit einem hieß, waren die Juden schon deshalb nicht, weil sie dazu gar nicht die Möglichkeiten hatten, auch wenn sie es gewollt hätten. In bestimmten Bereichen des Kultur- und Wissenschaftsbetriebes war es für sie schwer, überhaupt einen Zugang zu finden. An den Universitäten beispielsweise war es für sie so gut wie ausgeschlossen, Karriere zu machen. Ausnahmen gab es zwar, wie den Neukantianer Hermann Cohen, dem es gelang, in Marburg Nachfolger Friedrich Albert Langes zu werden. Der Normalfall sah aber anders aus. Auf ein Ordinariat zu gelangen war so gut wie unmöglich. »Die Fakultäten«, bemerkte Richard Willstätter, der Nobelpreisträger für Chemie 1915, »ließen Ausnahmen zu, gewährten aber keine Gleichberechtigung.«[26] Willstätter sprach dabei aus eigener Erfahrung. Als 1915 der König von Bayern seine Ernennung zum Professor bestätigen sollte, ließ er seinen Minister wissen: »Das ist aber das letzte Mal, daß ich Ihnen einen Juden unterschreibe.«[27] Der Mediävist Harry Breßlau, der Soziologe Georg Simmel oder der Philosoph Ernst Cassirer haben sehr darunter gelitten, daß man sie wegen ihrer jüdischen Abstammung nicht akzeptierte und ihnen, wo immer es ging, in ihrer akademischen Laufbahn Hindernisse in den Weg gelegt hat.

In der bildenden Kunst gab es für Juden zwar keine Beschränkungen, dies war aber auch ein Sektor, auf dem sie sich nicht sonderlich hervorgetan haben. Maler wie Max Liebermann oder Lesser Ury wurden zwar anerkannt, mehr aber auch nicht. Sie galten als konventionell und bürgerlich, nicht als Neuerer wie Marc, Klee, Beckmann oder Nolde, die stilprägend wirkten. Unter den Impressionisten, den Nach-Impressionisten, den Expressionisten, Kubisten und Abstrakten finden sich nur wenige Künstler jüdischer Abstammung. Womit dies zusammenhängt, darüber kann nur spekuliert werden. Vielleicht rührt es von dem alten, unbewußt weiterwirkenden jüdischen Tabu her, sich »ein Bild zu machen«. Im

Zehngebot und an zahlreichen Stellen der Bibel (Ex. 20, 3 – 4; Deut. 4, 25-31; 27, 15) wird gesagt, daß die Gottheit nicht bildlich dargestellt werden dürfe. Vielleicht aber war es auch nur ein Zufall, daß kein Jude in der Galerie jener Namen auftaucht, die in den Jahren um die Jahrhundertwende revolutionierend gewirkt und die Kunstszene entscheidend beeinflußt haben.

Eine wirkliche Rolle haben die Juden nur dort gespielt, wo es um das geschriebene und gesprochene Wort ging. Dies ist insofern erklärbar, als hier, im Gegensatz zur bildenden Kunst, Traditionen und Erfahrungen fortwirkten, die jedem Juden von Kindheit an vertraut waren, selbst wenn er nichts mehr vom Judentum wußte und sich von diesem entfernt hatte. Für Verlage, Zeitungen, Zeitschriften oder Theater entwickelten Juden eine klar erkennbare Vorliebe. Der Kultursektor war eines der wenigen Felder, wo Juden, ohne einer studentischen Verbindung angehört zu haben und ohne Reserveoffizier zu sein, aktiv werden und Karriere machen konnten. Hinzu kam, daß Juden vielleicht schneller als andere begriffen, daß Publizistik und Theater Freiräume in der in ihren Strukturen festgefügten deutschen Gesellschaft waren, die es unabhängigen Geistern möglich machten, sich zu artikulieren und moderne und zukunftweisende Ideen zu propagieren.

Tragisch ist, daß die Umwelt diese Bemühungen verkannt hat. Für sie waren es nicht Journalisten, Schauspieler oder Musiker, sondern Juden, die in den Redaktionsstuben der Zeitungen saßen, die auf den Bühnen der Theater standen und in den Konzertsälen auftraten. Die Juden, so meinte man, würden die Kulturszene beherrschen und seien darauf aus, mit ihrer »Rinnsteinkunst« (Kaiser Wilhelm II.) die deutsche Kultur zu zerstören. Die Antisemiten jeder Couleur begriffen nicht, wollten es vermutlich auch nicht verstehen, daß die Juden längst aufgehört hatten, sich als Juden zu definieren, daß sie sich voll und ganz als Deutsche fühlten, denen es in erster Linie darum ging, so zu sein wie alle anderen.

Empfindlichere Naturen quälte es, auf Geringschätzung und kaum verhüllten Haß zu stoßen. Manche Juden haben in

23

ihrer Verzweiflung die Vorurteile der Umwelt übernommen, ohne es selbst zu bemerken. Bekannt ist der Fall des jungen Philosophen Otto Weininger, der sich das Leben nahm, weil er die Geringschätzung und die Vorurteile nicht ertragen konnte, auf die er stieß. Oder derjenige des Schriftstellers Arthur Trebitsch, der, selber jüdischer Herkunft, sich zu einem der rüdesten Antisemiten entwickelte. Andere waren bemüht, sich anzupassen, dabei nicht erkennend, daß sie in ihrem Wunsch, akzeptiert zu werden, sich würdelos verhielten. Als Beispiel seien hier die Verstrickungen des Dirigenten Hermann Levi genannt, der ein großer Bewunderer und Verehrer Richard Wagners gewesen ist, aber unsäglich unter dessen Antisemitismus gelitten und eine »seelische Odyssee« durchgemacht hat, die ihresgleichen sucht.[28]

Einige haben sich immerhin gewehrt, waren nicht bereit, sich ohne Widerstand ausgrenzen zu lassen. Ein Fall, der verdient, daß er nicht in Vergessenheit gerät, ist der des jüdischen Kaufmanns Richard Stern, der am Boykottag am 1. April 1933, als SA-Männer vor seinem Geschäft in Köln aufzogen und sich dort postierten, das ihm »wegen Tapferkeit vor dem Feind« im Ersten Weltkrieg verliehene Eiserne Kreuz anlegte und sich ostentativ vor die Eingangstür seines Ladens stellte. Er wollte damit ein Zeichen setzen, auf das Unrecht hinweisen, das sich, für jeden erkennbar, vor aller Augen abspielte.

Auf einem eigens gedruckten Flugblatt, gerichtet »An alle Frontkameraden und Deutsche«, machte Stern darauf aufmerksam, daß Hitler, Frick und Göring die Erklärung abgegeben hätten: »Wer im III. Reich einen Frontsoldaten beleidigt, wird mit Zuchthaus bestraft.« Empört, daß diese Erklärung auf jüdische Frontsoldaten keine Anwendung finde, fragte er, ob er als guter Deutscher sich öffentlich beschimpfen lassen müsse: »Wir fassen diese Aktion gegen das gesamte Deutsche Judentum auf als eine Schändung des Andenkens von 12 000 gefallenen Deutschen Frontsoldaten jüdischen Glaubens.« Das Flugblatt, das unterzeichnet war mit »Der ehemalige Frontkämpfer Richard Stern«, schloß mit der Aufforderung an die Bevölkerung, sich schützend vor die jüdischen Mitbürger zu stellen.[29]

Die Bevölkerung hat sich nicht schützend vor die jüdischen Mitbürger gestellt. In der Nacht vom 9. auf den 10. November, als überall in Deutschland an die Synagogen Feuer gelegt wurde, stand die Menge da, rührte keine Hand und gaffte: stumm, dumpf und gefühllos. Teilweise kam sogar Schadenfreude auf. Der thüringische Landesbischof Martin Sasse zum Beispiel verschickte am 23. November 1938 ein Schreiben mit antisemitischen Auszügen aus Luthers Schriften mit der alles besagenden Überschrift »Martin Luther über die Juden: Weg mit Ihnen!«, in dem er jubilierte: »Am 10. November 1938, an Luthers Geburtstag, brennen in Deutschland die Synagogen.«[30]

Es gab nur wenige Menschen wie Wichard von Bredow, den Landrat des ostpreußischen Kreises Schloßberg, die Zivilcourage hatten, die nicht bereit waren, das Unrecht hinzunehmen. Als Bredow ein Fernschreiben der Gauleitung erhielt, in dem ihm mitgeteilt wurde, daß in diesen Stunden alle Synagogen in Deutschland brennen würden und Polizei und Feuerwehr nicht eingreifen sollten, zog dieser sich seine Wehrmachtsuniform an und verabschiedete sich von seiner Frau, Mutter von fünf Kindern, mit den Worten: »Ich fahre nach Schierwindt zur Synagoge und will als Christ und Deutscher eines der größten Verbrechen in meinem Amtsbereich verhindern.« Er wußte, daß er sein Leben riskierte und von der Gestapo in ein Konzentrationslager eingewiesen werden konnte: »Ich kann nicht anders handeln!« Als SA, SS und Parteileute auftauchten, um Feuer zu legen, stand der Landrat bereits vor dem Gotteshaus. Er lud vor ihnen die Pistole durch; der Weg in die Synagoge gehe nur über seine Leiche. Darauf zogen die Brandstifter ab. Die Synagoge blieb als einzige im Regierungsbezirk unzerstört. Niemand hat es gewagt, gegen den Landrat vorzugehen.[31]

Die Erfahrung von Auschwitz und dem organisierten Judenmord läßt uns heute das deutsch-jüdische Verhältnis vor 1933 insgesamt kritischer betrachten. Dennoch wäre es ungerecht, denjenigen, die an die Emanzipation geglaubt haben, den Vorwurf zu machen, sie seien einem Irrtum aufgesessen, hätten einen falschen Weg eingeschlagen. Sie sind, bürgerlich-liberal und aufgeklärt, begeistert von Philosophien, die Frieden und Brüderlichkeit predigten, davon überzeugt gewesen, daß sie richtig handelten. In ihrem Selbstverständnis fühlten sie sich als Deutsche. Sie dachten und sagten »wir« und identifizierten sich somit mit Deutschland und dem Deutschtum. Sie verstanden vielfach überhaupt nicht, daß ihr Bekenntnis auf Widerstand stieß. Sie verschlossen davor die Augen, wollten es vielleicht auch nicht zur Kenntnis nehmen, wohl in der insgeheimen Hoffnung, es werde im Deutschland Goethes und Schillers, dem sie sich angehörig fühlten, so schlimm schon nicht kommen.

Pessimistische Stimmen wie die des von Gestapo-Agenten im August 1933 im Marienbader Exil heimtückisch ermordeten Hannoveraner Philosophen und Schriftstellers Theodor Lessing[32] waren vergleichsweise selten. Lessing, Jahre vorher schon von Ahnungen geplagt, daß er einst ein gewaltsames Ende nehmen würde, hatte, ein Jahr bevor die Macht an Hitler und die Nazis überging, einen Essay geschrieben, in dem er sich skeptisch über das deutsch-jüdische Verhältnis äußerte und bezweifelte, daß die »Judenfrage« überhaupt lösbar sei. In gewisser Weise, meinte er, stehe fest, was kommen werde. Die »Tragödie der unlösbaren Widersprüche« wird die Versuche geradezu herausfordern, die »Judenfrage« mit Gewalt zu lösen: »Wir suchen immer den leichtesten Weg. Am leichtesten ist, daß man das Unbequeme verleumdet oder beseitigt. Am einfachsten also wäre es, die 12 oder 14 Millionen Juden totzuschlagen...«[33]

Hellsichtig prophezeite Lessing, sollte es zu Pogromen kommen, dann würde dies Juden und christliche Deutsche gleichermaßen treffen. Ihr künftiges Schicksal, das stand für ihn außer Zweifel, würde dann unlöslich miteinander verkettet sein. Sie hätten es dann mit einer Erinnerung zu tun, die beiden gehören und an der beide leiden würden: »Weist uns aus jeder Heimat, stellt uns überall unter Ausnahmegesetze aus Furcht vor unserem Geist, aus Scham vor unserer Seele, entwürdigt, demütigt, kränkt, beleidigt. Aber denkt auch an eure eigene Seele. Aus der werdet ihr uns nie los, denn dank dieser Not unseres Lebens sind wir der tiefere Teil eurer selbst. Richtet uns, [dann] richtet [ihr] euch selbst.«[34]

Es kam schlimmer und grauenhafter, als es sich die kühnste Phantasie hätte ausmalen können. Im Strudel der braunen Revolution ging nicht nur eine ganze Epoche unter. Eine Welt versank. Mit dem Jahr 1933 war die deutsch-jüdische liberale Weggemeinschaft unwiderruflich beendet. Emanzipation und Gleichberechtigung waren rückgängig gemacht worden. Der Kampf, über 100 Jahre geführt, war verloren. Für die meisten Juden war es ein jäher Schock. Der 86jährige Maler und Graphiker Max Liebermann, der Inbegriff des deutschen Juden, erklärte in einem kürzlich aufgefundenen Brief, den er am 8. Juni 1933 dem Dichter Chaim Bialik und Meir Dizengoff, dem Bürgermeister von Tel Aviv, schrieb: »Wie ein fürchterlicher Alpdruck lastet die Aufhebung der Gleichberechtigung auf uns allen, besonders aber den Juden, die wie ich, sich im Traume der Assimilation hingegeben hatten … So schwer es mir auch wurde, ich bin aus dem Traume, den ich mein langes Leben geträumt habe, erwacht.«[35]

War also die deutsch-jüdische Symbiose, die man vielleicht besser Weggemeinschaft nennen sollte, nur eine Fiktion? Was die christlich-deutsche Welt angeht, so trifft es zu, daß nur eine Minderheit bereit gewesen ist, die Juden als ihresgleichen anzuerkennen. Wie aber stand es mit den Juden? Sicher war es, wie Liebermann es bitter formuliert hat, ein Traum, den die Juden geträumt haben. Kann man dies ihnen aber zum Vorwurf machen? Viele Juden hielten, selbst als sie aus Deutschland verjagt wurden, an der Liebe zur deutschen Sprache und Kultur fest, bemüht, zwischen einem zivilisierten und einem barbarischen Deutschland zu unterscheiden, wie zum Beispiel Else Lasker-Schüler, die ihrer 1943 in Jerusalem erschienenen Gedichte-Sammlung »Mein blaues Klavier« die gleichsam »ökumenische Widmung« (Peter Gay) voranstellte: »Meinen unvergeßlichen Freunden und Freundinnen in den

Städten Deutschlands – und denen, die wie ich vertrieben und nun zerstreut in der Welt. In Treue.«[36]

Anmerkungen

1 Vgl. Reinhard Rürup, Emanzipation und Antisemitismus. Studien zur »Judenfrage« der bürgerlichen Gesellschaft (= Kritische Studien zur Geschichtswissenschaft, Bd. 15), Göttingen 1975.

2 Hierzu Julius H. Schoeps, Ephraim Veitel Ephraim – Ein Vorkämpfer der Judenemanzipation, in: Mendelssohn-Studien. Beiträge zur neueren deutschen Kultur- und Wirtschaftsgeschichte, hrsg. von Cécile Lowenthal-Hensel, Bd. 2, Berlin 1975, S. 51–70.

3 Zur Entstehungsgeschichte vgl. Ilsegret Dambacher, Christian Wilhelm von Dohm. Ein Beitrag zur Geschichte des preußischen aufgeklärten Beamtentums und seiner Reformbestrebungen am Ausgang des 18. Jahrhunderts, Frankfurt a.M. 1974, S. 168 ff; ebenfalls Horst Möller, Aufklärung, Judenemanzipation und Staat. Ursprung und Wirkung von Dohms Schrift über die bürgerliche Verbesserung der Juden, in: Jahrbuch für deutsche Geschichte der Universität Tel Aviv, Beiheft 3, Tel Aviv 1980, S. 119–153.

4 Traditioneller Ausspruch beim Verlesen der Pessach-Haggadah.

5 Das vielzitierte Wort (»Der Taufzettel ist das Entréebillet zur europäischen Kultur«) findet sich in »Gedanken und Einfälle« und wurde erstmalig von Adolf Strodtmann in »Letzte Gedichte und Gedanken«, dem ersten Supplementband der Hamburger Werkausgabe (21 Bde., Hamburg 1861 bis 1869) veröffentlicht.

6 Vgl. Julius H. Schoeps, Christlicher Staat und jüdische Gleichberechtigung. Der Antisemitismus der Konservativen und der jüdische Abwehrkampf im Reaktionsjahrzehnt in Preußen (1850–1858), in: Konservatismus. Eine Gefahr für die Freiheit? Für Iring Fetscher, hrsg. von Eike Hennig und Richard Saage, München 1983, S. 38–54.

7 Vgl. Gershom Scholem, Wider den Mythos vom deutsch-jüdischen Gespräch, in: Auf gespaltenem Pfad. Zum neunzigsten Geburtstag von Margarete Susman, hrsg. von Manfred Schlösser, Darmstadt 1964, S. 229–232.

8 Vgl. Jacob Toury, Soziale und politische Geschichte der Juden in Deutschland 1847 – 1871. Zwischen Revolution, Reaktion und Emanzipation, Düsseldorf 1977, S. 277 ff.

9 Der genaue Wortlaut der Rede des Grafen Clermont-Tonnèrre in der französischen Nationalversammlung, die vom 21. bis 24. Dezember 1789 stattfand, lautete: »Man soll alles den Juden verweigern und alles ihnen als Individuen gewähren; sie dürfen im Staate weder eine politische Körperschaft noch einen Orden bilden; sie sollen individuell Staatsbürger sein. Man behauptet, daß sie das nicht sein wollen. So mögen sie es [klar] sagen, und man verbanne sie dann! Es darf keine Nation in der Nation geben.«

10 Toury, Soziale und politische Geschichte der Juden (vgl. Anm. 8), S. 128.
11 Vgl. Julius H. Schoeps, Liberalismus, Emanzipation und jüdische Reform. Aaron Bernstein und die Berliner Reformgemeinde, in: Religion und Zeitgeist im 19. Jahrhundert (= Studien zur Geistesgeschichte, Bd. 1), Stuttgart/Bonn 1981, S. 59–80.
12 Walther Rathenau, Höre Israel! (1897), in: Zionismus. Texte zu seiner Entwicklung, hrsg. von Julius H. Schoeps, Wiesbaden 1983, S. 149.
13 Israelit 1870, S. 595.
14 Es handelt sich bei dem Grab um ein Kindergrab.
15 Einen Überblick über die Frühgeschichte gibt Paul Rieger, in: Ein Vierteljahrhundert im Kampf um das Recht und die Zukunft der deutschen Juden, Berlin 1918. Für die spätere Zeit vgl. Hans Reichmann, Der Centralverein deutscher Staatsbürger jüdischen Glaubens, in: Festschrift zum 80. Geburtstag von Leo Baeck am 23. Mai 1953, London 1953, S. 63–75; ebenfalls Arnold Paucker, Der jüdische Abwehrkampf gegen Antisemitismus und Nationalsozialismus in den letzten Jahren der Weimarer Republik, Hamburg 1968, S. 26 ff.
16 Ludwig Holländer, Rückblicke, in: IdR (1914), S. 301.
17 Vgl. Carl Rheins, The Verband nationaldeutscher Juden 1921–1933, in: Leo Baeck Institute Yearbook XXV, 1980.
18 Vgl. Ulrich Duncker, Der Reichsbund jüdischer Frontsoldaten 1919–1938. Geschichte eines jüdischen Abwehrvereins, Düsseldorf 1977.
19 Max Naumann, Vom mosaischen und nichtmosaischen Juden, in: Der nationaldeutsche Jude in der deutschen Umwelt, Berlin 1921, S. 8.
20 Zit. nach dem Artikel von Robert Weltsch, Verband nationaldeutscher Juden, in: Jüdisches Lexikon, Bd. IV/2, Sp. 1167 f.
21 Walther Rathenau, Höre Israel! (1897), in: Zionismus (vgl. Anm. 12), S. 144.
22 Walther Rathenau, Staat und Judentum, in: Gesammelte Schriften, Bd. I, Berlin 1925, S. 188 f.
23 Rathenau an Wilhelm Schwaner, 4. August 1916, Nachlaß Rathenau Nr. 4, Bundesarchiv Koblenz.
24 Jakob Wassermann, Mein Weg als Deutscher und Jude, Berlin 1922, S. 122 f.
25 Vgl. Peter Gay, Freud, Juden und andere Deutsche. Herren und Opfer in der modernen Kultur, Hamburg 1986, S. 115 ff.
26 Richard Willstätter im Geleitwort zu Siegmund Kaznelson, Juden im deutschen Kulturbereich, Berlin 1962, S. VIII.
27 Richard Willstätter, Aus meinem Leben, Weinheim 1949, S. 235, 342 ff.
28 Vgl. Hartmut Zelinsky, Hermann Levi und Bayreuth oder der Tod als Gralsgebet, in: Jahrbuch des Instituts für deutsche Geschichte der Universität Tel Aviv, Beiheft 6, hrsg. von Walter Grab, Tel Aviv 1984, S. 309–353 und Peter Gay, Hermann Levi. Eine Studie über Unterwerfung und Selbsthaß, in: Ders., Freud, Juden und andere Deutsche (vgl. Anm. 25), S. 207–237.
29 Richard Stern (1899–1967) konnte 1939 noch in die Vereinigten Staaten flüchten. Nach Kriegsausbruch meldete er sich dort freiwillig zur Armee. Als US-Soldat kehrte er im Sommer 1945 in seine Heimatstadt zurück, wo er

erfuhr, daß 53 Angehörige seiner Familie die Deportation nicht überlebt hatten. Stern blieb in den Vereinigten Staaten, wo es ihm gelang, sich mit einem Geschäft mit Kolonialwaren, Obst und Gemüse selbständig zu machen. Vgl. Dieter Corbach, »Ich kann nicht schweigen!« Richard Stern, Köln, Marsilstein 20 (= Spurensuche jüdischen Wirkens, Bd. 2), Köln 1988.

30 Martin Luther über die Juden: Weg mit ihnen!, hrsg. von Landesbischof Martin Sasse, Freiburg 1938, S. 2: »In dieser Stunde muß die Stimme des Mannes gehört werden, der als der deutsche Prophet im 16. Jahrhundert aus Unkenntnis einst als Freund der Juden begann, der, getrieben von seinem Gewissen, getrieben von den Erfahrungen und der Wirklichkeit, der größte Antisemit seiner Zeit geworden ist, der Warner seines Volkes wider die Juden.«

31 Vgl. Das Geschlecht von Bredow. Herkunft und Entwicklung 1251–1984, hrsg. von Max-Wicherd von Bredow, Burgdorf 1984, S. 81 f.

32 Siehe unten S. 159 ff.

33 Die Unlösbarkeit der Judenfrage (1932), in: Theodor Lessing, »Ich warf eine Flaschenpost ins Eismeer der Geschichte«. Essays und Feuilletons (1923 bis 1933), hrsg. und eingeleitet von Rainer Marwedel, Darmstadt/Neuwied 1986, S. 416.

34 Ebenda, S. 421.

35 Siehe unten S. 180 ff.

36 Vgl. Gay, Freud, Juden und andere Deutsche (vgl. Anm. 25), S. 166.

»HAB'N SIE NICHT DEN KLEINEN COHN GESEH'N?«
Antisemitismus im deutschen Alltag

In einem bekannten deutschen Nachrichtenmagazin wurden kürzlich Leserbriefe abgedruckt, in denen die FDP-Abgeordneten Gerhard Baum und Burkhard Hirsch massiv wegen ihres Eintretens gegen die Verschärfung des Demonstrationsrechtes (»Vermummungsparagraph«) kritisiert wurden. Auffallend war, daß in zweien dieser Leserbriefe die beiden Abgeordneten als »Juden« beschimpft wurden – was darauf schließen läßt, daß Familiennamen wie »Hirsch« und »Baum« im allgemeinen Namenbewußtsein noch immer als jüdische Namen identifiziert werden und ihre Erwähnung in bestimmten Situationen zur Freisetzung antisemitischer Emotionen führen kann.

Der Frage nachgegangen, warum der Name zum Ausgangspunkt von Verunglimpfung, Ehrabschneidung und zum Hindernis gesellschaftlicher Anerkennung werden kann, ist in seiner Habilitationsschrift der Kölner Linguist und Kulturwissenschaftler Dietz Bering.[1] Dessen Untersuchung, die in gewisser Weise anknüpft an die von ihm vor einigen Jahren vorgelegte und damals viel beachtete Studie über die Geschichte und den Bedeutungswandel des Begriffes »Intellektueller«[2], schlägt den Bogen von der Epoche der Emanzipation, als die Juden feste Namen annehmen mußten, bis in die Zeit des Nationalsozialismus, als für die Juden Zwangsnamen eingeführt wurden: »Sara« für alle Frauen, »Israel« für alle Männer.

Ein Glücksfall für Bering war, daß sich im Geheimen Preußischen Staatsarchiv (Dahlem) und im Zentralen Staatsarchiv der DDR in Merseburg nahezu sämtliche jüdischen Namensänderungsanträge von 1840 bis 1867 und von 1900 bis 1932 für den Staat Preußen aufbewahrt finden. Bering hat diese Aktenbestände (1 517 Änderungsbegehren für Familiennamen, 304 für Vornamen) mit Hinblick auf die Überlegung systematisch ausgewertet, daß alltagsantisemitische Äußerungen (erinnert sei an die Formulierung des Bürgermeisters im linksrheinischen Korschenbroich, der zur Sanierung des Haushaltes »ein paar reiche Juden totgeschlagen« wissen wollte) keinesfalls als entschuldbare Entgleisungen einzuschätzen sind, sondern daß sie vielmehr ein Glied sind in jenem Wirkungszusammenhang, an den der Rechtspolitiker de With in der Antisemitismusdebatte des Bundestages am 27. Februar 1986 erinnerte: »Nichts ist gleichgültig. Nichts geht verloren, alles, was wir tun oder nicht tun, kann unendliche Perspektiven haben. Keine Flucht kann auf die Dauer gelingen. Es kommt alles noch einmal zur Sprache.«[3]

Die (Leidens-)Geschichte der jüdischen Namen hat ihren Anfang mit der Emanzipationsbewegung, deren Ziel es zu Beginn des 19. Jahrhunderts bekanntlich war, die Juden zu gleichberechtigten Bürgern zu machen. Bis dahin hatten die Juden keine Familiennamen im landesüblichen Sinne. Sie benannten sich mit dem Vornamen, dem meist der Name des Vaters angehängt wurde: so etwa Moshe ben Maimon (Moshe Sohn von Maimon) oder Benjamin ben Ephraim (Benjamin Sohn von Ephraim). In Preußen, wo es nach 1812 vergleichsweise liberal zuging, konnten die Juden anfänglich selbst wählen, welchen Namen sie sich zulegen wollten. Anders war es in Galizien, wo es bei der Durchführung der Namensannahmen Militärkommissionen gab, die den Juden ihre Namen zudiktierten, »gute« wie Blumenthal für viel Geld, scheußliche wie »Schweißloch« für die armen Schlucker, die noch Glück hatten, wenn sie das »w« in ihrem Namen retten konnten.

Was die Juden in Preußen angeht, so hat Bering festgestellt, daß es nicht zu einer Massenflucht weg von den jüdischen Namen kam, wie man allgemein vermuten würde. Die überwiegende Mehrheit gedachte, Vätersitte auch in Namensfragen beizubehalten. Man neigte vielfach dazu, die Namen nur einzudeutschen. So wurde z. B. aus dem hebräischen »Naphtali« Hirsch, aus »Baruch« Bendix oder aus »Mordechai« Markus. In Berlin, dessen jüdische Bevölkerung an der Spitze der Assimilationsbewegung stand, haben gut zwei Drittel der wahlberechtigten Haushaltsvorstände ihren nachgestellten Vaternamen als bleibenden gewählt. Und selbst diejenigen, die sich für eine Änderung entschieden, haben häufig nur im Namen einige Buchstabenumstellungen gewählt wie z.B. bei dem Nachnamen »Moses«, aus dem Mosner, Moser oder Mosson wurde.

Der Akkulturationsprozeß vollzog sich jüdischerseits schnell und wie selbstverständlich. Man paßte sich in Sprache, Kleidung und Eßgewohnheiten der christlichen Umwelt an und war bemüht, nicht aufzufallen und sich so zu verhalten wie alle anderen. In den Befreiungskriegen meldeten sich Juden freiwillig zu den Waffen, in den Synagogen fanden Bittgottesdienste für das Herrscherhaus statt, und es gab sogar Juden wie den Kaufmann Markus Lilie aus Gardelegen, der in seinem Patriotismus seinen jüngsten Sohn nach dem Preußen-König Friedrich Wilhelm benennen wollte, weil sich an diesen, wie er in seinem Gesuch aus dem Jahre 1816 schrieb, »so hohe Gedanken, so herrliche Gefühle, so kräftige Ermunterungen zum Guten knüpfen«[4].

Es sollte nicht unerwähnt bleiben, daß der König die Bitte des Markus Lilie als Zumutung empfand. Er gab dem Innenminister die Order, daß er diesem zu »Gemüte« bringe, »daß ich Meinen Namen keinem Judenkinde beylegen lassen kann, welches nicht getauft wird«. Damit war den Behörden signalisiert, daß in der Namensgebung ein Unterschied zwischen Juden und Christen gemacht werden sollte. Ein königlicher Erlaß untersagte den Juden, ihren Kindern christliche Namen wie Christoph, Christian oder Peter zu geben – ein Unterfangen, das den Assimilationsprozeß aber schon nicht mehr aufhalten konnte. Dafür war der Prozeß schon zu weit fortgeschritten. »Diese Namens-Vermischung«, heißt es in einer Stellungnahme zu dem Erlaß, »ist nach unserem ehrfurchtsvollen Dafürhalten, gar nicht mehr zu redressiren.«[5]

Wie absurd, manchmal fast schon komisch diese Politik war, macht der Fall des Berliner Kaufmanns Joseph Alexander Samuel deutlich, der im August 1836 bei den registerführenden Polizeibehörden mit dem Begehr erschienen war, er wolle seinem neugeborenen Sohn den Namen »Julius« geben. Die Beamten, nicht wissend, ob es sich um einen »christlichen« Vornamen handele, wandten sich gemäß ihren Vorschriften an ihre Vorgesetzten und diese wiederum an den Minister, der es aber auch nicht genau wußte, jedoch der Meinung war, der Name »Julius« sei ein bei den Christen üblicher Name – ergo: die Bitte des Berliner Kaufmanns mit der Begründung abzuweisen sei, da es (wie das schon damals im schönsten Ministerialen-Deutsch hieß) der »obwaltenden Gebräuchlichkeit« zuwiderlaufe, wenn ein Jude den Namen »Julius« tragen würde.

Der erboste Vater gab sich mit diesem Bescheid jedoch nicht zufrieden. Er wandte sich an die Berliner jüdische Gemeinde, deren Älteste am 24. Oktober 1836 ein Schreiben an den Minister des Inneren richteten, das die Ungereimtheiten der ganzen Anordnung deutlich machte: »Es giebt wohl keinen bei den Juden üblichen Nahmen des alten Testaments, den in den hiesigen Landen nicht auch schon Christen geführt hätten, so wie derer Seits die meisten nicht biblischen Vornamen auch von den Juden seit vielen Jahrhunderten, ja seit einem Jahrtausend geführt worden sind.«[6]

Wie haben sich nun die Kabinettsräte des Königs und der Minister des Inneren in dieser Frage verhalten? Durften Juden den Namen »Julius« tragen oder nicht? Wir wissen, daß dieser Fall den biederen preußischen Beamten bei den Bezirksregierungen einiges Kopfzerbrechen bereitet hat. Die Ältesten der Berliner Gemeinde hatten nämlich eine Stellungnahme abgegeben, die die Absurdität des ganzen Vorganges deutlich machte: »So ist eben der Nahme ›Julius‹ bisher bei Christen und bei Juden gebräuchlich, ohne daß er christlichen oder jüdischen Ursprungs ist. Um in die früheste Zeit zurückzugehen, erlauben wir uns unterthänig anzuführen, daß bereits um das Jahr 800, also zu einer Zeit, wo in der Mark Brandenburg und in Preußen noch gar keine Christen existierten, ein Jude in Pavia den Nahmen Julius geführt hat, wie solches sich aus Fabricius delectus argumentorum pag: 572 ergiebt.«[7]

Anfänglich ging es noch um den Streit, ob ein Name als

»christlicher« oder als ein »jüdischer« zu gelten hätte. Das änderte sich im letzten Drittel des 19. Jahrhunderts dahingehend, daß jetzt nicht mehr von »christlichen«, sondern von »deutschen« Namen gesprochen wurde. Nicht mehr die Konfession, sondern rassistische Gesichtspunkte wurden bestimmend. Bering führt eine Reihe von Fällen an, wie zum Beispiel den des Kaufmanns Emil Schmuhl aus Schneidemühl, gegen dessen 1892 vollzogene Namensänderung in »Goetze« die »richtigen« Goetzes von Leer in Ostfriesland bis München, von Köln bis Kötzschenbroda bei Dresden mobil machten. In einer Eingabe an den Kaiser, die 116mal mit »Goetz«, »Goetze« oder »Goetzel« unterzeichnet war, forderten sie die Rückgängigmachung der Namensänderung, und zwar deshalb, weil der »gutdeutsche« Name Goetze abgewertet würde. Darüber hinaus, gaben sie zu bedenken, könnte dann nicht mehr zwischen Deutschen und Juden unterschieden werden.

Warum, wird derjenige fragen, der mit den Usancen der Zeit nicht vertraut ist, hat der Kaufmann Erich Schmuhl Wert auf eine Namensänderung gelegt? Sieht man sich den Hintergrund des Falles genauer an, dann wird deutlich, daß es geschäftliche und gesellschaftliche Gründe waren, vielleicht auch der psychische Druck, die zu dem Namensänderungsantrag geführt hatten. Namen wie »Schmuhl«, »Cohn« oder »Itzig« waren antisemitisch aufgeladen und waren für den jeweiligen Träger eine stete Irritation, die ihn in manche unangenehme Lage bringen konnte. So zum Beispiel bei einem Rezitationsabend, wo man mit einem etwas spöttischen Blick auf den jüdischen Gast aus Wilhelm Busch »Plisch und Plum« zitierte, und zwar den bekannten Vers mit »Schmulchen Schiefelbeiner«, von dem man sich im gleichen Atemzug mit dem Satz »Schöner ist doch unsereiner!« distanzieren konnte. Oder es war in einer Gesellschaft, wo der Nachbar, vielleicht durchaus wissend, neben wem er saß, das Couplet mit seinem leicht antisemitischen Unterton vor sich hin summte: »Hab'n Sie nicht den kleinen Cohn gesehn?« Theodor Lessing, der Schriftsteller und Philosoph, hat in seinen Lebenserinnerungen diese Gefühle der Hilflosigkeit und der ohnmächtigen Wut beschrieben, die jedem Juden von Kind auf vertraut waren. Er selbst erinnerte sich, daß, wenn das Neckversen »Jude Jude Itzig, mach dich nicht so witzig« von seinen Schulkameraden gesungen wurde, er sich unsäglich geschämt habe. »Das Leiden am Judesein«, bekannte er in diesem Zusammenhang, »nahm bisweilen Formen an, die wohl schlechthin wahnsinnig genannt werden müssen«.[8]

Welchen Status der Name »Cohn« in der Öffentlichkeit hatte, darüber hat ein Berliner Rechtsanwalt geschrieben, der seinerzeit mit Namensänderungsanträgen befaßt war: »Man bezeichnet einen Juden, dessen Namen man nicht kennt, oder den man nur als Juden benennen will, als ›Cohn‹. ›Cohn‹ ist in weiten Volkskreisen … die Bezeichnung für diejenigen Juden, denen gewisse, typisch jüdische, unsympathische Eigenschaften in hohem Maße anhaften. Das Wort hat sich auf diese Weise zum Schimpf- und Lästerwort herausgebildet. Man gebraucht das Wort, um Juden in ihrer Eigenschaft als solche zu beleidigen und zu verhöhnen.«[9]

Es ist erschütternd zu lesen, was Juden in ihren Anträgen als Gründe vorbrachten, um die Behörden zu überzeugen, daß es für sie notwendig sei, einen anderen Namen zu führen. Aus den von Bering angeführten Beispielen sei nur der Fall Richard Cohn herausgegriffen, der 1911 seinen Nachnamen geändert haben wollte, weil dieser wie ein »Kainszeichen« wirke. Oder der Fall des Isidor Russ, eines Kaufmannes in Berlin, der seinen Vornamen ablegen wollte und den Antrag gestellt hatte, den Vornamen »Oskar« annehmen zu dürfen. »Hohes Ministerium«, schrieb er an den Innenminister, »*bitte, bitte* versagen Sie mir die Genehmigung nicht. Lassen Sie mich einen guten Deutschen aber auch einen braven Kristen werden. Mit meinem früheren Namen Isidor komme ich nicht ans Ziel meiner Wünsche.«[10]

Es war für die Juden äußerst schwierig, aus dem »Namensghetto« zu entfliehen. Die Behörden machten Schwierigkeiten, wann immer sie konnten. Bering führt den Nachweis, daß dies allein zu dem Zweck geschah, über den Namen die Juden zu markieren und deren Erkennbarkeit zu gewährleisten. 1894 wurde die Verordnung erlassen, daß alle Änderungsanträge abzulehnen seien, sofern es deren Absicht sei, »mit Rücksicht auf die antisemitische Bewegung einen die jüdische Abstammung kennzeichnenden Namen mit einem anderen zu vertauschen«. 1898 wurde der Wechsel des Vornamens unter Strafe gestellt, 1900 die Schreibweise der Namen per Verordnung festgelegt: Jemand, der den Namen »Davidsohn« trug, durfte sich von nun an nicht mehr »Davidson« nennen. Und 1908 wurde sogar der Fluchtweg verlegt, über Adoption den Namen zu wechseln.

Die Antisemiten jeder Couleur hatten sehr schnell begriffen, daß es sehr leicht war, Juden über den Namen zu diffamieren. Zahllos waren in der Zeit des Kaiserreichs und der Weimarer Republik die Witze, Verse und Spottlieder, in denen ein jüdisch klingender Name zur Zielscheibe der Verachtung gemacht wurde (»Mit meinem Hund hab ich e Zustand im Geschäft! Zuerst hatt ich einen Kommis, der hieß Katz, natürlich hat der Hund den Katz immer gebissen. Dann hab ich den Katz entlassen und einen genommen, der hieß Eckstein, da war's noch schlimmer!« Oder: »Über allen Gipfeln Ozon. Unter allen Wipfeln sitzt Kohn.« Oder auch: »Fragt der Herr Asch den Herrn Krohn, woher er denn sein ›r‹ habe. ›Aus Ihrem Namen‹, sagt der Herr Krohn.«)

Joseph Goebbels, der Propagandaminister der Nazis, hat die Namenswaffe virtuos benutzt, um mit seinen Angriffen auf den Berliner Polizeivizepräsidenten Bernhard Weiß, den er bei jeder sich bietenden Gelegenheit mit dem Namen »Isidor« titulierte (»Die Zeit«, 7. August 1987), den Antisemitismus in der Bevölkerung anzufachen.[11] Instinktiv hat Goebbels gewußt, daß er mit seinen Attacken einen konstitutiven Punkt treffen würde, der bei jedem Menschen vorhanden ist. Der Name hat mit der jeweiligen Identität eines Menschen zu tun, und der gezielte Angriff auf diesen ist der Versuch der Persönlichkeitsdestruktion, die in der Zeit der Weimarer Republik systematisch betrieben wurde, um die Juden zu stigmatisieren und ihre Ausgrenzung aus der Gesellschaft vorzubereiten.

Als die Nazis 1933 an die Macht kamen, haben sie sich sofort daran gemacht, alle Namensänderungen von Juden rückgängig zu machen. Bereits im Juli 1933 forderte der »Deutsche Anwaltsverein«, »Rechtsanwalt Schmitthoff soll wieder Schmulewitz und Rechtsanwalt Pindar soll wieder Pincus heißen«. Runderlasse verfügten, daß jüdische Namen geändert werden könnten, aber nur in Namen wie »Cohn«, »Levy«, »Isaaksohn«. Hans Globke, der spätere Staatssekretär Adenauers, entwarf die Verordnung, daß jüdische Männer ihrem regulären Erstnamen den Zweitnamen »Israel«, jüdische Frauen den Zweitnamen »Sarah« hinzuzufügen hätten.[12] Von ihm stammt auch die Liste mit den Vorschlägen für Vornamen, die jüdischen Kindern gegeben werden sollten. Diese Liste (Hitler hatte eigenhändig Korrekturen angefügt) enthielt Namen wie »Kaleb«, »Feibisch«, »Saudik« oder »Sprinze«.

Es war nur noch ein letzter Schritt zu dem Entschluß, die Juden vollständig auszugrenzen. In den Konzentrationslagern erübrigten sich Namen. Nummern, in die Haut eintätowiert und eingebrannt, ersetzten sie. Der Mensch war schließlich nur noch eine Zahl, ein namenloses Wesen, dessen gewaltsamer Tod in den Gaskammern kaum noch jemand sonderlich berührte. Es war, wie im Rückblick immer deutlicher wird, die grauenhafte Konsequenz, der End- und gleichzeitig Höhepunkt einer Politik, die seit Beginn des 19. Jahrhunderts darauf angelegt war, den Juden Existenzberechtigung und Menschenwürde zu verweigern.

Anmerkungen

1 Dietz Bering, Der Name als Stigma. Antisemitismus im deutschen Alltag 1812–1933, Stuttgart 1987.
2 Dietz Bering, Die Intellektuellen. Geschichte eines Schimpfwortes, Stuttgart 1978.
3 Bering, Der Name als Stigma (vgl. Anm. 1), S. 8.
4 Ebenda, S. 67.
5 Ebenda, S. 103.
6 Ebenda, S. 81.

7 Ebenda, S. 82.
8 Theodor Lessing, Einmal und nie wieder. Lebenserinnerungen. Mit einem Vorwort von Hans Mayer, Gütersloh 1969, S. 113.
9 Bering, Der Name als Stigma (vgl. Anm. 1), S. 206 f.
10 Ebenda, S. 295.
11 Vgl. Dietz Bering, Von der Notwendigkeit politischer Beleidigungsprozesse. Der Beginn der Auseinandersetzungen zwischen Polizeivizepräsident Bernhard Weiß und der NSDAP, in: Juden in der Weimarer Republik, hrsg. von Walter Grab und Julius H. Schoeps, Stuttgart/Bonn 1986, S. 305–329.
12 Zu seiner Mitwirkung am Namensänderungsgesetz (17. August 1938, Reichsgesetzblatt, Teil I, S. 1044) äußerte sich Globke am 10. August 1948 in Nürnberg. Vgl. Trial of war criminals before the Nuremberg Military Tribunals. The Ministries Case (Case XI), English official transcript, S. 15465.

ÖFFENTLICH GEÄCHTET UND VOGELFREI
Vertreibung und Ausbürgerung im NS-Staat

Thomas Mann und die Bonner alma mater, ein Fall, der Schlagzeilen machte. Am 19. Dezember 1936 wurde dem Schriftsteller die Ehrendoktorwürde, die ihm 1919 mit viel Pomp von der Philosophischen Fakultät der Friedrich-Wilhelm-Universität verliehen worden war, entzogen. Mit einem Schreiben, das weder Anrede noch Schlußformel enthielt, teilte der amtierende Dekan in dürren Worten mit: »Im Einverständnis mit dem Herrn Rektor der Universität Bonn muß ich Ihnen mitteilen, daß die Philosophische Fakultät sich nach Ihrer Ausbürgerung genötigt gesehen hat, Sie aus der Liste der Ehrendoktoren zu streichen. Ihr Recht, diesen Titel zu führen, ist gemäß § VIII unserer Promotionsordnung erloschen.«[1]

Die Antwort Thomas Manns ging um die Welt. Sie erschien im Januar 1937 als Flugschrift (Auflage: 20 000) bei Emil Oprecht in Zürich, danach in Übersetzungen in den Vereinigten Staaten, Frankreich, England, Schweden, Dänemark, den Niederlanden, Polen, der Tschechoslowakei, Ungarn, Bulgarien, Rußland, Argentinien und Japan. Allgemein wurde sie als ein Protest gegen das NS-Regime verstanden. Von verschiedenen Seiten ist sie in ihrer Bedeutung sogar mit Emile Zolas »J'accuse« verglichen worden.

Das Bild, das die Bonner Universität abgab, war jämmerlich. Die Professoren zogen die Köpfe ein und hüllten sich in Stillschweigen. Was hätten sie auch sagen sollen? Sie hatten sich ja schon 1933 für das »neue« Deutschland entschieden. Damals hatten sie nicht gegen die Erlasse protestiert, die verfügten, daß ausgebürgerte Personen nicht würdig seien, den Doktortitel einer deutschen Hochschule zu führen. Im Gegenteil. Der Germanist Karl Justus Obenauer, besagter Dekan der Bonner Philosophischen Fakultät, der nach 1945 in gewundenen Erklärungen versucht hat, sich aus der Verantwortung herauszureden, verkörperte den Typus des deutschen Universitätsprofessors, der, willfährig gegenüber dem Regime, bemüht war, sich anzupassen, nicht aufzufallen und widerspruchslos alles das zu tun, was von ihm verlangt wurde.

Thomas Manns Antwort an die Bonner Professoren wirkt im nachhinein wie eine schallende Ohrfeige: »Ein deutscher Schriftsteller, an Verantwortung gewöhnt durch die Sprache, ... sollte schweigen, ganz schweigen, zu all dem unsühnbar Schlechten, was in meinem Lande an Körpern, Seelen und Geistern, an Wahrheit und Recht, an Menschen und an dem Menschen täglich begangen wurde und wird?... Der einfache Gedanke daran, wer die Menschen sind, denen die erbärmlich-äußerliche Zufallsmacht gegeben ist, mir mein Deutschland abzusprechen, reicht hin, diesen Akt in seiner ganzen Lächerlichkeit erscheinen zu lassen. Das Reich Deutschland soll ich beschimpft haben, indem ich mich gegen sie bekannte! Sie haben die unglaubwürdige Kühnheit, sich mit Deutschland zu verwechseln! Wo doch der Augenblick nicht fern ist, da dem deutschen Volke das Letzte daran gelegen sein wird, nicht mit ihnen verwechselt zu werden. Gott helfe unserm verdüsterten und mißbrauchten Lande und lehre es, seinen Frieden zu machen mit der Welt und sich selbst.«[2]

Es scheint, daß der Verlust der Ehrendoktorwürde Thomas Mann nicht sonderlich berührt hat. Das hat er hingenommen, wie man etwas Schicksalhaftes hinnimmt. Wirklich empört war er nur über die Tatsache, daß das Regime ihm, dem allseits Geehrten, der stolz darauf war, ein deutscher Schriftsteller zu sein, am 3. Dezember 1936 die Staatsbürgerschaft aberkannt hatte. Dies hat ihn tiefer getroffen als das opportunistische Verhalten der Bonner Fakultät, von der er im übrigen, wie überhaupt von den deutschen Universitäten, keine sehr große Meinung gehabt hat. Deutlich wird dies in seinem Antwortschreiben, in dem es eingangs heißt, die Freude an der ihm entzogenen akademischen Würde sei ihm längst durch »die schwere Mitschuld der deutschen Universitäten an allem gegenwärtigen Unglück« verleidet worden.

Thomas Mann ist es wie manchen anderen emigrierten Politikern, Schriftstellern, Publizisten, Künstlern und Wissenschaftlern gegangen, die unter Berufung auf das »Gesetz über den Widerruf von Einbürgerungen und die Aberkennung der deutschen Staatsangehörigkeit« bereits vor ihm ausgebürgert worden waren. Unter § 2 dieses Gesetzes, das am 14. Juli 1933 vom Reichskabinett verabschiedet worden war und am gleichen Tag in Kraft getreten ist, hieß es: »Reichsangehörige, die sich im Ausland aufhalten, können der deutschen Staatsangehörigkeit für verlustig erklärt werden, sofern sie durch ein Verhalten, das gegen die Pflicht zur Treue gegen Reich und Volk verstößt, die deutschen Belange geschädigt haben.«[3]

Die gleichgeschaltete »Vossische Zeitung« kommentierte am nächsten Tag das Gesetz wie folgt: »Mit dem Besitze der deutschen Staatsbürgerschaft ist als vornehmste Pflicht die Treue gegen Reich und Volk untrennbar verknüpft. Zahlreiche ins Ausland ausgewanderte oder geflüchtete Reichsangehörige verstoßen gegen diese Treupflicht, indem sie der feindseligen Propaganda gegen Deutschland Vorschub leisten und Maßnahmen der nationalsozialistischen Regierung herabzuwürdigen versuchen. Diese landesverräterischen Elemente können im Ausland nicht anders zur Rechenschaft herangezogen werden, als daß man sie aus der deutschen Volksgemeinschaft ausstößt ...«

Die erste Ausbürgerungsliste ist am 25. August 1933 im »Reichsanzeiger«[4] veröffentlicht worden. Es waren dreiunddreißig Namen, die auf dieser Liste standen. Und es waren nicht irgendwelche Namen, die da auftauchten. Die ironische Bemerkung, die der Historiker Adolf Leschnitzer einmal machte, ist nicht ganz abwegig, daß es sich bei dieser Liste um eine Art »Adelsbrief« gehandelt habe. Die Namen, die in alphabetischer Reihenfolge zusammen mit dem Geburtsdatum aufgeführt wurden, stehen für ein anderes, ein demokratisches Deutschland. Sie lesen sich wie ein Auszug des »Who is who« aus dem Deutschland der Weimarer Republik: Georg Bernhard, Rudolf Breitscheid, Lion Feuchtwanger, Ruth Fischer, Kurt Großmann, Emil Gumbel, Alfred Kerr, Heinrich Mann, Wilhelm Münzenberg, Wilhelm Pieck, Philipp Scheidemann, Leopold Schwarzschild, Ernst Toller, Kurt Tucholsky, Otto Wels ...

In Emigrantenkreisen wurde auf die erste Ausbürgerungsliste mit einer Mischung aus Wut, Ärger und Spott reagiert. Kurt R. Grossmann, einst Generalsekretär der »Deutschen Liga für Menschenrechte«, berichtet in seinen Erinnerungen, wie er am 30. August 1933 in einem Café in Prag den Philosophen und Schriftsteller Theodor Lessing traf, der sich spontan von seinem Stuhl erhob, seine Hand ergriff und sagte: »Ich gratuliere Ihnen zu Ihrer Ausbürgerung. Das ist in der Tat eine große Ehrung. Ich bin wirklich beschämt, daß man mich vergessen hat.« Etwas betreten antwortete Grossmann: »Aber Herr Professor, seien Sie gewiß, der Hitler vergißt Sie nicht. Sie können Gift darauf nehmen.«[5]

Wie recht er mit dieser Antwort hatte, sollte sich noch am selben Tag erweisen. Lessing, nach Hause in die Villa Edelweiß in Marienbad zurückgekehrt, am Schreibtisch in schriftstellerische Arbeiten vertieft, wurde durch das offenstehende Fenster heimtückisch erschossen. Ermittlungen der tschechoslowakischen Polizei ergaben, daß es sich nicht um einen Raubmord, sondern um einen von langer Hand vorbereiteten politischen Mord gehandelt hatte. Die Spuren wiesen nach Deutschland. Hitler hatte in der Tat, wie Grossmann prophezeit hatte, Lessing nicht vergessen.

Am 30. August war im »Prager Mittag« auch ein Artikel Grossmanns erschienen, in dem die verfügte Ausbürgerung folgendermaßen kommentiert wurde: »Weil ich durch mein Verhalten, das gegen die Pflicht zur Treue gegen Reich und Volk verstößt, die deutschen Belange geschädigt haben soll, bin ich durch die gegenwärtigen Machthaber der deutschen Staatsangehörigkeit für verlustig erklärt worden. Pflichten zur Treue gegen Reich und Volk? Ist das nicht die Liebe zur Wahrheit, das unbedingte Aussprechen dessen, was ist? Ist das nicht der Kampf um die primitivsten Menschenrechte? Die Rechte auf Freiheit, auf Menschenwürde? ... Eine spätere, ruhigere Zeit wird besser beurteilen können, wer diese ›Belange‹ des Deutschen Reiches mehr geschädigt hat.«

Die Ohnmacht der Ausgebürgerten, das Gefühl, wehrlos ausgeliefert zu sein, wird deutlich aus den Reaktionen von Heinrich Mann und Kurt Tucholsky. Ersterer wollte in seiner Empörung in der Sache der Ausbürgerung den Haager Schiedsgerichtshof anrufen – ein Vorhaben, das von vornherein aussichtslos war, weil dieser schon damals nur Klagen von Regierungen behandelte. Und Tucholsky, der im Exil sehr darunter litt, was in Deutschland vor sich ging, hat wohl geahnt, daß es kein Mittel gegen den Willkürakt der Hitler-Regierung geben würde. An seinen Freund Kurt R. Grossmann schrieb er resignierend: »In der Aberkennungssache möchte ich zunächst nichts unternehmen ...«[6] Ähnlich an seinen Verwandten Fritz Tucholsky, dem er am 31. August 1933 mitteilte: »Wegen der Staatsangehörigkeit werde ich nichts unternehmen. Ich bin eher froh darüber. Es wird mir Laufereien machen – aber in der Sache selbst ist nichts zu sagen. Es klärt.«[7]

Die vom NS-Staat verfügte Ausbürgerung hatte für den einzelnen unangenehme Konsequenzen.[8] So bedeutete es in der Regel für den aus Hitler-Deutschland geflüchteten Emigranten, daß er von diesem Zeitpunkt ab staatenlos war. Welche Tragweite dies für ihn hatte, das merkte er, wenn sein Paß abgelaufen war. Ihm war es dann verwehrt, zu einer deutschen Auslandsvertretung zu gehen und eine Verlängerung des Passes zu beantragen. Er war gezwungen, fortan ohne Legitimationspapiere, also illegal zu leben. Es war zwar möglich, an andere Ausweispapiere heranzukommen. Der von den Asylländern gemäß internationaler Vereinbarung ausgestellte Interimspaß oder Affidavit au lieu de passport war jedoch kein vollwertiger Ersatz.

Der Erwerb einer neuen Staatsangehörigkeit scheiterte meist an den dafür vorgeschriebenen Bedingungen. Leichter hatten es nur die Prominenten, diejenigen, die als Wissenschaftler oder als Schriftsteller einen Namen hatten und über die Grenzen Deutschlands hinaus bekannt waren. Ihnen gelang es, mitunter sogar die Staatsangehörigkeit des Aufenthaltslandes zu erwerben – oft wurde sie ihnen (z.B. Thomas Mann und seinen Söhnen Klaus und Golo Mann) angeboten.

Sie hatten jedenfalls in der Regel keine Schwierigkeiten, eine Aufenthaltsgenehmigung bzw. politisches Asyl zu erhalten.

Für die Masse der Ausgebürgerten, die weder einen Namen noch Beziehungen oder Geld hatten, bedeutete der ihnen aufgezwungene Zustand der Staatenlosigkeit, daß sie keinen Schutzanspruch und somit auch keinen Anspruch auf Aufenthaltsrecht hatten. Sie waren in die Rolle des Bittstellers gedrängt, der bei den Behörden anstehen und um eine Aufenthaltsgenehmigung nachsuchen mußte. Denn in der Regel galt der Grundsatz: Ohne Staatsangehörigkeit kein Schutzrecht. Alfred Kantorowicz berichtet, daß er sich anfänglich ausgezeichnet gefühlt habe, als er zu den ersten hundert »öffentlich Geächteten« gehörte. Dieses Gefühl habe sich jedoch sehr bald verflüchtigt, denn es ergab sich, »daß man durch diesen Verwaltungsakt tatsächlich vogelfrei geworden war«[9].

Charlotte Busch, Jahrgang 1908, heute in Paris lebend, erinnert sich an die Jahre, die sie nach ihrer Flucht aus Hitler-Deutschland im Herbst 1933 erst legal, dann im Untergrund in Italien verbrachte. Sie erzählt von den damaligen Schwierigkeiten, davon, daß sie von Unterkunft zu Unterkunft hetzte und das Leben in Provisorien ihr zur zweiten Natur geworden sei. Wann exakt sie ausgebürgert wurde, weiß sie nicht mehr. War es 1937 oder 1938? Vielleicht? Ein Blick in die Ausbürgerungslisten zeigt, daß es 1940 war. Ihr Name steht auf der Liste 211, die unter der Nummer 280 im »Deutschen Reichsanzeiger« veröffentlicht wurde. Charlotte Busch erzählt, daß ihr die Ausbürgerung damals wenig ausgemacht hätte, da sie andere Sorgen gehabt habe. Wichtiger sei damals gewesen, Wege zu finden, den Lebensunterhalt zu bestreiten. Sie meint, daß sie insofern noch Glück gehabt hätte, als es ihr gelungen sei, an einen der begehrten Nansen-Pässe heranzukommen, den sie noch heute hat und der sie als staatenlosen Flüchtling ausweist.

Wirklich existenzbedrohend waren die Nebenfolgen der Strafexpatriation, wie die Ausbürgerung im Fachjargon heißt. Denn die Maßnahme war in der Regel mit Vermögensbeschlagnahme und -konfiskation verbunden. Wer draußen war, mußte sich damit abfinden, daß es nicht mehr möglich war, an irgendwelches Eigentum in Deutschland heranzukommen. Charlotte Busch berichtet, daß sie deshalb immer auf der Suche nach Arbeit gewesen sei. Sie weiß heute noch den Umstand zu schätzen, daß es ihr und einer Reihe anderer Flüchtlinge gelang, eine bezahlte Beschäftigung in der Vatikanischen Bibliothek in Rom zu finden.

Wie wir heute wissen, ging es dem NS-Regime aber nicht nur darum, emigrierten politischen Gegnern die deutsche Staatsangehörigkeit abzuerkennen und sie ihrer wirtschaftlichen Existenzgrundlage zu berauben, sondern darum, sie regelrecht zu ächten. Man sah sie als »Volksfeinde« an, als »Schädlinge«, die man glaubte mit allen zur Verfügung stehenden Mitteln bekämpfen zu müssen. Bilder »Ausgebürgerter« wurden deshalb öffentlich wie Steckbriefe ausgehängt. Kurt R. Grossmann erinnert sich, daß er im »Deutschen Klub« in London ein Plakat mit den Konterfeis der 33 Ausgebürgerten der Liste vom 25. August 1933 gesehen habe. Unter den Bildern war groß und deutlich die Inschrift zu lesen: »Wenn ihr einen trefft, schlagt ihn tot!«[10]

Reibungslos lief das Ausbürgerungsverfahren nicht immer ab. Es gab Fälle, die dem Regime, anfangs jedenfalls noch, Kopfschmerzen bereiteten. Albert Einstein zum Beispiel sollte, wie der Historiker Michael Hepp aufgrund neuer Aktenfunde nachgewiesen hat, nach dem Willen der Gestapo und des Innenministeriums auf die erste Liste gesetzt werden.[11] Nach Georg Bernhard und Rudolf Breitscheid war er für Platz drei vorgesehen. Das Auswärtige Amt hatte dagegen jedoch Einspruch eingelegt, weils es internationale Proteste befürchtete: »Die Vertreter des A. A. schlagen vor, mit Rücksicht auf die nun einmal bestehende Weltgeltung E. ungeachtet des Umstandes, daß gegen ihn die gleichen Delikte sprechen wie bei allen anderen in die Liste aufgenommenen, die Aberkennung nicht oder wenigstens nicht sofort auszusprechen.«

Die Debatte, ob es opportun sei, Albert Einstein auszubürgern oder nicht, wurde von diesem Zeitpunkt ab auf höchster Ebene ausgetragen: Reichsaußenminister von Neurath teilte am 18. August 1933 Staatssekretär von Bülow mit: »Wie ich Ihnen schon gestern telephonisch sagte, scheint es mir mit Rücksicht auf die internationale Geltung von Professor Einstein erforderlich, gegen ihn mit einer gewissen Vorsicht vorzugehen, so wenig er es an sich durch sein Verhalten gegenüber seinem ursprünglichen Vaterlande verdient hat. Ich möchte ausdrücklich bemerken, daß die Einstellung des mir persönlich bekannten Professors Einstein zu Deutschland (er stammt aus meiner engeren Heimat) schon früher keineswegs einwandfrei war und daß von einer Anhänglichkeit an seine alte Heimat nicht gesprochen werden kann ...«

Der Widerstand gegen die Ausbürgerung Einsteins wurde im Auswärtigen Amt nicht durchgehalten. Auf Liste 2, die am 29. März 1934 veröffentlicht wurde, findet sich neben einer Reihe bekannter Namen auch sein Name. Es scheint, daß zur Änderung der Haltung des Reichsaußenministers mit beigetragen hat, daß im Januar 1934 gegen Einstein ein sogenannter »Steuersteckbrief« wegen nichtbezahlter »Reichsfluchtsteuer« erlassen worden ist. Auch wird der von Innenminister Frick in einem Brief am 7. Dezember 1933 eingenommene Standpunkt nicht ohne Wirkung geblieben sein: »Angesichts der besonders gehässigen und herausfordernden Propaganda, die Einstein gegen die nationalsozialistische Regierung entfaltet, halte ich es nach wie vor für richtig, daß man ihn aus der Volksgemeinschaft ausschließt ... Gerade wegen des Rufes, den Einstein als Gelehrter im Ausland genießt, halte ich seine hetzerischen Auslassungen für besonders verwerflich ...«

Hatte das Auswärtige Amt anfänglich noch die NS-Ausbürgerungspolitik mitunter blockiert, so sollte sich dies im Verlauf der folgenden Jahre radikal ändern. Die Gegner des Regimes wurden ausgeschaltet; das Amt in der Wilhelmstraße immer mehr zum reinen Erfüllungsgehilfen der NS-Politik. Besonders nach dem Amtsantritt Joachim von Ribbentrops wurden alle Rücksichten fahrengelassen und für das Ausbürgerungsverfahren Vorschlagslisten angefertigt, die »mit der Bitte um Stellungnahme« an das Innenministerium weitergeleitet wurden. Die Botschaft in Paris ging sogar so weit, im

Oktober 1940 ein »Kollektivausbürgerungsverfahren« für die sich im besetzten Frankreich aufhaltenden Flüchtlinge anzuregen und entsprechende Listen zu erstellen.[12] Der SD (Sicherheitsdienst des Reichsführers SS) war darüber so verärgert, daß er Beschwerde im Auswärtigen Amt führte. Man verbitte sich eine Einmischung in SD-Angelegenheiten, hieß es in dem Schreiben, da »die listenmäßige Erfassung« eine Aufgabe sei, »die den Dienststellen der Sicherheitspolizei und des SD in den besetzten französischen Gebieten obliegt«.

Nimmt man die amtlichen Listen und Sonderlisten des »Reichsanzeigers« als Berechnungsgrundlage, dann ergibt sich, daß zwischen dem 25. August 1933 und dem 7. April 1945 insgesamt 39 006 Deutschen die Staatsangehörigkeit aberkannt worden ist.[13] Anfangs waren es hauptsächlich politische Gründe, die angeführt wurden, um das Verfahren in Gang zu bringen. Später waren es immer mehr rassische, sexuelle, straf-, devisen- und steuerrechtliche Tatbestände, mit denen die Ausbürgerung gerechtfertigt wurde. Dem Regime ging es, als es immer offensichtlicher wurde, daß der Krieg nicht mehr zu gewinnen war, nur noch darum, Gegner und vermeintliche Gegner zu vernichten.

Dadurch daß Himmler und seine SS-Behörden das Ausbürgerungsverfahren immer mehr an sich rissen, wurden Unterschiede schließlich überhaupt nicht mehr gemacht. Nach dem Prinzip der »Sippenhaftung« konnte sich die Ausbürgerung auf Ehegatten, eheliche, adoptierte und uneheliche Kinder erstrecken. Sogar Säuglinge konnten die deutsche Staatsangehörigkeit verlieren. In der Behörden- und Polizeisprache spiegelt sich der Irrsinn eines jeglichen Maßes verlustig gegangenen bürokratischen Apparates. Je weiter das Regime seinem Ende entgegenging, desto rücksichtsloser wurden die Methoden. Den Beamten wurde es immer gleichgültiger, welche Gründe sie für das Ausbürgerungsverfahren in die Akten schrieben. Einmal unterschoben sie Homosexualität, dann ganz willkürlich wieder Freimaurerei, Schieberei oder Spekulation.

Deprimierender Höhepunkt der Ausbürgerungspolitik war

die 11. Verordnung zum Reichsbürgergesetz vom 25. November 1941. Mit dieser Verordnung wurden mit einem Schlage die rund 240 000 emigrierten deutschen Juden kollektiv ausgebürgert.[14] Aus der Sicht des NS-Staates waren damit die formaljuristischen Voraussetzungen für die »Endlösung der Judenfrage« und für die Beschlagnahme und Konfiskation jüdischer Vermögen gegeben. »Denn«, bemerkt Hans Georg Lehmann, ein Kenner der Materie, »nicht nur die emigrierten Juden, die der NS-Verfolgung entronnen waren, verloren nun automatisch ihre Staatsangehörigkeit und ihr Vermögen, sondern auch alle Juden, die in Konzentrationslager außerhalb der Reichsgrenzen deportiert und dort ermordet worden waren … konnten nun als Staatenlose unter dem Schein der Legalität expropriiert werden.«[15]

Nach Kriegsende standen die ausgebürgerten Hitler-Flüchtlinge vor der Frage, ob sie nach Deutschland zurückkehren sollten oder nicht. Der Großteil der jüdischen Flüchtlinge schloß dies für sich aus. Sie lehnten es ab, in das Land zurückzukehren, das sie vertrieben und ihre Angehörigen ermordet hatte. Typische Äußerungen ehemaliger deutscher Juden sind: »Nach den Gaskammern war mir eine Rückkehr unmöglich« oder: »Eine Rückkehr nach Deutschland, das mir meine gesamte Familie getötet hatte und das mich offiziell ausgebürgert hat, war natürlich ganz ausgeschlossen.«

Viele haben sich davor gescheut, nach Deutschland zurückzukehren. Sie hatten die Staatsbürgerschaft des Landes angenommen, das ihnen Zuflucht gewährt hatte. Deutschland war für sie nur noch Erinnerung, das Land ihrer Jugendjahre. Manche gingen zurück, machten aber die Feststellung, daß es eine »Heimkehr in die Fremde« (Hans Mayer) war. Sie zogen es deshalb vielfach vor, ihren Wohnsitz außerhalb der deutschen Grenzen zu nehmen. Thomas Mann zum Beispiel hat es nicht über sich bringen können, sich für Deutschland zu entscheiden. Er ließ sich zwar die ihm 1936 von der Bonner Universität aberkannte Ehrendoktorwürde wieder antragen, ein Akt, der ihm viele Sympathien bei Hitler-Flüchtlingen gekostet hat, aber vermutlich typisch war für den Schriftsteller, der bekanntlich den Nachkriegsdeutschen gegenüber eine ausgesprochen ambivalente Haltung an den Tag gelegt hat.

Einige wenige haben den Sprung gewagt, obwohl es ihnen sicher nicht leicht gefallen ist. Sie kehrten in das Nachkriegsdeutschland zurück, von der Hoffnung erfüllt, einen Beitrag zum Aufbau der Demokratie leisten zu können. Enttäuscht mußten sie jedoch vielfach feststellen, daß die Türen verschlossen blieben.[16] Man war an ihrer Mitarbeit nicht interessiert. Mißtrauen begegnete besonders jenen, die – wie übrigens auch Thomas Mann – die politische Philosophie des New Deal Franklin Roosevelts und die Vision eines demokratischen Deutschland mit sozialistischem Einschlag vertraten. »Ich habe in Deutschland«, schrieb Hans Henny Jahnn verbittert im August 1949 in einem Brief, »gleichsam den Anschluß nicht gefunden. Ich stecke in großer äußerer Dürftigkeit und bin tief enttäuscht, daß einzelne meiner Bekannten von einst, die heute politische Größen sind, mich nicht achten, nicht mehr achten oder so sehr von sich selbst erfüllt sind, daß ihnen die Bezirke des Geistes und ihre Träger gleichgültig sind.«[17]

Aufschlußreich ist die von Hermann Kesten 1964 veröffentlichte Anthologie »Ich lebe nicht in der Bundesrepublik«, in der einstige Hitler-Flüchtlinge über ihre Erfahrungen berichten. Ludwig Marcuse, Oskar Maria Graf, Erich Fried, Hans Habe, Richard Huelsenbeck, Walter Mehring, Manès Sperber, Max Tau und Carl Zuckmayer bekannten sich hier zwar zur deutschen Sprache und Kultur, bemühten sich aber auch zu erklären, warum es ihnen schwerfalle bzw. ihnen nicht möglich sei, im westdeutschen Teilstaat zu leben. Das Gefühl der Fremdheit, des Nichtdazugehörens, aber auch der Angst klingt in den Texten an. Oskar Maria Graf zum Beispiel, der im amerikanischen Exil geblieben ist, wies auf den Neonazismus hin und äußerte sich angewidert über »das wiedererwachte, engstirnig provinzielle deutsche Tüchtigkeitsprotzentum«, das er gepaart sah mit einer »durchgehenden spießbürgerlich-nihilistischen Prasserstimmung«[18].

Der Wille, die Hitler-Flüchtlinge zurückzuholen, ist nur in der Sowjetzone und späteren DDR wirklich vorhanden gewesen. Dort gehörten die Emigranten, sofern sie Kommunisten oder bereit waren, am Aufbau der »sozialistischen« Gesellschaft mitzuwirken, von Anfang an zur Führungselite. In den Westzonen hingegen war man nicht sonderlich an ihrer Rückkehr interessiert. Der Aufruf der Ministerpräsidenten vom 7. Mai 1947, der alle Deutschen, »die durch den Nationalsozialismus aus ihrem Vaterland vertrieben wurden«, aufforderte, in »ihre Heimat« zurückzufinden, um ein »besseres Deutschland« mitaufzubauen[19], war gutgemeint, entsprach aber nicht der allgemeinen Stimmungslage in der Bevölkerung, die gegen eine Rückkehr der Hitler-Flüchtlinge war.

Antikommunismus und kalter Krieg hatten ein Klima geschaffen, das zur Folge hatte, daß Remigranten in den Westzonen und in den Anfangsjahren der Bundesrepublik mit Argwohn und Mißtrauen betrachtet wurden. Die Vorurteile, eingehämmert während der Hitler-Jahre, waren immer noch vorhanden und bestimmten das Denken der Bevölkerung. Emigranten, die eine antifaschistische Vergangenheit hatten, wurden verdächtigt und vielfach als »vaterlandslose Gesellen« diffamiert. Willy Brandt zum Beispiel, der nach seiner Ausbürgerung die norwegische Staatsbürgerschaft angenommen hatte, »blieb jahrelang mit dem Makel behaftet, ein Landes- oder Volksverräter zu sein«[20]. Noch als Kanzlerkandidat der SPD sah er sich bei Bundestagswahlen entsprechenden Vorwürfen ausgesetzt. Franz-Josef Strauß stellte am 15. Februar 1961 in Vilshofen die rhetorische Frage: »Eines wird man aber doch Herrn Brandt fragen dürfen: Was haben Sie zwölf Jahre lang draußen gemacht? Wir wissen, was wir drinnen gemacht haben.« Und Ludwig Erhard verkündete bei verschiedenen Gelegenheiten, er habe bereits an den Plänen zur Währungsreform gearbeitet, als »Brandt noch nicht einmal wieder deutscher Staatsbürger« geworden sei.[21]

Es ist ein Skandal, wie die Bundesrepublik in den ersten Jahren ihres Bestehens mit den NS-Ausbürgerungen umging. Fragwürdig waren vor allem die Wiedereinbürgerungsvorschriften. Sie erschwerten es vielfach den einst im Hitler-Staat Ausgebürgerten, wieder Deutsche zu werden. Relativ einfach hatten es noch diejenigen, die nach dem 8. Mai 1945 ihren Wohnsitz im Inland genommen hatten. Für sie gab es insofern keine Probleme, als bei ihnen gemäß Artikel 116 Absatz 2 des Grundgesetzes verfahren wurde, der bestimmte, daß NS-Ausgebürgerte und ihre Abkömmlinge »als nicht ausgebürgert« gelten, »sofern sie nach dem 8. Mai 1945 ihren Wohnsitz in Deutschland genommen haben und nicht einen entgegengesetzten Willen zum Ausdruck gebracht« hätten. Anders sah es jedoch für diejenigen aus, die im Ausland geblieben waren, die nach all dem, was sie erlebt hatten, es nicht über sich brachten, in das Nachkriegsdeutschland zurückzukehren, als ob nichts geschehen sei. Für sie galt und gilt noch, daß sie einen Antrag stellen müssen, wenn sie wieder deutsche Staatsbürger werden wollen.

Die Praxis der Verwaltungsbehörden hat lange Jahre so ausgesehen, daß die NS-Ausbürgerung vielfach als rechtsgültig angesehen wurde. Die Verwaltung behielt sich vor, »die Ausbürgerungen erst dann wieder rückgängig zu machen, wenn dies die NS-Opfer nicht nur beantragt hatten, sondern auch Antragserfordernisse erfüllten« (Hans Georg Lehmann). Der NS-Verfolgte war dadurch in die Rolle des Bittstellers gedrängt. Er mußte Anträge stellen, sah sich mit schikanösen Fragen konfrontiert, und zwar häufig von Beamten, von denen er annehmen konnte, daß sie bereits sein Ausbürgerungsverfahren bearbeitet hatten.

Viele Ausgebürgerte haben deshalb darauf verzichtet, einen Antrag auf Wiedereinbürgerung zu stellen. Sie wollten nicht um etwas bitten, was ihnen widerrechtlich entzogen worden war. Wären sie offiziell, zum Beispiel in der Rede eines Bundespräsidenten vor dem Bundestag, aufgefordert worden, zurückzukehren, dann hätten manche Hitler-Flüchtlinge es sich vielleicht sogar überlegt, einen Antrag zu stellen. Charlotte Busch in Paris, mittlerweile seit 46 Jahren staatenlos, bekennt mit einem bitteren Unterton in der Stimme: »Niemand hat eine solche Aufforderung ausgesprochen. Wäre sie erfolgt, dann hätte ich mich vielleicht entschlossen, nach Deutschland zurückzukehren. So ist es mir unmöglich gewesen.«

Ein anderes, ebenfalls sehr typisches Beispiel ist der Fall des Schriftstellers Erich Maria Remarque, der am 7. Juli 1938 ausgebürgert worden war. Er hatte 1947 die US-Staatsbürgerschaft erhalten, wollte aber nach Gründung der Bundesrepublik wieder Deutscher werden. Remarque hat es aber strikt abgelehnt, »ein Ersuchen auf Wiederanerkennung« seiner »geraubten« Staatsangehörigkeit zu stellen. Er hat nicht verstehen können, warum die Bundesrepublik den »Nazi-Bann« und die »Reichsacht« gegen ihn nicht aufgehoben hat. Noch kurz vor seinem Tod beklagte er sich darüber, »daß Deutschland es in zwanzig Jahren nicht fertig gebracht hat, mich wieder einzubürgern«[22].

Nein, ein ruhmreiches Kapitel ist die »Wiedereinbürgerung« in der Geschichte der Bundesrepublik wirklich nicht gewesen.

Anmerkungen

1 Abgedruckt bei Paul Egon Hübinger, Thomas Mann, die Universität Bonn und die Zeitgeschichte. Drei Kapitel deutscher Vergangenheit aus dem Leben des Dichters 1905–1955, Wien 1974, S. 561 f.

2 Thomas Mann an den Dekan der Philosophischen Fakultät, 1. Januar 1937, in: Hübinger, Thomas Mann, die Universität Bonn und die Zeitgeschichte (vgl. Anm. 1), S. 565 ff.

3 Vossische Zeitung, 15. Juli 1933.

4 Deutscher Reichsanzeiger und Preußischer Staatsanzeiger Nr. 198 vom 25. August 1933.

5 Kurt Richard Grossmann, Geschichte der Hitler-Flüchtlinge 1933–1945, Frankfurt a. M. 1969, S. 93 f.

6 Ebenda, S. 70.

7 Kurt Tucholsky, Ausgewählte Briefe 1913–1935, hrsg. von Mary Gerold-Tucholsky und Fritz J. Raddatz, Reinbek bei Hamburg 1962, S. 315.

8 Hierzu insbesondere Hans Georg Lehmann, Acht und Ächtung politischer Gegner im Dritten Reich. Die Ausbürgerung deutscher Emigranten 1933 bis 45 nach den im Reichsanzeiger veröffentlichten Listen, hrsg. von Michael Hepp, Bd. 1, Paris 1985, S. IX ff.

9 Alfred Kantorowicz, Exil in Frankreich. Merkwürdigkeiten und Denkwürdigkeiten, Bremen 1971, S. 9.

10 Grossmann, Geschichte der Hitler-Flüchtlinge (vgl. Anm. 5), S. 69.

11 Michael Hepp, Wer Deutscher ist, bestimmen wir …, in: Hans Georg Lehmann, Acht und Ächtung politischer Gegner im Dritten Reich (vgl. Anm. 8), S. XXVI ff.

12 Vgl. ebenda, S. XXXI ff.
13 Die Zahl ist von Hans Georg Lehmann, Acht und Ächtung politischer Gegner im Dritten Reich (vgl. Anm. 8), ermittelt worden.
14 Lt. Biographisches Handbuch der deutschsprachigen Emigration nach 1933, hrsg. vom Institut für Zeitgeschichte München und Research Foundation for Jewish Immigration, New York, unter der Gesamtleitung von Werner Roeder und Herbert A. Strauss, Bd. 1, München u. a. 1980, S. XIX wird die jüdische Emigration aus Deutschland zwischen 1933 und 1954 auf etwa 278 500 Personen geschätzt.
15 Lehmann, Acht und Ächtung politischer Gegner im Dritten Reich (vgl. Anm. 8), S. XIV f.
16 Nicht teilen kann der Verf. die Ansicht von Horst Möller (Exodus der Kultur. Schriftsteller, Wissenschaftler und Künstler der Emigration nach 1933, München 1984, S. 117 f.), der die etwas eigenartige These vertritt, daß die Vertreibung vor allem jüdischer, aber auch nichtjüdischer Angehöriger der kulturellen Elite in den Jahrzehnten nach 1945 »wenn auch mit Brüchen und Verzögerungen, allmählich wieder ausgeglichen« worden ist. Die angeführten Belege, wie viele einstige Emigranten nach 1945 mit »Ehrungen« überhäuft worden sind, sind nur bedingt ein Beweis dafür, daß die bundesdeutsche Gesellschaft den Hitler-Flüchtlingen wohlwollend gegenübergestanden hat. Es gibt genügend Äußerungen von Remigranten wie z.B. Jean Améry, Alphons Silbermann, Hans-Joachim Schoeps u. a., die ein völlig gegensätzliches Bild zeichnen.
17 Weitere vergleichbare Äußerungen Jahnns finden sich bei Thomas Freeman, Hans Henny Jahnn. Eine Biographie, Hamburg 1986, S. 469 ff.
18 Oskar Maria Graf, Warum ich nicht nach Deutschland zurückkehre, in: Ich lebe nicht in der Bundesrepublik, hrsg. von Hermann Kesten, München 1964, S. 61. An einen Herrn in München, der ihm zur Heimkehr geraten hatte, schrieb er am 25. August 1959: »›Heimkehren‹ nach Bayern oder München ist nach 26 Jahren Diaspora für einen 65jährigen Mann kaum mehr ratsam – schon gar nicht in anbetracht dessen, daß die Mehrzahl seiner sogenannten ›Kollegen‹ entweder als Helfershelfer, Lakaien oder stumme Krieger der Hitlerbarbarei mitgemacht haben und jetzt wieder tun als seien [sie] unschuldig an allem Gewesenen und seit jeher die liberalsten Humanisten...« (Autographensammlung, Bernt Engelmann).
19 Aufruf an die deutsche Emigration (= Ministerpräsidentenkonferenz in München 6./7. Juni 1947, Dok. Nr. 32 Bk), in: Akten zur Vorgeschichte der Bundesrepublik Deutschland 1945 – 1949, Bd. 2, hrsg. vom Bundesarchiv und Institut für Zeitgeschichte, München/Wien 1979, S. 583.
20 Lehmann, Acht und Ächtung politischer Gegner im Dritten Reich (vgl. Anm. 8), S. XVIII.
21 Ausführlich hierzu Hans Georg Lehmann, In Acht und Bann. Politische Emigration, NS-Ausbürgerung und Wiedergutmachung am Beispiel Willy Brandts, München 1976, S. 78 ff., 225 ff., 241 ff., 259.
22 Welt am Sonntag, 23. Juni 1968.

ZWISCHEN KREUZ UND HAKENKREUZ
Der deutsche Protestantismus und der Mord an
den Juden

Daran ist nichts zu deuteln: Was die Haltung gegenüber den
Juden angeht, so hat sich die evangelische Kirche 1933 selbst
gleichgeschaltet. Der damalige Generalsuperintendent Otto
Dibelius zum Beispiel, der aus seiner judenfeindlichen Haltung nie einen Hehl gemacht hat, begrüßte Adolf Hitler und
den Nationalsozialismus und formulierte wenige Tage nach
dem 1.-April-Boykott 1933 in einem österlichen Sendschrei-
ben, das an die Pfarrer der Kurmark adressiert war: »Für die
letzten Motive, aus denen die völkische Bewegung hervorge-
gangen ist, werden wir alle nicht nur Verständnis, sondern volle Sympathie haben. Ich habe mich trotz des bösen Klanges,
den das Wort vielfach angenommen hat, immer als Antisemiten gewußt. Man kann nicht verkennen, daß bei allen zersetzenden Erscheinungen der modernen Zivilisation das Judentum eine führende Rolle spielt.«[1]
  Führende protestantische Theologen wie die beiden Professoren Paul Althaus und Werner Elert sprachen sich nach der
Machtübertragung an Hitler und die Nazis offen für eine Ausgrenzung der Juden, sogar der getauften Juden, aus der deutschen Gesellschaft aus. In einem »Theologischen Gutachten
über die Zulassung von Christen jüdischer Herkunft zu den
Ämtern der deutschen evangelischen Kirche« erklärten sie,
daß die allen Christen gemeinsame Gotteskindschaft nicht die
»biologischen und gesellschaftlichen Unterschiede« aufhebe:
»Das deutsche Volk empfindet heute die Juden in seiner Mitte
mehr denn je als fremdes Volkstum. Es hat die Bedrohung
seines Eigenlebens durch das emanzipierte Judentum erkannt
und wehrt sich gegen diese Gefahr mit rechtlichen Ausnahme-
bestimmungen. Im Ringen um die Erneuerung unseres Volkes
schließt der neue Staat Männer jüdischer oder halbjüdischer
Abstammung von führenden Ämtern aus. Die Kirche muß das

grundsätzliche Recht des Staates zu solchen gesetzgeberischen Maßnahmen anerkennen. Sie weiß sich selber in der gegenwärtigen Lage zu neuer Besinnung auf ihre Aufgabe, Volkskirche der Deutschen zu sein, gerufen. Dazu gehört, daß sie heute ihren Grundsatz von der völkischen Verbundenheit der Amtsträger mit ihrer Gemeinde bewußt neu geltend macht und ihn auch auf die Christen jüdischer Abstammung anwendet.«[2]

In seiner Dissertation, deren Drucklegung durch wenig schöne Umstände 17 Jahre lang verhindert wurde (»kompetente Zeitzeugen warnten vor der Drucklegung«), konstatiert Wolfgang Gerlach[3], daß die antijüdische Einstellung von Männern wie Dibelius, Althaus und Elert als nahezu repräsentativ für die deutsche Christenheit zu Beginn des Jahres 1933 gelten kann. In theologischen Kreisen hat deshalb seine Arbeit über die »Bekennende Kirche und die Juden« für einigen Wirbel gesorgt. Vielen fällt es schwer, die schonungslose Kritik zu akzeptieren, die Gerlach an der Haltung führender Kirchenmänner vor und nach 1933 übt, insbesondere ertragen viele nicht, daß er ihnen ihr liebgewordenes Bild von der »Bekennenden Kirche« (BK) als einer »Widerstandskirche« zerstört.

Von der Glaubensbewegung »Deutsche Christen« ist bekannt, daß sie bereits vor Hitlers Machtantritt die Kirche auf die Rassenideologie einschwören wollte. »Wir sehen«, hieß es in Punkt 7 der Richtlinien vom 26. März 1932, »in Rasse, Volkstum und Nation uns von Gott geschenkte und anvertraute Lebensordnungen, für deren Erhaltung zu sorgen uns Gottes Gesetz ist. Daher ist der Rassenvermischung entgegenzutreten.«[4]Weniger bekannt ist, daß auch die »Bekennende Kirche« nicht frei war von Rassismus und Antijudaismus. Die zahlreichen von Gerlach gesammelten Quellen und Dokumente beweisen, daß sich die »Bekennende Kirche« von den »Deutschen Christen« (DC) nur graduell unterschieden hat. Auch hier gab es Theologen, die sich für die Einführung des Arierparagraphen in die Kirche einsetzten und zwischen Juden und »nichtarischen« Christen unterschieden. Für die letzteren fühlte man sich anfänglich noch verantwortlich, weil man akzeptierte, daß sie mit der Taufe die Zugehörigkeit zur Kirche erworben hatten.

Die berühmte Barmer Erklärung von 1934, die in manchen Landeskirchen in den Rang reformatorischer Bekenntnisse gehoben worden ist, ging mit keinem Wort auf die bedrängte Lage der Juden ein.[5] Die Juden waren seit mehr als einem Jahr aus allen öffentlichen Ämtern entlassen worden. Man kann es deshalb wenden, wie man will: das Nichterwähnen der Juden war eine Stellungnahme gegen die Juden. »Die Grenze der Barmer Erklärung«, bemerkte kürzlich der Heidelberger Theologe Wolfgang Huber, »zeigt sich an keiner Stelle deutlicher als an ihrem Schweigen über die Judenverfolgung. Gerade an dieser Frage war durch die Maßnahmen des neu etablierten nationalsozialistischen Regimes ein eindeutiges christliches Bekenntnis herausgefordert. Zu dieser Einsicht hat die BK sich weder in Barmen noch später durchringen können.«[6]

Nur sehr vereinzelt hat es in der evangelischen Kirche Widerstand gegeben. Eberhard Bethge[7], der heute noch darunter leidet, daß evangelische Christen taub und stumm geblieben sind, erklärt dies mit den traditionellen antijüdischen theologischen Vorprägungen, die das Denken blockiert und den Blick auf die realen Ereignisse verstellt haben. Immerhin nicht alle machten mit. Erinnert sei zum Beispiel an den Sozialpädagogen Friedrich Siegmund-Schultze, der sich bemühte, aufgrund seiner ökumenischen Kontakte zur »Deutschen Vereinigung des Weltbundes für Freundschaftsarbeit der Kirchen« Juden und Judenchristen bei der Auswanderung behilflich zu sein, was dazu führte, daß er das Land verlassen mußte. Oder an Wilhelm Freiherr von Pechmann, Präsident des Deutschen Evangelischen Kirchentages zwischen 1927 und 1933, der aus Protest gegen die Diskussion um den Arierparagraphen in der Kirche sein Amt als Präsident niederlegte und bald darauf aus der Kirche austrat. In seinem an den Reichsbischof gerichteten Abschiedsbrief, veröffentlicht in der Aprilnummer 1934 der »Jungen Kirche«, heißt es: »Es ist Zeit einen

Schritt weiterzugehen, d. h. durch den Austritt aus einer Kirche zu protestieren, die aufhört Kirche zu sein ...«[8]

Vergessen werden sollte nicht der 1945 zusammen mit anderen Widerstandskämpfern hingerichtete Dietrich Bonhoeffer, der bereits am 14. April 1933 dem Schweizer Theologen Erwin Sutz mitteilte, in der »Judenfrage ... haben die verständigsten Leute ihren Kopf und ihre ganze Bibel verloren«[9]. In einem Aufsatz »Die Kirche vor der Judenfrage«, den er im gleichen Jahr schrieb, stellte Bonhoeffer die Frage, inwieweit die Kirche Verantwortung für staatliches Handeln übernehmen müsse. Es kann eine Situation eintreten, gab er zu bedenken, daß kirchliches Handeln darin bestehen muß, »nicht nur die Opfer unter dem Rad zu verbinden, sondern dem Rad in die Speichen zu fallen«[10]. Bonhoeffer meinte, eine Kirche, die die Judenchristen ausschließe und sich von der Mitverantwortung für die Juden dispensiere, werde sich selbst aufgeben. August 1933 forderte Bonhoeffer in einem Flugblatt »Der Arierparagraph in der Kirche«[11] für den Fall der Einführung dieses Paragraphen in die Kirche als einzig mögliche Konsequenz den Austritt aus der Kirche. Bonhoeffer hat mit seinem Appell kein Gehör gefunden. Karl Barth, der »Vater« der BK, bedauerte später, hätte er wie Bonhoeffer die »Judenfrage« in ihrer theologischen Tragweite gesehen, dann hätte er dafür gesorgt, daß ein entsprechender Passus in die Barmer Erklärung hineingekommen wäre.

Auf Widerspruch ist bereits Gerlachs Kritik an Karl Barth gestoßen, dem er vorwirft, was Juden und Judentum angeht, in traditionellen Bahnen gedacht zu haben. Seine Solidarität hätte damals den Judenchristen, nicht aber den Juden gegolten. Was Barths Einstellung zu den Juden angeht, so zitiert Gerlach aus dessen Adventspredigt 1933, in der er von den Juden als »einem halsstarrigen und bösen Volk«[12] spricht. Geliebt hat Barth weder Judenchristen noch Juden. Zu beiden stand er in einem ausgesprochen distanzierten Verhältnis. In dem Brief, den Barth an den Berliner Theologen Friedrich Wilhelm Marquardt 1967, ein Jahr vor seinem Tod, schrieb, bemerkte er selbstkritisch, er habe »in der persönlichen Be-

gegnung mit dem lebendigen Juden (auch Judenchristen!) ...
immer so etwas wie eine völlig irrationale Aversion herunter-
schlucken« müssen. »Ein Glück«, heißt es in diesem Brief
weiter, »daß dieser verwerfliche Instinkt meinen Söhnen und
anderen besseren Menschen als ich ... ganz fremd ist. Aber
eben: es möchte sein, daß auch er sich in meiner Israellehre re-
tardierend ausgewirkt hat.«[13]

Unmittelbar nach Bekanntgabe der »Nürnberger Gesetze«
kam alles darauf an, wie die BK reagieren würde. Marga Meu-
sel, eine Mitarbeiterin des Berliner Superintendenten Martin
Albertz, hatte in dessen Auftrag eine Denkschrift für die Steg-
litz-Synode (September 1935) verfaßt, die »Zur Lage der
deutschen Nichtarier« (und d. h. nicht nur zu den Judenchristen) Position bezog. Versagen und Schuld der Kirche waren
hier thematisiert, und die Synode wurde aufgefordert, Stellung gegen die NS-Judenpolitik zu beziehen. Die Bischöfe
Meiser und Marahrens rieten jedoch dringend ab, sich des
Themas anzunehmen. »Die Kirche«, hieß es in einem Papier,
»greift dem Staat nicht in sein Amt, das er vor Gott zu verant-
worten hat.« Das Thema kam denn auch nicht auf die Tagesordnung. Die Synode befaßte sich statt dessen mit Themen
kirchlicher Existenzsicherung (Finanzhoheit und staatliche
Anerkennung) – und verpaßte darüber die Gelegenheit, sich
mit den Bedrängten zu solidarisieren und für die bekenntnis-
kirchlichen Gemeinden ein Zeichen zu setzen.

Als in der Nacht vom 9. auf den 10. November 1938 die Synagogen brannten, hat die Kirche geschwiegen. Es gab nur ver-
einzelte individuelle Reaktionen wie zum Beispiel die Protest-
predigt des Pfarrers Julius von Jan aus Oberlenningen bei
Kirchheim/Teck, der für seine offenen Worte mit Mißhand-
lungen und mehrmaliger Inhaftierung bezahlen mußte. Oder
die mutige Kanzelrede Helmut Gollwitzers in Berlin-Dahlem,
in der mit verschlüsselten Worten das Pogrom gebrandmarkt
wurde. Es ist viel darüber gerätselt worden, warum die evangelische Kirche geschwiegen hat. Vielen dürfte Scham den
Mund verschlossen haben. Andere haben mit ihrem Schweigen Zustimmung signalisiert. Ganz offen begrüßt hat der thü-

ringische Landesbischof Martin Sasse die brennenden Gottes-
häuser. Am 23. November 1938 verschickte er eine Zusam-
menstellung von Antisemitica aus Luthers Schrift »Von den
Juden und ihren Lügen« mit der Überschrift: »Martin Luther
und die Juden: Weg mit ihnen!« Im Vorwort zu dieser Zitaten-
sammlung frohlockte der Bischof: »Am 10. November 1938,
an Luthers Geburtstag, brennen in Deutschland die Synagogen«, und er empfahl die Lektüre »des größten Antisemiten
seiner Zeit, der Warner seines Volkes wider die Juden«[14] war.

Am 4. April 1939 traten führende Repräsentanten der
Deutschen Evangelischen Kirche (DEK) – Bischöfe, Präsidenten, Oberkonsistorialräte, Professoren, Pfarrer – sogar
mit einem Aufruf an die Öffentlichkeit, in dem sie offen die
Verfolgung der Juden propagierten. Sie verkündeten, daß sie
»in unwandelbarer Treue zu Führer und Volk« stünden und
der »Kampf des Nationalsozialismus …, sein Ringen um eine
dem deutschen Volk artgemäße Weltanschauung« die Vollen-
dung des Werkes Martin Luthers sei. Gemäß der Losung »Der
christliche Glaube ist der unüberbrückbare Gegensatz zum
Judentum« beschlossen sie die Gründung eines »Instituts zur
Erforschung des jüdischen Einflusses auf das kirchliche Leben des deutschen Volkes«, das am 6. Mai 1939 feierlich auf
der Wartburg eröffnet wurde. Als Motto stand über diesem
»christlichen« Forschungsinstitut der Satz: »Die Entjudung
von Kirche und Christentum … ist die Voraussetzung für die
Zukunft des Christentums.«[15]

Erst als es für einen Widerstand gegen die staatliche Judenpolitik zu spät war, begannen verschiedene Hilfsaktionen der
BK anzulaufen. Diese Maßnahmen galten hauptsächlich Judenchristen. Die Hilfe für Juden erfolgte halbherzig, möglichst nur dann, wenn die Betreffenden sich von sich aus an
kirchliche Stellen wandten. Gerlach nennt hier das »Büro
Grüber« in Berlin und seine Außenstellen im Reich, die bemüht waren, durch Auswanderungshilfen, Paßfälschen, Ver-
stecken, Besorgen von Lebensmitteln zu retten, was noch zu
retten war. Aber auch die mutigen Aktivitäten der Vikarin Ka-
tharina Staritz in Breslau, die entgegen dem Willen der schle-

sischen DC-Kirchenleitung Juden geholfen hat. Oder auch die Bemühungen württembergischer Pfarrhäuser, die vielfach zu Durchgangsstationen für Juden mit geänderten Namen und entsprechend gefälschten Pässen wurden – ein Kapitel der Verfolgungsgeschichte, das im übrigen noch darauf wartet, geschrieben zu werden.

Die unerschrockenen Stellungnahmen und Taten einzelner dürfen nicht darüber hinwegtäuschen, daß die Kirche zu einem willfährigen Helfer der NS-Judenpolitik geworden war. Die Bekanntmachung der Kirchenführer von Sachsen, Nassau-Hessen, Mecklenburg, Schleswig-Holstein, Anhalt, Thüringen und Lübeck, veröffentlicht einen Monat vor der »Wannseekonferenz« am 20. Januar 1942, auf der die sogenannte »Endlösung« beschlossen wurde, kam im Vorfeld einer Sanktionierung der Deportationen in die Vernichtungslager gleich. In dieser Bekanntmachung, die sich über die kirchliche Stellung evangelischer Juden äußerte, wurde mitgeteilt, daß »schärfste Maßnahmen gegen die Juden zu ergreifen und sie aus deutschen Landen auszuweisen« seien. »Rassejüdische Christen«, hieß es in dieser Bekanntmachung, »haben in der Kirche keinen Raum und kein Recht«, und deshalb hätten die unterzeichnenden Kirchen und Kirchenleiter »jegliche Gemeinschaft mit Judenchristen« aufgehoben. Die DEK-Kanzlei verschickte am 22. Dezember 1941 ein Rundschreiben, das den Ausschluß »rassejüdischer Christen aus der Kirche«[16] noch einmal expressis verbis forderte: »Die getauften Nicht-Arier werden selbst Mittel und Wege suchen müssen, sich Einrichtungen zu schaffen, die ihrer gesonderten gottesdienstlichen und seelsorgerischen Betreuung dienen können. Wir werden bemüht sein, bei den zuständigen Stellen die Zulassung derartiger Einrichtungen zu erwirken.«[17]

Wer gemeint hat, daß unmittelbar nach 1945 in der evangelischen Kirche ein Umdenken erfolgen würde, sah sich getäuscht. Viele Pfarrer waren überzeugte Nationalsozialisten gewesen. Sie hatten jetzt Schwierigkeiten, sich unter den neuen Bedingungen zurechtzufinden. Nach den Kriterien des im März 1946 von den Amerikanern erlassenen »Gesetzes zur

Befreiung von Nationalsozialismus und Militarismus« haben in Hessen 226 von 645 aktiven Pfarrern, in Bremen 51 von 55, in Württemberg 333 von 1 197 und in Bayern 302 von rund 1 100 Pfarrern als belastet gegolten.[18] Im Geflecht kollegialer, sozialer und familiärer Bindungen kam es im kirchlichen Bereich nicht zu dem Prozeß der notwendigen Selbstreinigung. Im Gegenteil. Selbst schwer belastete NSDAP-Pfarrer wurden von den Landeskirchen gehalten, und Bischöfe wie Hans Meiser und Theophil Wurm intervenierten auf höchster politischer Ebene, um eine Revision unliebsamer Spruchkammerurteile zu erreichen.

Schlimmer aber war noch, daß die evangelische Kirche kein klares Wort zu den Verbrechen fand, die an den Juden begangen worden waren. Das »Wort zur Judenfrage«, das der Bruderrat der Evangelischen Kirche im April 1948 verabschiedete, war voll mit unreflektiert gebrauchten Antijudaismen:»Indem Gottes Sohn als Jude geboren wurde, hat die Erwählung und Bestimmung Israels ihre Erfüllung gefunden. Einem anderen Verständnis Israels muß die Kirche grundsätzlich widerstehen … Indem Israel den Messias kreuzigte, hat es seine Erwählung und Bestimmung verworfen … Die Erwählung Israels ist durch und seit Christus auf die Kirche … übergegangen … Gottes Treue läßt Israel, auch in seiner und in seiner Verwerfung, nicht los.«[19]

Es brauchte lange Jahre, bis Schuldbekenntnisse formuliert wurden und Bemühungen in Gang kamen, das Verhältnis zu den Juden neu zu bestimmen und in ein Gespräch zwischen Christen und Juden einzutreten. Juden haben sich, soweit sie nicht der Meinung waren, es handele sich um innerchristliche Probleme, die Juden nichts angehen, diesem Gespräch nicht verschlossen. Sie betonen jedoch, was vielen Christen schwerfällt zu akzeptieren, daß unverzichtbare Vorbedingung für das Gespräch die Absage der Christen an die Judenmission sein muß. Theologen wie Eberhard Bethge und der kürzlich verstorbene Duisburger Professor Heinz Kremers haben begriffen, daß es notwendig ist, mit manchen überkommenen Traditionen zu brechen. Als ein Markstein auf diesem Weg gilt der bekenntnisartige Beschluß »Zur Erneuerung des Verhältnisses von Christen und Juden« der Rheinischen Landessynode von 1980, der in aller Welt bekannt geworden ist und »einen bis dahin nicht vorhandenen Willen zu wesentlicher Korrektur der Fundamente offenbarte« (Eberhard Bethge). Der Beschluß, der von 13 Theologieprofessoren der Bonner Evangelisch-theologischen Fakultät heftig attackiert wurde (sie haben sehr wohl verstanden, daß dieser Beschluß eine Bedrohung der Christologie wie auch eine Relativierung neutestamentlicher Zeugnisse zur Folge haben könnte),[20] ist in ähnlicher Form auch von den Landessynoden der Kirchen von Baden[21] und Berlin[22] gefaßt worden und läßt hoffen, daß christlicherseits jetzt ein Prozeß des Umdenkens in Gang kommt, der zum allmählichen Ausscheiden der schlimmsten Antijudaismen im christlichen Glauben führt. Ob es gelingt, das wird die Zukunft zeigen.

Anmerkungen

1 Gedruckter Brief [mit dem Vermerk »Vertraulich«], in: The strange case of Bishop Dibelius, S. 66 (The Wiener Library, Universität Tel Aviv).
2 Die Marburger Theologen und der Arierparagraph in der Kirche. Eine Sammlung von Texten aus den Jahren 1933 und 1934. Aus Anlaß des 450jährigen Bestehens der Philipps-Universität Marburg im Auftrag des Fachbereichs Evangelische Theologie neu hrsg. und mit einer Einleitung versehen von Heinz Liebig, Marburg 1977, S. 21 f.
3 Wolfgang Gerlach, Als die Zeugen schwiegen. Bekennende Kirche und die Juden (= Studien zu Kirche und Israel, Bd. 10), Berlin 1987.
4 Die Bekenntnisse und grundsätzlichen Äußerungen zur Kirchenfrage 1933 bis 1935, Bd. 1, Göttingen 1934, S. 136.
5 Vgl. Günther van Norden, Die Barmer Theologische Erklärung und die »Judenfrage«, in: Das Unrechtsregime. Internationale Forschung über den Nationalsozialismus, Bd. 1: Ideologie – Herrschaftssystem – Wirkung in Europa, hrsg. von Ursula Büttner, Hamburg 1986, S. 315–330.
6 Wolfgang Huber, Folgen christlicher Freiheit. Ethik und Theorie der Kirche im Horizont der Barmer theologischen Erklärung, Neukirchen 1981, S. 71.
7 Eberhard Bethge, Shoah und Protestantismus, in: Jochen-Christoph Kaiser/ Martin Greschat (Hrsg.), Der Holocaust und die Protestanten. Analysen einer Verstrickung (= Konfession und Gesellschaft, Bd. 1), Frankfurt a. M. 1988.

8 Junge Kirche, 2/1934, S. 337.

9 Bonhoeffer-Auswahl, Bd. 2, hrsg. von Otto Dudzus, München 1982, S. 21.

10 Dietrich Bonhoeffer, Gesammelte Schriften, Bd. II, hrsg. von Eberhard Bethge, München 1959, S. 48.

11 Das Flugblatt ist in den »Gesammelten Werken«, Bd. II, S. 62–69 abgedruckt.

12 Theologische Existenz heute, Heft 5/1934.

13 Karl Barth. Briefe 1961–1968 (= Karl Barth. Gesamtausgabe, Bd. V: Briefe), hrsg. von Jürgen Fangmeier und Heinrich Stoevesandt, Zürich 1975, S. 420–421.

14 Martin Luther und die Juden: Weg mit ihnen!, hrsg. von Landesbischof Martin Sasse, Freiburg 1938, S. 2.

15 Vgl. Günther van Norden, Die evangelische Kirche und die Juden im »Dritten Reich«, in: Kirchliche Zeitgeschichte (KZG), 1/1939, S. 47 f.

16 Fast schon zynisch klingen die rechtfertigenden Äußerungen von Kirchenführern wie August Marahrens, Walther Schultz und Friedrich Hymmen (Gerlach, Als die Zeugen schwiegen [vgl. Anm. 3], S. 332–337): Die Taufe von Juden sei »oft recht leichtfertig erfolgt«. Das Taufbegehren der Juden sei in zahllosen Fällen »dem Assimilations- und Tarnungsbegehren« entsprungen. Unter »den schlimmsten jüdischen Schädlingen« hätten sich »oft gerade die leichtfertig Getauften« befunden. Wenn ein »Judensternträger« wirklich evangelischen Glauben lebe, werde er »den deutschen Gemeindemitgliedern gar nicht zumuten wollen, sich um seinetwillen dem falschen Verdacht des politischen Paktierens mit Angehörigen eines Feindvolkes auszusetzen«.

17 Vgl. Gerlach, Als die Zeugen schwiegen (vgl. Anm. 3), S. 328 f.

18 Vgl. Clemens Vollnhals, Evangelische Kirche und Entnazifizierung 1945 bis 1949. Die Last der nationalsozialistischen Vergangenheit, München 1989, S. 284 f.

19 Erklärung des Bruderrates der Evangelischen Kirche in Deutschland, verabschiedet am 8. April 1948 in Darmstadt.

20 Über die theologischen Bedenken der 13 Professoren vgl. Clemens Thoma, Die theologischen Beziehungen zwischen Christentum und Judentum, Darmstadt 1982, S. 35.

21 Vgl. Erklärung zum Thema »Christen und Juden« der Landessynode der Evangelischen Landeskirche in Baden vom 3. Mai 1984, in: Wolfgang Wirth, Die theologische Neubestimmung des Verhältnisses der Kirche zum Judentum nach 1945 anhand der offiziellen Verlautbarungen, Frankfurt a. M. u.a. 1987, S. 182–184.

22 Vgl. Orientierungspunkte zum Thema »Christen und Juden«. Beschluß der Provinzialsynode der Evangelischen Kirche in Berlin-Brandenburg vom 20. Mai 1984, in: Ebenda, S. 185–189.

VERGANGENHEIT, DIE NICHT VERGEHT

WIE KAM ES ZUR KATASTROPHE?
Die Deutschen und der Nationalsozialismus

Die Hitler-Diktatur, das sogenannte »Tausendjährige Reich«, dauerte nur zwölf Jahre. Bewußtseinsmäßig sind diese Jahre aber noch immer nicht verarbeitet. Die Auseinandersetzungen um die Zeit des Nationalsozialismus sind bis heute bestimmt von Verdrängungsprozessen, von hilflosen, teilweise peinlichen Versuchen der Rechtfertigung. Hoffnung ist jedoch vorhanden, denn es gibt nicht wenige Deutsche, die begriffen haben, daß man sich der eigenen Geschichte stellen muß. Die Generation der Beteiligten, derjenigen also, die den NS-Staat miterlebt und zumeist mitgetragen haben, tritt ab und macht zunehmend einer jüngeren Generation Platz, die weniger Rücksicht zu nehmen braucht – und deshalb wohl auch in der Lage ist, die Fragen an die deutsche Geschichte vorurteilsloser und radikaler zu stellen.

In der von dem Verleger Wolf Jobst Siedler 1982 ins Leben gerufenen Reihe »Die Deutschen und ihre Nation«, in der die bereits viel beachteten Werke von Heinrich Lutz (»Zwischen Habsburg und Preußen. Deutschland 1815 – 1866«), Michael Stürmer (»Das ruhelose Reich. Deutschland 1866 – 1918«) und Hagen Schulze (»Weimar. Deutschland 1917 – 1933«) erschienen sind, folgt jetzt der schon seit längerem angekündigte und mit Spannung erwartete Band »Verführung und Gewalt« des Münsteraner Neuhistorikers und Faschismus-Experten Hans-Ulrich Thamer[1], der mit dem Schreiben der Geschichte der NS-Epoche und ihrer wechselvollen Auswirkungen die schwierigste, aber wohl auch reizvollste Aufgabe von allen Autoren zu bewältigen hatte.

Bei all den Verwirrtheiten, die in letzter Zeit in der sogenannten Historiker-Debatte zutage getreten sind, ist es ausgesprochen wohltuend, ein Buch in die Hand zu bekommen, das Distanz wahrt, dazu bemüht ist, nicht in Spekulationen zu verfallen. Thamer teilt ganz offensichtlich nicht die bei einigen bundesdeutschen Historikern in Mode gekommene Ansicht, es sei nötig, die NS-Verbrechen zu relativieren und Korrekturen am Geschichtsbild anzubringen. Würde er das tun, dann wäre sicher dabei ein anderes Buch als das vorliegende herausgekommen.

Thamer, als Angehöriger des Jahrgangs 1943 ein Vertreter der jüngeren Historikergeneration, geht es nicht um irgendwelche Verteidigung oder Rechtfertigung, sondern darum, dem Leser die deutsche Geschichte unseres Jahrhunderts in ihren Abläufen, aber auch in ihren Widersprüchen und Unvereinbarkeiten näherzubringen. Seine Darstellung, die sich durch gute Lesbarkeit auszeichnet, spiegelt nicht nur den wissenschaftlichen Forschungsstand. Sie ist auch, was selten genug ist, eine gelungene Synthese von Strukturgeschichte, politischer Geschichtsschreibung und biographischer Interpretation. Thamer verbindet gekonnt die Biographie Hitlers mit der Analyse der inneren Struktur- und Bewegungsdynamik des Regimes und legt Wert darauf, gut verständlich vielfältigste ökonomische und rechtliche Sachprobleme in seine Schilderung mit einfließen zu lassen. Angemerkt sei noch, daß, entsprechend der Konzeption der Reihe, auch der vorliegende Band mit Illustrationen (bei einigen der Bildlegenden gibt es leider schlimme Schnitzer) versehen ist, die, gut ausgewählt, nicht nur zur Auflockerung, sondern auch zum besseren Verständnis des Textes beitragen.

Thamer geht so vor, daß er im ersten Drittel seines Buches in der Darstellung den Aufstieg der NSDAP mit dem Lebenslauf Hitlers und dessen Weg in die Politik koppelt. Besonders am Herzen liegen ihm dabei die Schilderung des Milieus, das den jungen Hitler geprägt hat, und die Erörterung der Ursachen, die zur Entstehung der Hitler-Bewegung geführt haben. Thamer geht in diesem Zusammenhang auf den romantisch-irrationalen Kulturpessimismus ein, der bekanntlich durch den verlorenen Weltkrieg eine Zuspitzung erfahren hat. Er fragt nach den Auswirkungen der Modernisierungskrise und beschreibt die Angst des Bürgertums, den technisch-industriellen Entwicklungen nicht gewachsen zu sein. Er weist aber auch auf den Faschismus hin, den er als ein europäisches Phänomen deutet, dabei jedoch ausdrücklich feststellend, daß der Nationalsozialismus nicht mit dem italienischen Faschismus gleichzusetzen ist. Er sieht zwar die Ähnlichkeiten in der Struktur und im äußeren Erscheinungsbild (Kleidung, militärische Organisations- und Aktionsformen, Propagandastil, Symbolik u. a.), bemerkt aber zu Recht, daß Differenzen vorhanden sind und der Nationalsozialismus von den europäischen Faschismen sich hauptsächlich durch den Rassenantisemitismus unterschieden habe wie auch durch die Radikalität, mit der er seine Forderungen rücksichtslos durchzusetzen gewillt war.

Selbst kritische Zeitgenossen haben die Dynamik der NS-Bewegung in den Anfängen verkannt. Sie hatten Schwierigkeiten mit der Vorstellung, daß ideologische Phantastereien und Irrationalismen einmal die Politik bestimmen könnten. Sie vertrauten auf die historische Erfahrung, glaubten, daß die politische Vernunft sich durchsetzen würde. Keine politische Partei, keine soziale Bewegung oder Gruppierung erkannte, mit wem und mit was man es zu tun hatte. Nur wenige waren es, die ahnten, was mit Hitler und seiner Bewegung auf Deutschland zukommen würde. Unter ihnen ausgerechnet Erich Ludendorff, einst Putschgenosse Hitlers, der zusammen mit diesem 1923 am Marsch auf die Feldherrnhalle in München teilgenommen hatte. »Sie haben«, erklärte er dem Reichspräsidenten Hindenburg gegenüber am 30. Januar 1933, »durch die Ernennung Hitlers zum Reichskanzler unser Heiliges Deutsches Vaterland einem der größten Demagogen aller Zeiten ausgeliefert. Ich prophezeie Ihnen feierlich, daß dieser unselige Mann unser Reich in den Abgrund stürzen und unsere Nation in unfaßbares Elend bringen wird.«[2]

Warum, fragt man sich, wurden Hitler und seine Bewegung in den Anfängen so unterschätzt? Es kann nicht allein daran gelegen haben, daß man nicht wußte, wer Hitler war und was er verkörperte. Das Programm der NSDAP lag vor, und jeder, der sich informieren wollte, konnte Hitlers in der Landsberger Haft geschriebenes Buch »Mein Kampf« zur Hand nehmen, in dem die Grundzüge seiner späteren Politik bereits niedergelegt waren. Wenn es heute heißt, daß niemand dieses Buch gelesen habe, so ist das eine Behauptung, die nachweislich nicht stimmt. Die Absatzzahlen des Buches sprechen für sich. Bis 1933 sind rund eine viertel Million Exemplare verkauft worden, mehr, als die meisten gefeierten Schriftsteller der Republik von ihren Büchern absetzen konnten.

Die Fehleinschätzungen der Zeitgenossen führt Thamer hauptsächlich auf die Mehrdeutigkeit und Vielschichtigkeit der NS-Bewegung zurück, auf das Nebeneinander von Rückwärtsgewandtheit und Vitalität, von Unbehagen an der Moderne und Technikbegeisterung. Breiteste Schichten der Bevölkerung waren davon fasziniert, so, wie sie es auch vom Phänomen der Macht waren, von der Wirkung, die von Hitler als Willens- und Tatmensch ausging. Konservativ in der Mehrzahl eingestellt, lehnte man zwar die »Trommler«-Methoden des Weltkriegsgefreiten ab. Gleichzeitig fühlte man sich aber wie magisch angezogen von der Politik des Alles oder Nichts, die Ordnung und zugleich revolutionäre Veränderung versprach.

Es besteht überhaupt kein Zweifel daran, daß Hitler auf einer Woge breitester Zustimmung an die Macht getragen worden ist. Er hatte es verstanden, weiteste Kreise – vom Großbürgertum bis in die Arbeiterschaft – für sich einzunehmen. Ausstrahlung und demagogisches Geschick spielten dabei eine nicht zu unterschätzende Rolle. Die Wähler liefen ihm zu, nicht zuletzt wegen der gezielt eingesetzten Propaganda, die den Massen in ständiger Wiederholung eingängige Feindbilder einhämmerte. Hinzu kam, daß die NSDAP im Vergleich zu anderen Parteien der Weimarer Republik den Nimbus der Jugend hatte. Für viele jüngere Wähler, meint Thamer, sei das Bekenntnis zum Nationalsozialismus eine Protesthaltung gewesen, habe die Entscheidung für Hitler und seine Partei gleichsam eine Abkehr von überkommenen bürgerlichen Lebensformen bedeutet.

Es sei eine Legende, behauptet Thamer, daß das »Großkapital« Hitler an die Macht gebracht habe. Die Industrie habe zwar mit einer Veränderung der politisch-sozialen Ordnung in Richtung auf den »autoritären Staat« sympathisiert, nicht jedoch mit Hitlers Nationalsozialisten. Das sei erst später gekommen. Bis zu ihrem Erdrutschsieg 1930 habe die Partei als politisch nicht interessant und darum auch nicht als förderungswürdig gegolten. Was die NSDAP zwischen 1930 und 1933 an Mitteln aus der Großindustrie erhalten habe, sei nur ein Bruchteil dessen gewesen, was an die bürgerlich-konservativen Parteien gezahlt worden sei. Die NSDAP habe sich hauptsächlich selbst finanziert. 80 Prozent der Gesamteinnahmen hätten aus Beiträgen und Unterstützungen der Parteimitglieder bestanden, allenfalls 5 Prozent seien Spenden gewesen. Sollten Thamers Feststellungen, die sich auf die umstrittenen Untersuchungen des amerikanischen Historikers H. A. Turner stützen[3], tatsächlich zutreffen, dann wäre nicht nur Max Horkheimers bekanntes Verdikt »Wer aber vom Kapitalismus nicht reden will, sollte auch vom Faschismus schweigen«[4] falsch, auch wesentliche Teile der historischen Literatur der letzten Jahrzehnte würden Makulatur sein.

Auch wird nicht überall Thamers These auf Zustimmung stoßen, die nationalsozialistische »Machtergreifung« sei von Struktur und Erscheinung her eine Revolution gewesen. Thamer weiß zwar, daß diese »Revolution« nur wenig gemeinsam hat mit jener, die seit dem 18. Jahrhundert als »gut«, »fortschrittlich« und »freiheitlich« gilt. Das hindert ihn aber nicht, der »nationalen Erhebung« revolutionäre Züge (Thamer spricht von der »Revolution gegen die Revolution«) zuzuschreiben, die er besonders nach den Märzwahlen 1933 hervortreten sieht. Als Beispiel führt Thamer den Gleichschaltungsprozeß an, der gewaltsam, teilweise aber auch freiwillig erfolgt ist. Macht- und Vernichtungswille der NS-Führung hätten sich hier mit den sozialen Ressentiments der Zukurzgekommenen, das Aufbruchs- und Erneuerungspathos mit Anpassungsdruck und Opportunismus zu einer Stimmung verbunden, die dumpf und rückständig war – aber eben auch revolutionär.

Konservative wie Papen und Hugenberg und Vertreter des

71

Zentrums wie der Prälat Kaas hatten anfänglich noch geglaubt, Hitler und die NSDAP zähmen zu können. Sie waren jedoch nicht der Taktik Hitlers gewachsen, der sie ausmanövrierte und ihnen jede Einflußmöglichkeit nahm. Entscheidend aber war, daß sie sich dieser Chance selbst begaben, indem sie ihn ermächtigten, Gesetze, selbst verfassungsändernden Charakters, zu verkünden. Mit dem Ermächtigungsgesetz vom 23. März 1933, das allein die Sozialdemokraten ablehnten, beging der Reichstag sozusagen Selbstmord und hob sich selbst auf. Die Trennung der Gewalten, die sich seit der Französischen Revolution durchgesetzt hatte, war mit der Zustimmung zu diesem Gesetz beseitigt. Die Regierung übte neben der ausführenden von diesem Zeitpunkt ab auch die gesetzgebende Gewalt aus. Die Rechtssicherheit war damit suspendiert und Deutschland in die Lage des permanenten Ausnahmezustandes versetzt.

Thamer hat zweifellos recht, wenn er schreibt, daß das Ermächtigungsgesetz nicht legal zustande gekommen ist. Warum aber, fragt man sich, hat Hitler darauf bestanden, daß alles rite lege zugehen müsse? Und wieso hat er, obgleich er die Macht bereits in Händen hatte, auf der formalen Verabschiedung des Ermächtigungsgesetzes bestanden? Darüber kann nur spekuliert werden. Es scheint, daß dies einerseits mit einem merkwürdig formalistischen Zug im Denken Hitlers (Adolf Legalité hatten ihn seine innerparteilichen Gegner schon in der »Kampfzeit« genannt) zusammenhing. Zum anderen war es vermutlich das Legalitätsbedürfnis der Beamtenschaft und der Offiziere, das Hitler richtig eingeschätzt hat. In seinem 1948 erschienenen Buch »Vorspiel zum Schweigen« hat Arnold Brecht geurteilt: »Gegen einen Staatsstreich, der nicht im Gewande der Legalität gekommen wäre, hätten Richter und Beamte wahrscheinlich durchaus loyal [für den Bestand der Weimarer Republik] gekämpft ... Aber nach Hitlers verfassungsmäßiger Ernennung durch den rechtmäßigen Reichspräsidenten und nach Annahme des Ermächtigungsgesetzes mit der von der Weimarer Verfassung geforderten Mehrheit schien es für Beamte und Richter in ihrer amtlichen

Eigenschaft keine andere Wahl zu geben, als zu gehorchen ... Die Legalität ist nun einmal der Funktionsmodus, nach dem die moderne Staatsapparatur verfährt.«[5]

Spätestens nach der Ermordung Röhms am 30. Juni 1934 und nach der Ausschaltung der konservativen Opposition hätte jeder Deutsche wissen müssen, was die Stunde geschlagen hatte. Wenn es heute heißt, daß man den verbrecherischen Charakter des Regimes nicht erkannt hätte, außerdem auch nichts hätte machen können, so ist das nur die halbe Wahrheit. Die Mehrheit der Bevölkerung fühlte sich nicht verführt oder gar vergewaltigt, sondern war ganz offensichtlich angetan von dem Regime, das es verstand, durch eine geschickt inszenierte Selbstdarstellung ein Bild von sich zu schaffen, das allgemein akzeptiert wurde. Wir werden noch lange darüber rätseln, was die Macht und die Faszination des NS-Herrschaftssystems ausgemacht hat. War es der pseudo-religiöse Anspruch auf Ewigkeit und Erlösung? War es die charismatische Ausstrahlung, die von Hitler ausging? Oder war es die Kombination von beidem? Eine eindeutige Antwort wird darauf so schnell nicht zu geben sein.

Sicher ist, daß die soziale und politische Wirklichkeit des Regimes äußerst kompliziert war. Thamer bezieht in der Debatte der Historiker, ob es sich beim NS-Herrschaftssystem um eine »Monokratie« bzw. um eine »Polykratie« gehandelt habe, eine vermittelnde Position. Das »Dritte Reich«, meint er, habe in der Gestalt Hitlers eine starke monokratische Spitze besessen, gleichzeitig habe es aber auch noch andere widerstreitende Machtzentren gegeben, die sogenannten polykratischen Strukturen, die daneben existiert und mit dem Machtanspruch Hitlers konkurriert hätten. Das eine habe das andere bedingt und die Doppelgesichtigkeit des Regimes ausgemacht. Thamer stützt sich bei dieser Feststellung auf den Politologen Ernst Fraenkel, der auf dieses Nebeneinander schon frühzeitig aufmerksam gemacht hat und in ihm ein charakteristisches Merkmal des NS-Staates entdeckt zu haben glaubte.[6]

Der Krieg war es, der schließlich alle zerstörerischen Energien des Nationalsozialismus freisetzte. Wir wissen heute, daß die Hitlerische Politik nach 1933 zielstrebig auf den Krieg zugesteuert ist. »Hitlers ganzes Denken«, heißt es bei Thamer, »war auf Krieg ausgerichtet ... Mit dem Krieg fanden Hitler und der Nationalsozialismus gleichsam zu sich selbst.« Bezeichnend ist die Rede, die er am 23. November 1939 vor den Oberbefehlshabern der Wehrmacht hielt: »Man wird mir vorwerfen: Kampf und wieder Kampf. Ich sehe im Kampf das Schicksal aller Wesen. Niemand kann dem Kampf entgehen, falls er nicht unterliegen will. Die steigende Volkszahl erforderte größeren Lebensraum. Mein Ziel war, ein vernünftiges Verhältnis zwischen Volkszahl und Volksraum herbeizuführen. Hier muß der Kampf einsetzen. Um die Lösung dieser Aufgabe kommt kein Volk herum, oder es muß verzichten und allmählich untergehen. Das lehrt die Geschichte.«[7]

Hitler hat nie einen Zweifel daran gelassen, daß er einen »völkischen« Krieg führte, daß es ihm neben allen macht- und raumpolitischen Zielen um einen Sieg der »arischen« Rasse und um die Vernichtung des europäischen Judentums ging. Inwieweit seine Vision einer »biologischen Revolution« vom engeren NS-Führungszirkel geteilt wurde, ist strittig. Thamer glaubt, daß dieser in seinem Antisemitismus nicht ganz so radikal war. Mag sein. An dem Sachverhalt ändert dies jedoch nichts, daß die Goebbels, Himmlers und Konsorten, unterstützt von einer willfährigen Bürokratie, zu Helfershelfern von Hitlers Ausrottungspolitik wurden.

In gewisser Weise ist es wohltuend, daß Thamer die Diskussion verweigert, die der Berliner Historiker Ernst Nolte mit seiner Überlegung ausgelöst hat, ob Hitler nicht berechtigt gewesen sein könnte, die deutschen Juden nach Kriegsausbruch als Kriegsgefangene zu internieren, weil Chaim Weizmann als Präsident der »Jewish Agency« Neville Chamberlain versichert hatte, die Juden stünden in diesem Krieg auf der Seite Englands und der westlichen Demokratien. Thamer läßt sich auch nicht auf die Historiker-Kontroverse ein, die sich an der gespenstischen Frage entzündet hat, ob die »Endlösung« von Hitler befohlen worden ist oder nicht (vgl. »Die Zeit«, 7.3.1986). Er formuliert es zwar nicht, aber es ist offensichtlich, daß er die Erörterung dieser Frage für abwegig hält. Belege, meint er, gibt es genügend, die Hitlers Verantwortung für den Befehl zur Vorbereitung und Durchführung des Massenmordes an den europäischen Juden beweisen.

Wir wissen, daß der organisierte Judenmord nicht möglich war ohne »die Hinnahme des zumindest dunkel geahnten grauenhaften Geschehens durch die Masse der Bevölkerung« (A. Hillgruber). Vom Ausmaß und den Einzelheiten der Aktionen hat man vielleicht nicht viel gewußt. Die Tatsache der Vernichtung, meint Thamer, habe aber bekannt sein können. Die wenigsten hätten es indes gewagt, die vorhandenen Hinweise weiter zu verfolgen und zu Ende zu denken. Informationen, Vermutungen und Gerüchte gab es genug, so daß jeder, der es wirklich gewollt hat, sich ein Bild hätte machen können. Ein »eingeübter Verdrängungsmechanismus«, so Thamer, hat es verhindert, daß auf das »offene Geheimnis« reagiert wurde.

Es ist erstaunlich, daß die Nazi-Diktatur fast bis zum Ende mit einem hohen Maß an Loyalität in der Bevölkerung rechnen konnte. Einen von einer Massenbasis getragenen Widerstand, wie zum Beispiel in Dänemark, hat es in Deutschland nicht gegeben. Woran das lag, ist schwer zu sagen. Vielleicht war es die grundsätzliche Zustimmung zum Regime? Vielleicht war es auch der fest eingeschliffene Gehorsam gegenüber der Obrigkeit, der es unmöglich machte, sich zur Wehr zu setzen? Fest steht, daß es Ausnahmepersönlichkeiten waren, die den Schritt von partieller Kritik und nichtkonformem Verhalten zum politischen Widerstand taten. Meist waren es Personen und Gruppen, die feste moralische, politische und soziale Wertmaßstäbe hatten, die also in der Lage waren, sich in ihrem Denken und Handeln vom Nationalsozialismus unabhängig zu machen und Konzeptionen für ein Deutschland nach Hitler zu entwickeln. Und das waren, wie wir wissen, leider viel zu wenige.

Es fällt heute immer schwerer, uns an das zu erinnern, was geschehen ist. Hitler und der Nationalsozialismus sind Geschichte. Die Nachgeborenen sind schon nicht mehr in der Lage, sich ein Bild von den zwölf Jahren zu machen, die das Gesicht Deutschlands und Europas radikal verändert haben. Thamers Buch wird helfen, den Verdrängungen und dem Gedächtnisverlust entgegenzuarbeiten. Vergleichbares wie die »Braune Revolution« wird zwar so schnell sich nicht wiederholen. Dies ist aber kein Grund, in der Wachsamkeit nachzulassen. Die Erfahrung der NS-Diktatur sollte uns Mahnung und Warnung zugleich sein. Zivilisation und Kultur bilden nur einen dünnen Firnis. Die Barbarei lauert unmittelbar darunter und wartet nur darauf, wieder hervorbrechen zu können.

Anmerkungen

1 Hans-Ulrich Thamer, Verführung und Gewalt. Deutschland 1933–1945, Berlin 1986.
2 Der Ausspruch ist überliefert durch W. Breucker, Die Tragik Ludendorffs. Eine kritische Studie auf Grund persönlicher Erinnerungen an den General und seine Zeit, Stollhamm O. J., S. 136.
3 H. A. Turner, Jr., Faschismus und Kapitalismus in Deutschland. Studien zum Verhältnis zwischen Nationalsozialismus und Wirtschaft, Göttingen 1972.
4 Max Horkheimer, Die Juden und Europa, in: Zeitschrift für Sozialforschung, 8/1939, S. 115.
5 Arnold Brecht, Vorspiel zum Schweigen. Das Ende der deutschen Republik, Wien 1948, S. 144 ff.
6 Vgl. Ernst Fraenkel, Der Doppelstaat. Ein Beitrag zur Theorie der Diktatur, Frankfurt a. M./Köln 1974.
7 Max Domarus, Hitler. Reden und Proklamationen 1932–1945, Bd. I, 2. Halbband, München 1965, S. 1422.

»VERGESST UNS NICHT«
Der Widerstand der Namenlosen

Es drängt sich der Verdacht auf, daß einige Politiker sehr daran interessiert sind, den Deutschen ein von Widersprüchen freies Geschichtsbild zu verordnen. Der Plan, in Bonn ein Mahnmal für die Opfer des Krieges und der Gewaltherrschaft zu schaffen, hat bereits im Vorfeld heftige Diskussionen ausgelöst. Mit diesem Mahnmal, wohlgemerkt, soll unterschiedslos aller gedacht werden, die in der Zeit des Nationalsozialismus ums Leben gekommen sind – gleichgültig, ob es sich um in russischer Kriegsgefangenschaft verhungerte Soldaten, um im Krieg gefallene Angehörige der Waffen-SS, um Menschen, die in Auschwitz vergast wurden, oder um Widerstandskämpfer handelt, die in Plötzensee gehenkt worden sind.

Die Schriftsteller Jean Améry und Joseph Wulff haben sich das Leben genommen, nicht zuletzt deshalb, weil sie diese Art praktizierter Vergangenheitsbewältigung nicht ertragen haben. Sie, die selbst die Lager überlebt hatten, wurden mit der bitteren Erkenntnis konfrontiert, daß die überwiegende Mehrzahl der Nachkriegsdeutschen von dem, was in der Zeit des NS-Regimes geschehen war, nichts hören und nichts wissen will. Sie litten sehr unter der bundesdeutschen Schlußstrich-Mentalität, darunter, daß zwar jedes Jahr am 20. Juli des Widerstandes mit Reden und Kranzniederlegungen gedacht wird, aber nur die wenigsten bereit sind, sich die Frage zu stellen, was tatsächlich sich in jenen Jahren zwischen 1933 und 1945 in Deutschland ereignet hat.

Es wäre wünschenswert, wenn das Buch »Vergeßt uns nicht« von Barbara Beuys[1] von vielen Menschen gelesen würde, denn es steht für ein anderes Deutschland, ein besseres Deutschland. Es sind nicht nur die Görings, Hess und Goebbels, die mit blutiger Schrift sich in das Buch der Geschichte eingetragen haben. Für uns Heutige sollte eigentlich klar sein, daß Geschichte auch jene gemacht haben, die für die Demokratie gekämpft, die für die Ideale Freiheit, Gerechtigkeit und Frieden gestorben sind. Barbara Beuys schildert in ihrem neuen Buch nicht nur die Aktionen der Stauffenbergs, der Moltkes und Witzlebens, sondern vor allem den Widerstand der vielen Namenlosen, der Männer und Frauen aus allen Bevölkerungsschichten, der Arbeiter, der Angestellten, der Beamten und Geistlichen, die ihrem Gewissen gefolgt sind und sich für den Kampf gegen Hitler und sein Regime entschieden haben.

Es ist sehr schwer gewesen, sich gegen den Zeitgeist zu stellen. Dem Rausch des Aufbruchs, der Ideologie der Volksgemeinschaft konnten sich nur wenige entziehen. Diejenigen, die es dennoch getan haben, die im Widerstand ihr Leben hingegeben haben, verdienen es, wie Barbara Beuys zu Recht schreibt, daß wir uns ihrer erinnern: »Alle Toten und Gequälten haben Anspruch auf Gerechtigkeit und damit auf die Erinnerung der Nachwelt, trotz Irrungen, Illusionen und Scheitern. Wer sich diesem Teil der Vergangenheit stellt und die Schicksale, Aktionen und Visionen der Widerstandskämpfer nicht vergißt, weiß, daß auch der Tod diese Opfer den Tätern und auch den vielen, die zum Unrecht geschwiegen haben, nicht gleich macht. Die Zukunft, für die sie gestorben sind, ist unsere Gegenwart.«[2]

Von den zahllosen Kommunisten und Sozialdemokraten, die gegen das NS-Regime kämpften und ihr Leben unter dem Fallbeil oder am Galgen verloren, sei nur der Fall des Klempnergesellen und KJ-Funktionärs Bruno Tesch genannt, der im Frühjahr 1933 verhaftet worden war und unter der Anklage stand, beim »Altonaer Blutsonntag« 1932, den die Nationalsozialisten mit einem Durchzug durch das Arbeiterviertel provoziert hatten, den Tod von SS-Männern mit verschuldet zu haben. Bruno Tesch wurde am 2. Juni 1933 zum Tode verurteilt. In der Todeszelle schrieb der 20jährige seine Gedanken und Gefühle in ein kleines Heft. Über die Urteilsverkündung heißt es: »Nur einmal wäre es beinahe mit meiner Fassung vorbeigewesen, als ich das Weinen meiner Mutter heraushörte.«

Die ersten Tage ist er ruhig: »Der große Umschwung in der Stimmung kam erst ein paar Tage später, als ich mir vorstellte, daß ich erst 20 Jahre alt bin, wirklich nichts getan hatte und dennoch zum Tode verurteilt wurde ... Für mich ist es immer noch ein Trost, zu wissen, daß, wenn ich hingerichtet werde, ich in der Arbeiterschaft nicht vergessen werde.« Im letzten Brief, den Bruno Tesch vor seiner Hinrichtung schrieb, heißt es: »Wir sterben wie wir gekämpft haben. Vergeßt mich nicht! Vergeßt mich nicht!«[3]

Ein ganz anderer Fall ist der des 17jährigen Helmuth Hübener, der Feindsender abhörte und die Informationen in Flugblätter umsetzte. 1942 konnten einige Hamburger über ihren Führer lesen: »Zu Tausenden wird er Euch ins Feuer schicken, um das von ihm begonnene Verbrechen auch zu beenden. Zu Tausenden werden Eure Frauen und Kinder zu Witwen und Waisen gemacht.« An Gleichaltrige adressierte Hübener ein Flugblatt, in dem zu lesen stand: »Kennt ihr das Land ohne Freiheit, das Land des Terrors und der Tyrannei?«[4]

Als Hübener gefaßt wurde, bekannte er sich zur Gegnerschaft gegenüber dem Regime. In der nichtöffentlichen Sitzung vor dem Volksgerichtshof in Berlin im August 1942 fragte Hübener seinen Richter: »Glauben Sie denn tatsächlich daran, daß Deutschland diesen Krieg gewinnen kann?« Wie viele andere ist auch der 17jährige Helmuth Hübener durch Freislers Volksgerichtshof zum Tode verurteilt und aufs Schafott geschleppt worden. Am 27. Oktober 1942 verkündete eine grellrote »Bekanntmachung« an Berlins Litfaßsäulen, daß er »wegen Vorbereitung zum Hochverrat und landesverräterischer Feindbegünstigung« hingerichtet worden sei.

Was die Kirchen angeht, so haben sie, wie hinlänglich bekannt ist, sich mehr oder weniger bemüht, sich mit dem System zu arrangieren. Wenn heute das Bild nicht ganz negativ ausfällt, so hängt es damit zusammen, daß wir heute wissen, daß es Laien und Geistliche gegeben hat, die Überzeugungstreue und persönlichen Mut bewiesen haben. Barbara Beuys' Buch ruft Schicksale wie die des Juristen Friedrich Weißler in Erinnerung, des Kanzleichefs der »Bekennenden Kirche«,

der im Februar 1937 im KZ Sachsenhausen von den SS-Wach-
mannschaften in Einzelhaft gehalten und schließlich zu Tode
getrampelt wurde, oder das des Dompropstes an der katholischen St.-Hedwigs-Kirche in Berlin, Bernhard Lichtenberg,
der, weil er öffentlich für KZ-Gefangene und verfolgte Juden
betete, von der Gestapo in Haft genommen wurde.

Jugendliche fragen heute oft, warum sich die deutschen Juden nicht wehrten, warum sie sich wie die Schafe zur Schlacht-
bank haben treiben lassen. Es sind dies legitime Fragen, die
aber die damalige Situation verkennen. Der Masse der deutschen Juden fehlte jede Voraussetzung, sich kollektiv zur
Wehr zu setzen. Vermutlich ist dies auch von einer jüdischen
Gemeinschaft zuviel verlangt, die in der Struktur bürgerlich
war, überaltert und politisch zersplittert. Dennoch gab es natürlich Ausnahmen, Widerstandskämpfer jüdischer Herkunft,
so in der Organisation »Neu Beginnen« oder in der kommuni-
stisch orientierten Untergrundgruppe um Herbert Baum, die
am 18. Mai 1942 einen Brandanschlag auf die antisowjetische
Propagandaausstellung »Das Sowjetparadies« unternahm,
woraufhin 250 Juden in Berlin als Geiseln erschossen, Herbert Baum zu Tode gefoltert und 27 Mitglieder der Gruppe
nach Prozessen vor dem Volksgerichtshof hingerichtet wurden.

Der Grund, aus dem sich Juden dem organisierten antifaschistischen Untergrund angeschlossen haben, hängt in erster
Linie damit zusammen, daß für sie im bürgerlich-konservativen Widerstand, auch wenn sie es gewollt hätten, kein Platz
war. Die dort vertretene politisch-ideologische Programmatik
schloß sie aus. Carl Friedrich Goerdelers berühmte Denk-
schriften zum Beispiel, die Pläne für ein Deutschland nach
Hitler konzipierten, sind von traditionellen machtpolitischen
Ansprüchen, völkisch-nationalen Tönen und illiberalen Ressentiments geprägt.[5] Heute ist weitgehend verdrängt, daß für
den bürgerlichen Widerstand das Schicksal der Juden – wenn
überhaupt – nur von marginaler Bedeutung gewesen ist. Ver-
einzelte Proteste und Beispiele humanitärer individueller Hilfe hat es zwar gegeben, nicht jedoch die grundsätzliche Verur-

teilung des Antisemitismus und der nationalsozialistischen Judenpolitik.

Wenn wir vom Widerstand im NS-Staat sprechen, neigen wir dazu, nur das als Widerstand anzuerkennen, was sich in der offenen Anwendung von Gewalt gegen die Staatsmacht zeigte – also Attentate, Bombenanschläge, Sabotageakte. Es hat aber auch andere Formen des Widerstandes gegeben. Hierzu sind das Nichtmitmachen, die Verweigerung, der versteckte Protest oder das Lächerlichmachen zu rechnen. In jenen Jahren zirkulierten zum Beispiel Schreibmaschinenabschriften des weitergedichteten Verses »Freiheit, die ich meine« Max von Schenkendorfs von 1813: »Welche meinst du, sprich:/ deine oder meine,/darum dreht es sich.« Oder es wurde der in den dreißiger Jahren beliebte Schlager »Es geht alles vorüber, es geht alles vorbei« häufig leise so weitergesummt: »Erst geht der Hitler, dann geht die Partei.« Selbst in Frau-Wirtin-Verse verkleidete sich der innere Widerstand: »Frau Wirtin hat auch einen Traum,/ der war so schön, man glaubt es kaum,/ er war wie ein Te Deum:/ Sie sah den Führer ausgestopft/ im Britischen Museum.«[6]

Der geistige Widerstand hat in der Zeit des Nationalsozialismus in der Tat mancherlei seltsame Formen angenommen. »Wer nicht selbst«, hat Werner Bergengruen geurteilt, »ein Terror- und Zensursystem von der Art des nationalsozialistischen kennengelernt hat, wer aufgewachsen ist im selbstverständlichen Genuß der Rede- und Schreibfreiheit, der kann sich unmöglich auf die Technik der stichworthaften Anspielung, die Technik der indirekten und doch unmißverständlichen Aussage verstehen, unmöglich auf die immer mehr sich verfeinerndere Kunst des Schreibens – aber auch des Lesens – zwischen den Zeilen. Damals regierte eine unglaubliche Hellhörigkeit; die leiseste Andeutung wurde nicht nur verstanden, sondern sie hatte auch ihr Gewicht.«[7]

So sind aus den Gedichten und der Prosa von Jochen Klepper, Reinhold Schneider und Werner Bergengruen Anspielungen auf die Zeitsituation herausgehört worden. Manche historischen Monographien wurden als literarische Proteste gegen den Nationalsozialismus verstanden, wie zum Beispiel die Bücher von Hermann Oncken über Cromwell, Peter Richard Rohden über Robespierre, Theodor Heuss über Friedrich Naumann und Friedrich Wilhelm von Oertzen über Pilsudski. Sie wirkten durch Parallelisierungen doppeldeutig, was von allen Deutschen, die gegen das Regime eingestellt waren, auch sofort registriert wurde. Am deutlichsten war wohl der Ostpreuße Friedrich P. Reck-Malleczewen, der 1937 ein Buch über die Schwarmgeister von Münster mit dem bezeichnenden Titel »Bockelson. Geschichte eines Massenwahns« erscheinen ließ. Am Schluß des Vorworts hieß es über den »Führer« der Wiedertäufer: »Ein Häuflein Nichts also, geladen mit Hysterie.« Das Buch wurde sofort nach seinem Erscheinen verboten. Der Verfasser ist im Krieg inhaftiert und am 17. Februar 1945 im KZ Dachau ermordet worden.[8]

Es war nur eine Minderheit, die sich gegen das Regime aufgelehnt hat. Die meisten Deutschen haben zustimmend bis tatenlos nach 1933 zugesehen, als der Rechtsstaat abgeschafft wurde und der Terror in den Alltag einzog. Dennoch hat es, wie Barbara Beuys zu Recht bemerkt, das andere Deutschland gegeben, gab es Menschen, die bereit waren, für Demokratie und Freiheit ihr Leben zu geben. Diese Erinnerung dürfen wir nicht verdrängen, denn nur sie bietet eine Gewähr, daß sich bestimmte Entwicklungen nicht mehr wiederholen. Das war wohl auch der Gedanke, den der von der Gestapo im Frühjahr 1943 verhaftete tschechoslowakische Widerstandskämpfer Julius Fučik hatte, als er aus der Zelle die Zeilen hinausschmuggeln konnte: »Um eines bitte ich: Ihr, die ihr diese Zeit überleben werdet, vergeßt nicht. Vergeßt weder die Guten noch die Bösen. Sammelt geduldig Zeugnisse über alle, die für sich selbst und für euch gefallen sind. Eines Tages wird das Heute Vergangenheit sein, man wird von der großen Zeit und von den namenlosen Helden sprechen, die Geschichte machten. Ich möchte festhalten, daß es keine namenlosen Helden gab. Daß sie Menschen waren, die einen Namen, ein Gesicht, die Sehnsüchte und Hoffnungen hatten ...«[9]

Anmerkungen

1 Barbara Beuys, Vergeßt uns nicht. Menschen im Widerstand 1933–1945, Reinbek bei Hamburg 1987.
2 Ebenda, S. 568.
3 Ebenda, S. 161 f.
4 Ebenda, S. 489.
5 Vgl. Christof Dipper, Der Deutsche Widerstand und die Juden, in: Geschichte und Gesellschaft 9/1983, S. 349–380.
6 Hans-Joachim Schoeps, Ungeflügelte Worte. Was nicht im Büchmann stehen kann, Berlin 1971, S. 135.
7 Werner Bergengruen, Dichtergehäuse, Zürich 1966, S. 141 f.
8 Vgl. Schoeps, Ungeflügelte Worte (vgl. Anm. 6), S. 134.
9 Beuys, Vergeßt uns nicht (vgl. Anm. 1), S. 23 f.

TREITSCHKE REDIVIVUS?
Ernst Nolte und die Juden

Von dem, was man heute denkt,
hängt das ab, was morgen
auf den Plätzen und Straßen gelebt wird.
Ortega y Gasset

Was der Berliner Historiker Ernst Nolte offenbar nicht wahrhaben will, ist der Sachverhalt, daß er mit seinen Thesen auf Widerstand stößt. In seiner Darstellung des »Historikerstreites«, die Nolte jetzt unter dem Titel »Das Vergehen der Vergangenheit«[1] veröffentlicht hat, beklagt er, daß seine »Aufforderung zur Wissenschaft«, wie er heute seinen in der »Frankfurter Allgemeinen Zeitung« vom 6. Juni 1986 erschienenen Artikel verstanden wissen will, nicht angenommen und er statt dessen in böswilligster Art verleumdet und unter Antisemitismus-Verdacht gestellt worden sei.

Bisher hat Nolte seine Kritiker immer abgekanzelt mit dem Hinweis, sie sollten sein neues Buch abwarten, dann könnten sie sich »wissenschaftlich« mit seiner in Frageform formulierten These auseinandersetzen: »War nicht der Archipel Gulag ursprünglicher als Auschwitz?« Das kann nun geschehen. In dem soeben erschienenen Buch »Der europäische Bürgerkrieg«[2] ist ausführlich über 600 Seiten der Zusammenhang dargelegt, den Nolte zwischen Bolschewismus und Nationalsozialismus zu erkennen glaubt, und warum er meint, daß der Archipel Gulag, das sowjetische Lager- und Repressionssystem, Vorbild für Hitler und für Auschwitz gewesen sei.

Was in der Öffentlichkeit,[3] besonders aber in Israel und bei einer Reihe von Historikern in den Vereinigten Staaten[4] einiges Kopfschütteln hervorrief, war Noltes verquere Konstruktion von Auschwitz als einer »asiatischen« Tat und seine Spekulation, ob nicht ein »kausaler Nexus« bestünde, ein ursächlicher Zusammenhang zwischen dem »roten und dem braunen Terror«. Mit Verblüffung wurde zur Kenntnis genommen, daß eine Reihe renommierter Historiker und Publizisten schier außer sich geriet und wutentbrannt über den Frankfurter Soziologen und Sozialphilosophen Jürgen Habermas herfiel, als dieser es wagte, Nolte und Teilen der bundesdeutschen Zeitgeschichtsschreibung »apologetische Tendenzen« und einen »fragwürdigen Revisionismus« (»Die Zeit«, 11. Juli 1986) vorzuwerfen.

Aber zurück zu Nolte, dessen Ansichten im Ausland so verstanden werden, daß ein bekannter Vertreter der bundesdeutschen Historikerzunft den international bestehenden Konsens in der Frage der Bewertung des Nationalsozialismus aufkündigt und bemüht ist, das gigantischste Staatsverbrechen dieses Jahrhunderts zu relativieren. Was, fragt man sich, geht in diesem Mann vor, der sich als Ideenhistoriker einen Namen gemacht und einen Ruf zu verlieren hat, daß er die in der rechtsradikalen Publizistik schon seit Jahrzehnten behauptete These übernimmt, ob nicht Hitler vielleicht doch berechtigt gewesen sein könnte, die Juden als Kriegsgefangene zu »internieren«, und zwar deshalb, weil Chaim Weizmann, der damalige Vorsitzende der »Jewish Agency«, in einem offenen Brief 1939 erklärt habe, die Juden stünden im Krieg an der Seite Englands und der westlichen Demokratien.[5]

Dem Einwand, daß die »Jewish Agency« überhaupt kein Völkerrechtssubjekt war und deshalb die Botschaft Weizmanns nicht die völkerrechtliche Bedeutung und Qualität einer »Kriegserklärung« haben konnte, entgegnet Nolte heute spitzfindig folgendermaßen: »Gewiß war die ›Jewish Agency for Palestine‹ nicht die Regierung eines Staates, aber sie war auch keineswegs eine bloße private Organisation.« Was war sie also dann? Weizmann, meint Nolte, habe bloß zu Wort gebracht, »was so gut wie jeder Jude in der ganzen Welt empfinden *mußte*«[6]. Woher, bitteschön, weiß eigentlich Nolte, was die Juden empfunden haben, speziell die deutschen Juden, die sich als Deutsche definierten und in ihrer Mehrzahl mit dem Zionismus und der »Jewish Agency« nichts im Sinne hatten?

Eigentlich nur noch Betretenheit löste Noltes zusätzliche Interpretation eines Tucholsky-Textes aus, den dieser unter seinem Pseudonym Ignaz Wrobel 1927 in der »Weltbühne«[7] veröffentlicht hatte und dessen pazifistischer Charakter für jedermann deutlich erkennbar ist. Der Text, der sich gegen die Furchtbarkeiten des Ersten Weltkrieges richtet, vor allem gegen den Einsatz der Giftgas-Waffe, ist von Nolte in der schon bewährten Manier, Texte so zu lesen, wie er sie lesen will, zu der Behauptung umgebogen worden, Tucholsky hätte den Frauen und Kindern der deutschen Bildungsschicht den Gastod gewünscht – was zweifellos insinuiert (warum zitiert Nolte sonst den »Juden« Tucholsky?), »daß die spätere Vergasung der Millionen Juden durch die Deutschen als eine verständliche Gegenmaßnahme, wenn nicht gar als eine strenge, aber gerechte Strafe angesehen werden kann«[8] (Gershom Schocken).

Wer glaubt, dies seien alles nur Ausrutscher gewesen, der wird durch Noltes neues Buch eines Besseren belehrt. In »Der europäische Bürgerkrieg« werden nicht nur alle Behauptungen in extenso wiederholt, sondern noch einige neue hinzugefügt. So heißt es über das KZ Theresienstadt, daß es ein Ghetto gewesen sei, »wo eine Anzahl von privilegierten Juden ein zwar abgesondertes, aber doch erträgliches Dasein führte«[9] (eine wirklich zynische Bemerkung, wenn man bedenkt, daß in Theresienstadt innerhalb von drei Jahren rund 33 000 Menschen elend zugrunde gegangen sind).

Wirklich entlarvend ist der Satz, den Nolte fast beiläufig äußert, der aber typisch ist für die Art seiner Argumentation: »Wenn man sich daran erinnert, daß die Amerikaner nach dem 7. Dezember 1941 ihre eigenen Staatsbürger japanischer Herkunft einschließlich der Frauen und Kinder in Internierungslager brachten und daß die Engländer einen beträchtlichen Teil der antifaschistischen deutschen Emigranten als ›feindliche Ausländer‹ nach Kanada transportieren ließen, wird man nicht von vornherein in Abrede stellen dürfen, daß die Deportationen [der Juden] als solche in den Augen der deutschen Bevölkerung als unvermeidbar gelten durften«[10].

Nolte bestreitet nicht die Massentötungen in den Vernichtungslagern, suggeriert aber durch geschicktes Verweisen auf rechtsradikale Autoren wie Paul Rassinier, Robert Faurisson oder Wilhelm Stäglich, daß Zweifel an der Echtheit von zentralen Dokumenten wie etwa des Protokolls der Wannseekonferenz vom 20. Januar 1942 angebracht oder Massenvergasungen technisch nicht möglich gewesen seien. Er selbst wird das vermutlich von sich weisen, behaupten, das seien bösartige Unterstellungen. Aber, so fragt man sich, warum macht er dubiose Literatur zitierfähig? Was bezweckt er damit?

Rechtsradikale Kreise sehen vermutlich händereibend mit an, wie ihnen das Geschäft von Ernst Nolte, dem »großen Eigenbrötler der Zeitgeschichte« (Martin Broszat), abgenommen wird. Wer die einschlägige Literatur kennt, weiß, daß schon seit Jahrzehnten systematisch versucht wird, Einfluß auf das bundesdeutsche Geschichtsbild zu nehmen, und zwar dadurch, daß durch Lügen und Falschbehauptungen die Ergebnisse der zeitgeschichtlichen Forschung in Frage gestellt werden. Ernst Nolte, das ist schon jetzt sicher, hat dazu einen Beitrag geleistet, der sich sehen lassen kann.

Die revisionistische Literatur, die einen nicht unbeträchtlichen Markt beherrscht, argumentiert verdeckt. Der Leser weiß jedoch sofort, worauf angespielt wird, wenn es u.a. um den »Nachweis« geht, daß die sogenannte »Endlösung der Judenfrage« ein ausgemachter Schwindel sei, wenn es weiter heißt, es handele sich um ein Propagandaunternehmen interessierter Kreise im Ausland. In diesen Machwerken (z.B. Arthur Butz, »Der Jahrhundert-Betrug«; Erich Kern, »Die Tragödie der Juden«; Wilhelm Stäglich, »Der Auschwitz-Mythos«[11]), die sich den Anstrich der Wissenschaftlichkeit geben, wird mit den Zahlen der Nazi-Opfer jongliert und werden ganz offen verbrecherische Fakten geleugnet.

Zumeist wird behauptet, daß die Zahl von sechs Millionen ermordeter Juden (»Die Sechs-Millionen-Lüge«) ausschließlich dazu erfunden worden sei, »Deutschland [zu] erpressen und das deutsche Volk in einer geistigen Abhängigkeit [zu] halten« (Erich Kern). Beliebt ist auch die Behauptung, es habe in Auschwitz überhaupt keine Gaskammern gegeben, sondern allenfalls »Begasung«, Kleiderdesinfektion in Sterilisierungsapparaten. Grundsätzlich wird – vor allem dann, wenn es der eigenen Beweisführung dient – die Authentizität von Dokumentarbildern, amtlichen Quellen und Erlebnisberichten angezweifelt. In der Regel wird unterstellt, daß es sich um raffinierte Fälschungen handelt, die nur dazu dienen, den »seit 1945 anerzogenen Schuldkomplex« zu bestärken, für die »Erhaltung einer politischen und finanziellen Erpreßbarkeit« (Wilhelm Stäglich) zu sorgen.

Nolte hält sich für unbestechlich und vorurteilslos, nur der »wissenschaftlichen« Wahrheit verpflichtet, wie er nicht müde wird, unentwegt zu betonen. Das ist wohl auch der Grund, warum es ihm anscheinend überhaupt keine Schwierigkeiten bereitet, Literatur heranzuziehen, die seriöse Historiker ablehnen in die Hand zu nehmen, wenn sie sich mit dem Komplex NS-Verbrechen beschäftigen. Nolte bekennt zwar, daß ihn Autoren wie Rassinier und Faurisson nicht überzeugt hätten, daß er sie aber dennoch nicht für »alte Nazis« hält. Ihr Hauptmotiv, so sieht das Nolte, sei die Kritik an Israel und die Sympathie für die Palästinenser. »Ist das« fragt er, »notwendigerweise ein unedles Motiv?«[12] Ihm komme es, erklärt Nolte, auf Tatsachenbehauptungen an, und zwar einzig und allein auf die Frage, ob diese zutreffend und relevant seien. Das Tucholsky-Zitat, ebenso wie die »Kriegserklärung« Weizmanns, seien zwar bisher nur in der rechtsradikalen Literatur angeführt worden, das aber sei kein Beweis dafür, daß diese Behauptungen unzutreffend oder abwegig seien. »Ich ergreife«, so Nolte, »die Partei der Rechtsradikalen …, weil seit vielen Jahren die simplen Richtigkeiten, die sich auch bei ihnen finden, nicht aufgegriffen und nicht zitiert werden«[13].

Auffallend ist überdies eine ganz bestimmte Verteidigungstechnik, der sich Nolte bedient, wenn er wegen seiner Thesen kritisiert wird. Einmal erklärt er, das habe nicht er, sondern ein anderer gesagt. Ein andermal äußert er, das habe er zwar gesagt, sei aber mißverstanden worden. Was die obskure »Kriegserklärung« Weizmanns an Deutschland angeht, so behauptet er, zitiere er nur den Historiker David Irving, und zwar »im Rahmen einer hypothetischen und selbstkritischen Erwägung«. Erkennen kann das der Leser freilich nicht. Denn im selben Atemzug, mit dem Nolte behauptet, daß die These nicht von ihm stamme, nennt er Belege, warum er meint, daß die Angelegenheit mit der »Kriegserklärung« doch nicht so abwegig sei. Wert legt er nämlich in diesem Zusammenhang auf die Feststellung, eine »Quelle« benennen zu können, nach der angeblich ein Richter im Eichmann-Prozeß gesagt haben soll, es gebe tatsächlich eine Äußerung von Chaim Weizmann, die man als jüdische Kriegserklärung an Deutschland interpretieren könne. Selbst wenn dies, ungeachtet der Zweifel, ob besagter Richter (Nolte nennt weder seinen Namen noch den Kontext, in dem diese Äußerung gefallen sein soll) dies tatsächlich so formuliert hat, zutreffen sollte. Was heißt das schon? Auch Juden reden manchmal Unsinn. Aber es drängt sich der Verdacht auf, daß es Nolte darum gar nicht geht. Vielleicht besteht er gerade deshalb so auf der Existenz dieser »Kriegserklärung«, weil er andeuten will, die Juden hätten selbst schuld, daß der »Holocaust« über sie gekommen ist?

Es mutet schon etwas eigenartig an, wie Nolte bemüht ist, mit Juden über seine Thesen ins Gespräch zu kommen. So findet sich in seinem Buch »Das Vergehen der Vergangenheit« eine Auseinandersetzung mit seinen Kritikern außerhalb der Bundesrepublik, insbesondere in Israel. Fast ein Drittel des Buches enthält Interviews, die für israelische Zeitungen gemacht worden sind, sowie Briefe Noltes an Gershom Schocken, den Herausgeber der israelischen Tageszeitung »Ha'aretz«, und an Otto Dov Kulka, einen Historiker, der am Institute for Jewish Studies an der Hebräischen Universität in Jerusalem lehrt.

Nolte ist nicht gerade zimperlich, wenn es ihm darum geht, sich und seine Thesen vorteilhaft ins Licht zu setzen. Ein gutes Beispiel dafür ist der Briefwechsel mit Kulka. Nolte veröffentlicht nur seine eigenen Briefe, hingegen nicht die von Kulka. Diese gibt er nur paraphrasiert wieder, obgleich es anders vereinbart war. Der Leser erfährt nicht, daß Kulka sich äußerst kritisch mit Noltes Publikationen der letzten Jahre auseinandergesetzt hat. Ein über fünfseitiger Brief zum Beispiel, in dem Kulka sich von Noltes Ansichten distanziert und in dem er Zweifel an Noltes methodologischen und ethischen Erklärungen anmeldet, wird von Nolte schlicht verfälscht, indem er den Eindruck zu erwecken versucht, als ob Kulka mehr oder weniger mit dem einverstanden sei, was er über den Nationalsozialismus und den Holocaust behauptet. Empört äußerte sich Kulka: »Was Herr Nolte in seinem Buch getan hat, widerspricht den elementarsten Normen der wissenschaftlichen Ethik und den Regeln gegenseitiger menschlicher Beziehungen« (»Frankfurter Rundschau«, 5.11.1987).

Wozu das alles? Was bewegt Nolte, daß er unbedingt Juden auf seine Seite ziehen will? In seiner Rechtfertigungsschrift »Das Vergehen der Vergangenheit« bekennt er, daß er es zu schätzen wisse, »daß ihm zweimal die Möglichkeit eingeräumt worden sei, direkt zum israelischen Publikum zu sprechen«. Otto Dov Kulka, mißtrauisch geworden, vermutet, daß Nolte Juden quasi als eine Art Alibi benutzt, um seinen Kritikern in der Bundesrepublik zu zeigen, in Israel könne er mit Wohlwollen und Verständigungsbereitschaft rechnen, nicht jedoch in heimatlichen Gefilden. Noltes Aufforderung an die israelischen Historiker, sie sollten sich »den offensichtlichen Verleumdungen mit einer unzweideutigen Erklärung entgegenstellen« (»Frankfurter Rundschau«, 26.11.1987), kann in der Tat gar nicht anders verstanden werden.

Nolte hat im Verlauf des äußerst hitzig geführten Streites immer wieder erklärt, er sei kein Antisemit. Es ist bezeichnend, daß in den Debatten in der Bundesrepublik an einem bestimmten Zeitpunkt der Auseinandersetzung, wenn der rationale Diskurs nicht mehr möglich ist, dieses Schlag-tot-Argument zum Einsatz kommt. Interessanterweise ist Nolte dieses Etikett gar nicht angehängt worden, dennoch meint er, den Vorwurf (gleichzeitig versichernd, er sei auch kein »Philosemit«) bestreiten zu müssen, auch den, daß er vielleicht für Äußerungen verantwortlich gemacht werden könnte, die den Antisemitismus fördern.

Nolte legt zwar Wert auf die Feststellung, kein Antisemit zu sein, scheut aber auf der anderen Seite nicht davor zurück, den Juden eine gewisse Verantwortung für den Antisemitismus zuzuschreiben. Besonders infam ist Noltes Bemerkung über einen kritischen Artikel[14], den Heinz Galinski, der Vorsitzende der Jüdischen Gemeinde zu Berlin, im Januar 1987 (Nolte:»ausgerechnet in den DDR-nahen ›Blättern für deutsche und internationale Politik‹«) veröffentlicht hat:»Ich gestehe aber in aller Aufrichtigkeit, daß mir die innere Möglichkeit eines neuen Antisemitismus ... nie so deutlich gewesen ist wie nach der Lektüre des Artikels[15]«.

Vermutlich hat Nolte bis jetzt nicht begriffen, warum Juden in der Bundesrepublik, in Israel und in den Vereinigten Staaten verbittert und verärgert auf seine Spekulationen und seine unsensiblen Äußerungen reagieren.[16] Die Erregung ist nicht »gemacht«, wie Nolte glaubt, sondern sie ist tatsächlich vorhanden. Nolte versteht es nicht, kann oder will es vielleicht nicht verstehen, wenn Proteste gegen einen Bürgermeister in der Provinz laut werden, der erklärt hatte, zur Sanierung dieses Haushalts müsse man»ein paar reiche Juden erschlagen«[17]. Nolte hält das für Mißverständnisse, meint, das würde aufgebauscht werden – und zwar hauptsächlich, wie könnte es anders sein, von denjenigen, die daran Interesse haben, den jüdischen Organisationen und ihren Drahtziehern also.

Nein, die Juden wissen sehr wohl, wen sie in Ernst Nolte vor sich haben. Seine Bemerkungen, so, wie er auf Kritik antwortet oder wie er bemüht ist, anderen seine Ansichten aufzudrängen, lösten Erinnerungen aus wie zum Beispiel an den Historiker Heinrich von Treitschke seligen Angedenkens. Auch Treitschke, wie Nolte ein Professor an einer Berliner Universität, hätte es sicherlich abgelehnt, als Antisemit zu gelten. Es galt nicht als fein, sich mit dem Radau-Antisemitismus einzulassen. Dennoch bleibt festzuhalten, daß Treitschke durch sein in weitesten Kreisen mit Bewunderung gelesenes Geschichtswerk»Deutsche Geschichte im 19. Jahrhundert« wahrscheinlich mehr zur Verbreitung antijüdischer Tendenzen beigetragen hat als die radikal-antisemitische Literatur der Zeit.

Bleibt eine letzte Bemerkung. Eine Reihe von Verlagen haben aus unterschiedlichen Gründen abgelehnt, Noltes Buch sowie die dazugehörige »Dokumentation« in ihr Programm aufzunehmen. Erschienen sind die Bücher jetzt im Haus Ullstein, das den Namen einer traditionsreichen jüdischen Verlegerfamilie trägt, heute aber in anderen Händen ist. Dem neuen Besitzer scheinen diese Traditionen offensichtlich nicht präsent zu sein, denn sonst wäre er wohl kaum auf die Idee gekommen, Ernst Nolte unter dem Verlagssignet Ullstein-Propyläen zu Wort kommen zu lassen. Oder war das etwa Absicht?

Anmerkungen

1 Ernst Nolte, Das Vergehen der Vergangenheit. Antwort an meine Kritiker im sogenannten Historikerstreit, Berlin/Frankfurt a.M. 1987.

2 Ernst Nolte, Der europäische Bürgerkrieg 1917–1945. Nationalsozialismus und Bolschewismus, Frankfurt a.M./Berlin 1987.

3 Es hat in den letzten Jahren kaum eine Kontroverse gegeben, die eine solche Vielzahl von Reaktionen zur Folge hatte wie der sog.»Historikerstreit«. An vielen deutschen Universitäten wurden Ringvorlesungen durchgeführt, wie z.B. an der Universität/GH Duisburg, und Dokumentationen erstellt. Vgl. Vergangenheit, die nicht vergehen will. Dokumentation zum »Historikerstreit«, hrsg. vom FB 1: Politische Wissenschaft der Universität/GH Duisburg und Salomon-Ludwig-Steinheim-Institut für deutsch-jüdische Geschichte, Redaktion: Martina Fischer, Hans Hermann Linscheid, Hans-Peter Schwarz, 2 Auflagen [Juni 1987], 122 Seiten. Von den Publikationen, die erschienen sind, seien nur genannt:»Historikerstreit«. Die Dokumentation der Kontroverse um die Einzigartigkeit der nationalsozialistischen Judenvernichtung, München 1987; Hilmar Hoffmann (Hrsg.), Gegen den Versuch, Vergangenheit zu verbiegen, Frankfurt a.M. 1987;Reinhard Kühnl (Hrsg.), Vergangenheit, die nicht vergeht. Die NS-Verbrechen und die Geschichtsschreibung der Wende, Köln 1987; G. Erler u. a., Geschichtswende? Entsorgungsversuche zur deutschen Geschichte, Freiburg 1987; Dan Diner (Hrsg.), Ist der Nationalsozialismus Geschichte? Zu Historisierung und Historikerstreit, Frankfurt a.M. 1987; Christian Meier, 40 Jahre nach Auschwitz. Deutsche Geschichtserinnerung heute, München 1987. Weitere Literaturhinweise finden sich bei Hans-Ulrich Wehler, Entsorgung der deutschen Vergangenheit? Ein polemischer Essay zum »Historikerstreit«, München 1988, S. 212 f.

4 Vgl. z.B. J.M. Markham, in: New York Times, 6.9.1986; J. Miller, Erasing the Past, in: New York Times Magazine, 16.11.1986, S. 31–36, 40, 109 f.; C.S. Maier, Immoral Equivalence, in: The New Republic, 1.12.1986; G.A. Craig, The War of the German Historians, in: New York Review of Books, 33, Nr. 21/22, 15.1.1987; M. Achiron/D. Seward, New Perspective on the Nazis, in: Newsweek, 19.1.1987; J. Steinberg, Living with the Past, in: New Society, 8.5.1987, S. 25; S. Sullivan, Ghosts of the Nazis, in: Newsweek, 20.4.1987.

5 Den genauen Wortlaut hat Nolte anfänglich nicht gekannt, denn er ist offensichtlich entweder nur den entstellenden Zitaten aus der rechtsradikalen Literatur (vgl. Anm. 11) oder nur dem Teilabdruck in: Archiv der Gegenwart 1939 gefolgt. Der Brief ist heute, und zwar vollständig, in: Letters and Papers of Chaim Weizmann, Series A: Letters, Bd. 19: Januar 1935–Juni 1940, Jerusalem 1977, S. 145 nachzulesen. Es ist unerfindlich, wie Nolte aus der Passage »In the hour of supreme crisis … the Jews ›stand by Great Britain and will fight on the side of the democracies‹« seine Interpretation »it might justify the consequential thesis that Hitler was allowed to threat the German Jews as prisoners of war and by this means to intern them« (Ernst Nolte, Between Myth und Revisionism? The Third Reich in the Perspective of the 1980s, in: H.W. Koch [Hrsg.], Aspects of the Third Reich, London 1985, S. 17–38) ableiten kann.

6 Nolte, Der europäische Bürgerkrieg (vgl. Anm. 2), S. 317.

7 Ignaz Wrobel, Dänische Felder, in: Die Weltbühne, Nr. 30/1927, S.152 f.

8 Leserbrief von Gerschom Schocken in: Die Zeit, 28. November 1986.

9 Nolte, Der europäische Bürgerkrieg (vgl. Anm. 2), S. 510.

10 Ebenda.

11 Die Ausführungen von Wilhelm Stäglich (Der Auschwitz-Mythos. Legende oder Wirklichkeit?, Tübingen 1979) haben es Nolte besonders angetan. Es ist ganz offensichtlich, daß Nolte von Stäglich einige Behauptungen übernommen hat, so u.a. das Tucholsky-Zitat aus der »Weltbühne« mit der entsprechenden Interpretation (S. 86), aber auch die Behauptung, Weizmann hätte im September 1939 für die Gesamtheit der Juden dem Reich den Krieg erklärt (S. 149). Von einer gewissen Pikanterie ist, daß Stäglichs Buch am 15. August 1980 eingezogen wurde, die Druckunterlagen beschlagnahmt worden sind. Die Verbreitung des Buches fiel unter den Tatbestand der »Volksverhetzung« (§ 130 StGB). Am 11. März 1982 wurde das Buch von der Bundesprüfstelle für jugendgefährdende Schriften indiziert. Die Beschlagnahme wurde vom Landgericht Stuttgart (Az: XVI KLs 115/80) am 7. Mai 1982 für rechtens erklärt. Die vom Verleger eingelegte Revision wurde vom Bundesgerichtshof (Az 3 St R 4414/82 [S]) am 26. Januar 1983 verworfen. Wilhelm Stäglich ist im übrigen von der Universität Göttingen der Doktortitel aberkannt worden. Der Präsident teilte Stäglich am 15.11.1982 mit: »Das Dekane-Konzil ist der Auffassung, daß Sie sich durch dieses Buch als unwürdig erwiesen haben, den Ihnen von der Juristischen Fakultät der Georg-August-Universität Göttingen verliehenen Doktorgrad zu führen, weil Sie mit dem genannten Werk, das mit dem Anspruch auf Wissenschaftlichkeit erschienen

ist, die Gebote wissenschaftlicher Haltung sowie die Achtung der Menschenwürde in gröbster und schwerwiegender Weise verletzt haben.« Anzumerken ist noch, daß das Bundesverwaltungsgericht Stäglichs Beschwerde zurückgewiesen und bestätigt hat, daß die vom Kläger in Anspruch genommene Meinungsäußerungs- und Wissenschaftsfreiheit durch die Erfüllung der Straftatbestände (Volksverhetzung und Aufstachelung zum Rassenhaß) nicht gedeckt wird (Az BVerwG 7 B 8.88 vom 5. Mai 1988).

12 Nolte, Das Vergehen der Vergangenheit (vgl. Anm. 1), S. 137.

13 Ebenda.

14 In dem Artikel (Beweiszwang für die Opfer. Freispruch für die Täter, in: Blätter für deutsche und internationale Politik, 1/1987, S. 20–24) hatte Galinski sich empört über »die Lässigkeit der im Ton polemisierenden Artikel, die in ihrem Inhalt am Leiden von Millionen vorbeisinnieren« (S. 21) und dafür plädiert, »der Geschichtslosigkeit, der Flucht in die Verantwortungslosigkeit, eine eindeutige, entschiedene Absage [zu] erteilen« (S. 24).

15 Nolte, Das Vergehen der Vergangenheit (vgl. Anm. 1), S. 36.

16 Im Zusammenhang mit dem »Historikerstreit« ist ein Antrag Ernst Noltes auf Weiterbewilligung von Mitteln für eine seit mehreren Jahren laufende historisch-kritische Herzl-Edition in deutsch-israelischer Zusammenarbeit von der Deutschen Forschungsgemeinschaft (DFG) am 27. März 1987 abgelehnt worden. Um an dieser Stelle einer Legendenbildung entgegenzutreten, sei darauf hingewiesen, daß Ernst Nolte dieses Projekt *nicht* entwickelt und bis Ende 1985 auch nichts damit zu tun hatte. (Das Projekt war von Alex Bein und dem Verf. 1978 konzipiert und bei der DFG eingereicht worden. Es wurde bewilligt, als die Antragsteller bereit waren, den Judaisten Hermann Greive mit in das Projekt aufzunehmen. Nach dem tragischen Tod von Greive, der von einer geistesgestörten Studentin 1984 ermordet worden ist, übernahm der Bonner Historiker Konrad Repgen die Verwaltung der Mittel. Erst als er dazu nicht mehr bereit war, wurde Ernst Nolte benannt.) Die an dem Projekt bis dahin beteiligten Wissenschaftler sind nicht gefragt worden, ob sie gewillt seien, mit Ernst Nolte zusammenzuarbeiten. Sie wurden, so ungewöhnlich dies klingen mag, im Winter 1985/86 vor vollendete Tatsachen gestellt. Wer Ernst Nolte in das Projekt gebracht hat, läßt sich bis heute nicht exakt feststellen. Es scheint, daß dies auf Drängen von Konrad Repgen geschehen ist, der in der Angelegenheit größeren Einfluß genommen hat, als er heute zuzugeben gewillt ist (vgl. Der »Historikerstreit« I. Einige Anmerkungen zu den aktuellen Veröffentlichungen über kontroverse Grundprobleme unserer Geschichte, in: Historisches Jahrbuch, 1987, S. 420 Anm. 13). Die israelischen Wissenschaftler hätten sich im Prinzip sogar auf eine Zusammenarbeit mit Ernst Nolte eingelassen, wenn Nolte seine Rolle im Projekt darauf beschränkt hätte, die Mittel zu verwalten, und nicht hätte inhaltlich mitreden wollen. Nach dem Erscheinen seines Artikels in der FAZ vom 6. Juni 1986 und der dadurch ausgelösten öffentlichen Erregung war selbst eine eingeschränkte Zusammenarbeit nicht mehr möglich. Nolte war nicht bereit, was in einer solchen Situation in der Regel üblich ist, sich von dem Pro-

jekt zurückzuziehen. Der DFG blieb deshalb keine andere Wahl, als den Antrag von Ernst Nolte abzulehnen und jemand anderen, in diesem Fall den Historiker Herbert A. Strauss, mit der Federführung für das Projekt zu betrauen. Eine gewisse Chuzpe ist es, an diesem Fall beweisen zu wollen, daß dadurch, daß Nolte von der »Verantwortung« für das Projekt entbunden wurde, die »Freiheit der Wissenschaft« (vgl. die beiden Artikel von Konrad Adam, Erpreßt? Die DFG und Ernst Nolte, in: Frankfurter Allgemeine Zeitung, 13. Mai 1987; Subjektiv. Abermals: Nolte und die DFG, ebenda, 5. Juni 1987) bedroht sei. Konrad Adam, der diese Auffassung vertreten hat, sei zugute gehalten, daß er die Hintergründe nicht kannte, als er seine Artikel schrieb. Dies gilt jedoch nicht für Ernst Nolte und Konrad Repgen (vgl. Freie Wissenschaft?, in: Die Welt, 2. Oktober 1987), die im Wissen um die tatsächlichen Umstände dennoch weiterhin behaupten, die Entscheidung der DFG sei eine gezielte Attacke auf die Prinzipien der Wissenschaftsfreiheit.

17 Nolte spielt auf den fast unglaublichen Ausspruch des Grafen Spee an, einst Bürgermeister im linksrheinischen Korschenbroich, der in einer Ratssitzung erklärt hatte, »für den Ausgleich des Haushaltes 1986 müßten einige reiche Juden erschlagen werden«. Daß eine solche Äußerung kein lapsus linguae ist, sondern in das Arsenal antisemitischer Stereotypen gehört, darüber sollte es, gerade nach den Erfahrungen, die wir mit dem antisemitischen Vorurteil in Deutschland haben, keinen Zweifel mehr geben. Vgl. hierzu: Sind die Deutschen Antisemiten? Ausmaß und Wirkung eines sozialen Vorurteils, in: Julius H. Schoeps, Über Juden und Deutsche, Historisch-politische Betrachtungen, Stuttgart/Bonn 1986, S. 146.

DIE LAST DER GESCHICHTE
Zur Situation der Juden in der Bundesrepublik Deutschland

Von Hitler und den Folgen der braunen Diktatur werden wir so schnell nicht freikommen. Je größer der historische Abstand, desto schmerzhafter wird bewußt, was eigentlich in jenen zwölf Jahren geschehen ist. Das gilt nicht nur für Deutsche, sondern auch für die Juden. Der von Nazi-Schergen 1933 im Marienbader Exil ermordete Philosoph und Schriftsteller Theodor Lessing hat dies geahnt, schon ein Jahr bevor die Macht an Hitler und die Nazis überging. Sollte es zu Pogromen kommen, prophezeite Lessing, dann würde in Zukunft das Schicksal von Juden und Nichtjuden unlöslich miteinander verkettet sein. So ist es auch gekommen. Das deutsch-jüdische Verhältnis war und ist heute bestimmt von einer gemeinsamen Erinnerung (Dan Diner hat hierfür die Formel von der »negativen Symbiose« geprägt), die sich mitunter in heftigen Auseinandersetzungen entlädt, sich in Verdrängungsprozessen spiegelt, aber auch zum Ausdruck kommt in hilflosen, teilweise peinlichen Versuchen der Rechtfertigung – sowohl bei Juden als auch bei Nichtjuden.

Jüdische Existenz im Nachkriegsdeutschland war und ist traumatisch bestimmt von dem ungeheuerlichsten Judenmord, den die Geschichte kennt. Die Erfahrung von Auschwitz bestimmt heute jüdisches Denken und Fühlen in einem Maße, wie es kaum vorstellbar ist. Eltern sprechen nicht mit ihren Kindern, vielleicht weil sie nicht in der Lage sind zu erklären, warum gerade sie das Vernichtungslager überlebt hatten. Kinder wiederum haben eine Scheu davor, ihre Eltern nach deren Erlebnissen zu fragen, aus Angst zu verletzen, alte Wunden aufzureißen. Erst in letzter Zeit scheint etwas in Bewegung geraten zu sein, was vermutlich mit der schon angesprochenen zeitlichen Distanz zu den Ereignissen zu tun hat, aber auch mit dem Generationenwechsel, der nicht nur junge

Deutsche, sondern auch junge Juden vorurteilsloser und unverkrampfter fragen läßt, wie in Zukunft mit der historischen Erfahrung des massenhaften Judenmordes umgegangen werden soll.

Zur Struktur der jüdischen Gemeinschaft

Die Vorstellung, daß Deutschland für Jahrhunderte ein Land ohne Juden sein werde, hat sich nicht erfüllt. In der Bundesrepublik leben heute rund 30 000 Juden. Das ist die Zahl derjenigen, die in den jüdischen Gemeinden gemeldet sind. Die Zahl derjenigen, die nicht gemeldet sind, läßt sich nur grob schätzen. Vermutlich sind es noch einmal ca. 15 000 Juden, die zu der Zahl von 30 000 hinzugerechnet werden müssen. Geht man von den rund 500 000 Juden aus, die vor 1933 in Deutschland gelebt haben, so entspricht die Zahl von 45 000 in der Bundesrepublik lebenden Juden ungefähr 10% der jüdischen Population vor 1933.

Was bei der Vorstellung dieser demographischen Daten jedoch nicht übersehen werden darf, ist der Sachverhalt, daß die jüdischen Gemeinden in der Bundesrepublik heute 1. primär Einwanderungsgemeinden für ausländische Juden sind und 2. die jüdischen Gemeinden nicht mehr in der Kontinuität des deutschen Judentums stehen. Von den rund 230 000 deutschen Juden, die nach 1933 noch auswandern konnten, ist nur ein ganz geringer Bruchteil von vorwiegend älteren Menschen zurückgekehrt, die in ihrem Einwanderungsland oft wirtschaftlich und kulturell nicht hatten Fuß fassen können. Zur Remigration hätten sich sicherlich noch mehr entschlossen, wenn ein Bundespräsident oder Bundeskanzler in den ersten Nachkriegsjahren die ehemaligen deutschen Juden expressis verbis aufgefordert hätte zurückzukehren. Eine solche Aufforderung ist jedoch nicht erfolgt.

Die jüdische Gemeinschaft in der Bundesrepublik setzt sich heute in ihrer Struktur hauptsächlich aus polnischen, rumänischen, tschechischen und ungarischen Juden zusammen, die als Displaced persons, als Flüchtlinge und Gestrandete aus den Arbeits-, Konzentrations- und Vernichtungslagern Osteuropas nach 1945 hängengeblieben sind. Sie stehen in einer anderen jüdischen Tradition als die deutschen Juden, die heute nur noch rund 10% der Mitglieder in den Gemeinden ausmachen. Die deutschen Juden waren in den Anfängen eher geneigt, einen Neuanfang zu versuchen. Die aus Osteuropa stammenden Juden sahen hingegen zumeist den Aufenthalt im Nachkriegsdeutschland nur als einen Zwischenaufenthalt an. Im jiddischen Münchener »DP-Express« hieß es bereits im Oktober 1946: »D getroimte alija [Auswanderung] ken Eretz Jißroel [nach Palästina] is noch nit mekujem geworn [hat sich nicht verwirklicht]. Di farscholtene dajtsche erd [die verfluchte deutsche Erde] hot sich farwandelt in an zajtwajlikn hejm [eine vorübergehende Heimstätte] far di jidische masn. A mensch kon on a bescheftigung nit lebn. Was sol men ton? Arbetn in dajtsche fabrikn, opbojen [aufbauen] dajtsche hajser, sejen [säen] in dajtsche erd? Dos hot kejn jid [Jude] nischt gewollt un wil oich nischt hajnt [heute], waijl jeder ejner fast oif wi farbrechn dos helfn opbojen di wirtschaft fun dem folk, wemens [dessen] bawofnete sin [Söhne] hobn ois gemordewet [ermordet] mer wi adritl fun jidischn folk. Es wolt gewen absurd, as jidn [Juden] soln zulegn a hant [helfen] zum wiederoifbau fun Daitschland.«[1]

Die Vorbehalte haben sich inzwischen zwar nicht gelegt, aber die aus Osteuropa ursprünglich stammenden Juden und deren Nachkommen, die ihren Wohnsitz in der Bundesrepublik nahmen, haben sich mit den Verhältnissen weitgehend arrangiert. Sie haben sich zumeist eine Existenz geschaffen und sitzen nicht mehr, wie es lange Zeit quasi als Ausrede benutzt wurde, auf gepackten Koffern. Im Unterschied zu den deutschen Juden vor 1933, die sich als deutsche Staatsbürger jüdischen Glaubens definierten, verstehen sie sich jedoch in erster Linie als Juden, dann erst, wenn überhaupt, als Bürger der Bundesrepublik. Das Sich-nicht-mit Deutschland-identifizieren-wollen kommt zum Ausdruck darin, daß viele es ablehnen, einen deutschen Paß zu beantragen. Sie ziehen es vor, entweder einen ausländischen Paß oder einen Staatenlosen-Paß zu besitzen. Dieser Situation wird auch das oberste Gremium der jüdischen Gemeinden gerecht, indem es sich »Zentralrat der Juden in Deutschland« nennt und nicht »Zentralrat der deutschen Staatsbürger jüdischen Glaubens«, was eine stärkere Bindung an die Bundesrepublik ausdrücken würde, seinerzeit aber nicht gewollt war, als der Name für die Dachorganisation aller Gemeinden 1950 geschaffen wurde.

Von der Altersstruktur her sind die Gemeinden hoffnungslos überaltert. Das Durchschnittsalter schwankte in den letzten dreißig Jahren zwischen 45 und 50 Jahren, was heißt, daß die Gemeinden überwiegend aus älteren Menschen bestehen. Dementsprechend sterben ständig etwa siebenmal soviel Juden wie geboren werden. Ausgeglichen wird die Bevölkerungsabnahme durch einen entsprechenden Einwanderungsüberschuß. Jährlich wandern über 1 000 Juden ein und etwa 400 aus. Die Gesamtzahl der jüdischen Einwanderer betrug in den letzten 30 Jahren etwa 40 000 Personen.

Heute bestehen in der Bundesrepublik 64 Gemeinden, von denen Berlin über 6 000 und Frankfurt über 4 000 Mitglieder hat, entsprechend ihrer Größe gefolgt von den Gemeinden in München, Hamburg, Düsseldorf und Köln. Die meisten Neueinwanderer, die hauptsächlich aus Osteuropa, aber auch aus dem Iran kommen, lassen sich in den Großstadtgemeinden nieder. In Hamburg zum Beispiel haben sich mehrere hundert Juden aus dem Iran niedergelassen. Und in Berlin hat sich die zahlenmäßige Zusammensetzung der Gemeinde stark durch den Zuzug von rund 3 000 Juden aus der Sowjetunion verändert. Die kleinen Gemeinden, die sich primär aus deutschen Juden zusammensetzen, sterben zusehends aus, so daß zu prognostizieren ist, daß in nicht allzu ferner Zukunft nur noch Gemeinden in den größeren Städten übrigbleiben werden.

Die Minoritätensituation als solche führt dazu, daß die jüdische Gemeinschaft in der Bundesrepublik sich fast ausschließlich mit den Problemen der eigenen Gruppe beschäftigt. Die Angst, daß mangels Mitgliedern die jüdischen Gemeinden in der Zukunft verschwinden könnten, führt dazu, daß in den Gemeinden und Repräsentativorganen wie dem »Zentralrat der Juden in Deutschland« seit einiger Zeit Überlebensstrategien diskutiert werden. Insbesondere wird über Religion und Familie nachgedacht, diejenigen sozialen Institutionen also, deren Erhalt für die Lebensfähigkeit der jüdischen Gemeinden unabdingbar ist.

Eines der großen Probleme ist der Mangel an Rabbinern, Kantoren und Lehrern in den Gemeinden. Auf den Ratstagungen des Zentralrats wird dieser Zustand regelmäßig beklagt. Der Zentralrat veranstaltet deshalb regelmäßig Jugend- und Kulturtagungen, die einen Beitrag zur Vermittlung von jüdischem Wissen an die junge Generation leisten sollen. Auch ist man bemüht, jüdische Schulen und Erwachsenenbildungsstätten zu errichten. Die 1979 mit finanzieller Unterstützung von Bund und Ländern in Heidelberg errichtete »Hochschule für jüdische Studien« hat nicht nur den Auftrag, Studenten auszubilden, sondern auch die Verpflichtung, die Gemeinden beim geistigen Wiederaufbau zu unterstützen.

Wie schwierig diese Aufgabe ist, wird deutlich an der Situation der Heidelberger Hochschule. Fast alle Dozenten, die nur kurze Zeit geblieben sind, wurden aus den Vereinigten Staaten, hauptsächlich aber aus Israel geholt, so daß böse Zungen schon von einer »Sabbatical«-Einrichtung der Hebräischen Universität in Jerusalem sprechen. Die überwiegende Mehrzahl der Studenten sind Nichtjuden, vor allem evangelische und katholische Theologiestudenten, die das Angebot nutzen, sich das Thora-Vorsingen beibringen zu lassen, Hebräisch und Aramäisch zu studieren und mit einem Käppchen auf dem Kopf in der Mensa koscher zu essen. Das eigentliche Anliegen, wie es im Gründungsbeschluß der Hochschule festgelegt worden war, Rabbiner, jüdische Religionslehrer und Kultusbeamte auszubilden, hat die Hochschule bis heute noch nicht einlösen können, was ganz offensichtlich damit zusammenhängt, daß die Kontinuität der Ausbildung bisher nicht gewährleistet werden konnte und die Hochschule von jüdischen Studenten bisher nur bedingt angenommen worden ist.

Die besondere Sorge der Gemeinde- und der Zentralratsfunktionäre gilt der Zunahme der sogenannten Mischehen, die ihrer Ansicht nach »die Überlebensfähigkeit der Gemeinden in Deutschland«[2] bedroht. Diese Sorge ist insofern nicht ganz unbegründet, als die Zahl der Mischehen in der Bundesrepublik tatsächlich weit über dem Durchschnitt anderer Länder liegt. In den Vereinigten Staaten beträgt der Mischehenanteil heute ungefähr 30%, in Skandinavien 50%. Folgt man dem Statistischen Jahrbuch 1985, dann wurden in der Bundesrepublik für 1983 von insgesamt 163 Ehen nur 51, das ist knapp ein Drittel der Eheschließungen, mit zwei jüdischen Ehepartnern ausgewiesen.[3]

Diese Zahlen waren vermutlich der Grund, daß das Direktorium des Zentralrats der Juden in Deutschland Ende 1984 eine Empfehlung verabschiedet hat, in der den Gemeinden nahegelegt wurde, künftig keine mit Nichtjuden verheirateten Gemeindemitglieder in das Direktorium des Zentralrats zu entsenden. Weiter wurde empfohlen, Juden, die in Mischehen leben und ihre Kinder nichtjüdisch erziehen, nicht mehr mit Führungspositionen in jüdischen Gemeinden und Landesverbänden zu beauftragen. »Die jüdische Gemeinschaft kann weder in der Politik noch im gesellschaftlichen Leben etwas erreichen«, begündete der damalige Direktoriumsvorsitzende Werner Nachmann die Empfehlung, »wenn sie nicht ihre jüdische Identität sicherstellt.« Jüdische Identität bedeute »jüdische Familie und jüdisches Familienleben«, nicht aber »christlich-jüdische Gemeinschaft«.

Die »Empfehlung« ist auf heftigen Widerstand gestoßen. Der »Bundesverband jüdischer Studenten in Deutschland« (BJSD) zum Beispiel protestierte, diese Empfehlung führe in letzter Konsequenz zu einem Ausschluß der Juden, die in

Mischehe leben. In jedem Fall würden jedoch Gemeindemitglieder, die in Mischehe leben, zu Juden zweiter Klasse degradiert. Nicht mit formalen, sondern nur mit »inhaltlichen Alternativen«, erklärten die Studenten, lasse sich das »Überleben als jüdische Gemeinschaft sichern«. Aufmerksam gemacht wurde auf das Paradox, daß bedeutende jüdische Gestalten wie Moses Hess oder Martin Buber, die mit Nichtjüdinnen verheiratet gewesen sind, aufgrund der »Empfehlung« in der Bundesrepublik kein Amt hätten übernehmen können. Und der vor noch nicht allzu langer Zeit verstorbene Hans Rosenthal, langjähriger stellvertretender Direktoriumsvorsitzender, warnte »aufgrund persönlicher Erfahrungen« vor einer Einteilung in »Klassen« und vor der Trennung zwischen religiösem und politischem Judentum.[4]

Was die »Empfehlung« nach Ansicht ihrer Kritiker so problematisch macht, läßt sich in folgenden Punkten zusammenfassen:

1. Sie gefährdet über kurz oder lang das Prinzip der Einheitsgemeinde, die darauf basiert, daß Anhänger der Reform, Liberale und Orthodoxe nach dem Grundsatz gegenseitiger Toleranz unter einem Dach firmieren.

2. Mit der »Empfehlung« wird nachträglich noch indirekt die erste Generation der Gemeindeführer kritisiert, von denen der größte Teil in Mischehe gelebt hat, denen es aber zu verdanken ist, daß es überhaupt wieder zu einem Neuanfang und einem Wiederaufbau der Gemeinden im Nachkriegsdeutschland gekommen ist.

3. Die »Empfehlung« hat einen ausgesprochenen osteuropäischen Stetl-Charakter, der in einem deutlichen Widerspruch zu den liberalen Traditionen des deutschen Judentums steht.

4. Durch die »Empfehlung« werden zwar nicht Mischehen verhindert, aber jüdische Männer und Frauen, die sich dazu entschließen, mit einem nichtjüdischen Partner eine Ehe einzugehen, werden quasi zu Verrätern am eigenen Volk abgestempelt – was ein erhebliches Konfliktpotential schafft und in Zukunft den inneren Zusammenhalt der Gemeinden gefährden könnte. Und

5. schließlich ist zu befürchten, daß die »Empfehlung« einen Prozeß der Selbstghettoisierung zur Folge haben wird, der viele abstoßen und manche sogar bewegen wird, aus der Gemeinde, der sie zur Zeit noch angehören, auszutreten.

Holocaust-Identität und Israel-Fixierung

Das stärkste Integrationsmittel für die äußerst inhomogene Gruppe der Juden in der Bundesrepublik ist heute der Holocaust und das Bekenntnis zum Staat Israel. Die Identifizierung mit dem Holocaust, der in Israel die Funktion einer »weltlichen Staatsreligion« (Michael Wolffsohn) angenommen hat, ist auch bei den Juden in der Bundesrepublik festzustellen. Der Holocaust summiert und symbolisiert die jüdische Leidensgeschichte, ist gleichsam ein »Kürzel jüdischer Geschichte« geworden. Michael Wolffsohn, der in Israel geborene und in München lehrende Historiker, meint sogar, daß die Holocaust-Fixierung einen Bruch mit den religiösen Traditionen des Judentums bedeute. Für ihn steht fest, daß mit der Holocaust-Fixierung ein Prozeß der Historisierung und der Dejudaisierung Hand in Hand gegangen sei. Nicht mehr die Religion, so Wolffsohns durchaus zutreffender Schluß, wirke identitätsstiftend, sondern die traumatischen Erfahrungen des organisierten und fabrikmäßig betriebenen Massenmordes.

Welche Auswirkungen der Säkularisierungsprozeß haben kann, läßt sich an zahllosen Beispielen illustrieren, u.a. an dem Fall einer Pessach-Haggadah, die kürzlich in Israel vorgestellt wurde. Die Pessach-Haggadah, die vom Auszug aus Ägypten erzählt, wird seit alters her am Seder-Abend am Familientisch vorgetragen und hat in der langen Diaspora-Geschichte die Funktion gehabt, die Juden an die traditionelle Leidens- und Heilsgeschichte zu erinnern. Diese neue Pessach-Haggadah nun knüpft zwar an die Tradition moderner Bearbeitungen an, geht aber insofern weit über sie hinaus, als die Texte und Illustrationen nicht der religiös-meditativen

Einkehr dienen, sondern politisch-erzieherisch im Sinne zionistischer Propaganda wirken. Die Aliyah nach Israel wird gleichgesetzt mit dem Auszug aus Ägypten und die Gründung des Staates Israel mit der messianischen Verheißung. Dem Leser dieser Haggadah wird die Vorstellung suggeriert, daß die Heilsgeschichte im Zionismus mündet.

Das Bekenntnis zu Israel hat bei den Juden in der Bundesrepublik, wahrscheinlich stärker noch als in anderen Ländern, den Stellenwert eines Dogmas angenommen. Gefordert wird nicht nur die bedingungslose Identifikation mit der gerade herrschenden Regierungspolitik, sondern es hat sich schon weitgehend die Vorstellung durchgesetzt, daß Israel und Judentum identische Größen sind. Die Folgen sind, daß das Gemeindeleben in starkem Maß auf Israel ausgerichtet ist. Kinder und Jugendliche werden nicht auf ein Leben in der Bundesrepublik, sondern auf die Aliyah vorbereitet. Bei den Kulturveranstaltungen interessieren hauptsächlich israelische Folkloreabende und Israel-Basare. Am Unabhängigkeitstag veranstalten die Gemeinden Bälle, zu denen weitaus mehr Besucher kommen als zu den Gottesdiensten. Kritiker dieser Entwicklung, wie der Kölner Soziologe Alphons Silbermann, meinen denn auch, die Gemeinden in der Bundesrepublik würden eigentlich nicht mehr ihren Aufgaben als Gemeinden nachkommen, sondern seien nur noch bessere »Inkassostellen« des Staates Israel.

Welches sind die Gründe für die überaus starke Identifikation mit Israel? Fest steht, daß Juden in der Bundesrepublik sich mit Rechtfertigungszwängen auseinanderzusetzen haben. Einmal spielt das Gefühl der Schuld eine Rolle, daß man zwar die Vernichtungslager überlebt hat, nicht jedoch nach Israel übergesiedelt ist. Dieses Gefühl der Schuld, das nicht nur die Überlebenden, sondern auch deren Kinder und Kindeskinder kennen (»survivor guilt«), wird dadurch noch verschärft, daß man gerade auch noch in Deutschland lebt, in dem Land also, von dem der schlimmste Judenmord seit Menschengedenken ausgegangen ist.

Von den Problemen, die sich aus diesen Konflikten ergeben, kündet der Titel des Buches »Fremd im eigenen Land«[5], in dem in der Bundesrepublik lebende Juden von diesen Schwierigkeiten berichten.

Die Autoren äußern Mißtrauen (Georg Kreisler), fragen sich, ob es richtig gewesen ist, daß Juden in der Bundesrepublik wieder seßhaft geworden sind (Arthur Brauner), berichten, daß rechtsradikale Tendenzen Angstgefühle auslösen (Werner Goldberg), erörtern die Möglichkeit, das Land zu verlassen (Lea Fleischmann) und schreiben davon, daß schon das in ihrer Umgebung beiläufig geäußerte Wort Jude bei ihnen Entsetzen und Schuldgefühl auslöst (Peggy Parnass).

Zu dem Schuldproblem kommt hinzu, daß die Juden im Nachkriegsdeutschland in eine Verteidigungshaltung gedrängt wurden. Für das Judentum in aller Welt war es fast unerträglich, daß im »Land der Mörder« wieder Juden lebten. Im August 1950 ist es sogar zu einem Ultimatum seitens der »Jewish Agency« gekommen. Innerhalb von sechs Wochen hätten sämtliche Juden das Land zu verlassen. Wer sich danach in Deutschland aufhielte, würde nicht mehr als Jude angesehen und könnte deshalb bei einer späteren Einwanderung nach Israel nicht mit den üblichen Vergünstigungen rechnen. Dieses Ultimatum, das einem Bann gleichkam, gilt heute zwar nicht mehr, was aber nicht heißt, daß jüdisches Leben in der Bundesrepublik in der jüdischen Welt akzeptiert wird. Die ablehnende Haltung hat sich zwar in den letzten Jahren abgeschwächt, ist aber immer noch vorhanden und artikuliert sich bei bestimmten Anlässen. Die Faßbinder-Kontroverse, die Bitburg-Affäre sind die bekanntesten Beispiele dafür.

In den frühen achtziger Jahren begann Kritik an der vorbehaltlosen Identifikation mit Israel laut zu werden. Es waren meist Studenten und Jungakademiker, die nicht oder nur am Rande im Gemeindeleben integriert waren, die sich zu Wort meldeten. Besonders durch den Libanon-Krieg und die israelische Besatzungspolitik ausgelöst, bezogen eine Reihe von ihnen Position gegen die israelische Politik, aber auch gegen die jüdischen Repräsentanten in der Bundesrepublik, denen sie vorwarfen, eine Politik zu unterstützen, die alles andere als unterstützungswert sei. Die letzteren reagierten hysterisch und in einer für sie typischen Weise. Den Unterzeichnern einer »Libanon-Erklärung von Juden aus NRW« zum Beispiel, in der Bestürzung über den Einmarsch der israelischen Armee in den Libanon geäußert wurde (»Die emotionale Bindung an Israel bei vielen von uns wird auf das empfindlichste verletzt«), unterstellten sie, PLO-Sympathisanten zu sein und von Kommunisten ferngesteuert zu werden.

Die Überreaktion einzelner Gemeinde- und Zentralratsfunktionäre beweist, daß man die Opposition von innen zwar ernst nimmt, aber nicht weiß, wie man mit ihr umgehen soll. Zu wirklicher intellektueller Auseinandersetzung mit den Kritikern sind die meisten Funktionäre weder fähig noch in der Lage. Kritik wird blockiert, entweder dadurch, daß man Gruppierungen, die unangenehme Fragen stellen, den Geldhahn zudreht oder dadurch, daß kritische Stimmen durch »Schreibverbote« mundtot gemacht werden. Ausgerechnet der durch kriminelle Machenschaften unrühmlich bekannt gewordene Werner Nachmann setzte die Parole in die Welt, nur wer ein Vorbild für die jüdische Gemeinschaft in der Bundesrepublik sei, dürfe überhaupt Beiträge in der »Jüdischen Allgemeinen Wochenzeitung« veröffentlichen. Immerhin dämmert einzelnen Funktionären langsam die Einsicht, daß bestimmte Deutungsmuster obsolet geworden sind und daß es an der Zeit ist, über das Verhältnis der bundesdeutschen und anderer Diasporagemeinden zu Israel intensiver nachzudenken. Sie beginnen zu begreifen, daß eine neue Generation herangewachsen ist, die sich nicht mehr mit Leerformeln abspeisen läßt, sondern angefangen hat, kritische und sie selbst schmerzende Fragen zu stellen.

Legitimationszwänge und Instrumentalisierungsprozesse

In den Anfängen der Bundesrepublik waren Adenauer und seine Berater klug genug zu wissen, daß für die Aufnahme des geächteten Deutschland in die Völkerfamilie eine wohlwollende Geste gegenüber den Juden erforderlich war. Die »Wiedergutmachung«, die Adenauer gegen heftige Widerstände im Kabinett und in der Bevölkerung durchsetzte, war ganz sicherlich ein Werk, das einmalig in seiner Art ist und in die Rechtsgeschichte als ein Beispiel dafür eingehen wird, wie ein Volk darum bemüht war, ein in seinem Namen begangenes Unrecht zu sühnen. Andererseits hat Adenauer aber sehr wohl gewußt, daß die »Wiedergutmachung« nicht nur bei der Wiederherstellung der deutschen Selbstachtung und Integrität helfen, sondern auch dazu beitragen würde, das verlorengegangene Ansehen in der Welt wiederzuerlangen und um Vertrauen in die deutsche Nachkriegspolitik zu werben.

Die Erklärungen Adenauers im Bundestag, in der Öffentlichkeit wie in seinen Memoiren lassen die Schlußfolgerung zu, daß es der erste deutsche Bundeskanzler als eine der wichtigsten Aufgaben angesehen hat, die Beziehungen zu den Juden zu ordnen. In der materiellen Wiedergutmachung für das geschehene Unrecht sah Adenauer ein Zeichen des deutschen Bestrebens nach Sühne des im deutschen Namen begangenen Unrechts. Seinen Erinnerungen zufolge hatte er sich entschlossen, seine ganze Kraft und Autorität für einen erfolgreichen Abschluß der jüdisch-deutschen Verhandlungen einzusetzen, und war auch bereit, ein »finanzielles Wagnis«[6] einzugehen. Die Verpflichtung den Juden gegenüber empfand er als eine tiefe, zwingende moralische Schuld. Adenauer betonte den Vorrang moralischer Verpflichtung vor eventuellen wirtschaftlichen Nachteilen. Daß jedoch auch wirtschaftspolitische Überlegungen Adenauers eine Rolle spielten, geht aus den internen Sitzungsprotokollen der jeweiligen Bonner Runden hervor. In den Kabinettsprotokollen finden sich Äußerungen Adenauers, die auf die amerikanischen Juden und deren großen wirtschaftlichen Einfluß für die deutsche Exportwirtschaft hinweisen.[7]

Den Repräsentanten des Nachkriegsjudentums sind bei der Durchsetzung der Aussöhnungspolitik wichtige Aufgaben zugefallen. So haben sie mit bezeugt, daß das Adenauer-Deutschland den ehrlichen Willen habe, für die im Namen des deutschen Volkes begangenen Untaten zu sühnen. Diese Botschafterrolle, die einige von ihnen zugestandenermaßen aus Überzeugung übernommen haben, hatte außerdem den nicht zu unterschätzenden Nebeneffekt, daß Beziehungen geknüpft wurden, die für die Wiederaufnahme des internationalen Warenhandels von Wichtigkeit waren. So paradox es klingt, durch ihre Zusammenarbeit mit der Adenauer-Administration waren die Repräsentanten des Nachkriegsjudentums unwissentlich sogar mit beteiligt bei der Schaffung derjenigen ideologischen Fundamente (Antikommunismus, Hallstein-Doktrin, Westintegration u.a.), die in den fünfziger und sechziger Jahren bestimmend für die bundesdeutsche Politik gewesen sind.[8]

Was waren die Gründe, daß die Repräsentanten des Nachkriegsjudentums ihre Zusammenarbeit anboten? Einmal geschah es sicher aus dem Gefühl der persönlichen Verpflichtung, etwas für die jüdische Gemeinschaft zu tun. Zum anderen dürfte der schon geschilderte Rechtfertigungszwang eine Rolle gespielt haben. Bei einigen war es vermutlich auch schlichte Eitelkeit. Daß sie in Anspruch genommen wurden, erfüllte manche mit Stolz und ließ sie an die eigene Bedeutung glauben. Es ist jedenfalls so, daß jüdische Funktionäre in die Situation kamen, daß sie instrumentalisiert wurden, einmal im Rahmen der »Wiedergutmachungs«-Politik Adenauers, dann aber auch durch die Außenpolitik des gerade neu gegründeten Staates Israel. So, wie Adenauer sich der Juden bediente für die positive Außendarstellung der Bundesrepublik, so benutzten israelische Politiker die Repräsentanten des Judentums im Nachkriegsdeutschland, um Kontakte zu den bundesdeutschen Parteien und Regierungsstellen herzustellen. Kritik war deshalb nur schwer möglich, verbot sich geradezu, weil diese Funktionäre für sich in Anspruch nehmen konnten, nicht für sich persönlich, sondern in einem allgemeinen jüdischen Interesse zu handeln.

Diese Funktionäre, die sich selbst als »Vermittler« oder »Brückenbauer« sahen, wurden von ihren Kritikern vielfach »Alibijuden« genannt oder bissiger als »Hofjuden« tituliert.

Karl Marx, der frühere Herausgeber der »Allgemeinen Wochenzeitung der Juden« zum Beispiel, ist wegen seiner Unterstützung der bundesdeutschen Nachkriegspolitik heftig attackiert worden. Seine Haltung gegenüber Adenauer wurde im Dezember 1949 vom »American Jewish Committee« abfällig als »übersprudelnde, dankbare Unterwürfigkeit« kritisiert. Dieses Urteil mag aus dem Blickwinkel des Judentums im Ausland damals verständlich gewesen sein. Aus heutiger Sicht ist es ungerecht, weil Karl Marx zu der Generation gehört, zu der auch Männer wie Norbert Wollheim, Hans Erich Fabian, Benno Ostertag, Philipp Auerbach, Addie Bernd, Wilhelm Weinberg, aber auch Heinz Galinski zu rechnen sind, die in aufopfernder Weise sich um den Wiederaufbau der Gemeinden im Nachkriegsdeutschland bemüht haben.

Mit der Konsolidierung der Bundesrepublik ist auch eine gewisse äußere Konsolidierung jüdischer Gemeinden Hand in Hand gegangen. Die Bonner Politik tat alles, um jüdische Präsenz aufrechtzuerhalten. Die wiederentstandenen Gemeinden wurden finanziell unterstützt, und der Staat trat als Garant jüdischer Unversehrtheit auf. Antisemitische Schmierereien und Anschläge konnten von seiten des Staates nicht mit Nachsicht rechnen. Das Vorhandensein jüdischen Lebens wurde gewissermaßen zu einem Ausweis der neuen demokratischen Kultur. Dafür wurden die Repräsentanten des Nachkriegsjudentums hofiert und mit Ämtern versehen. Beispiele gibt es genug. Jüdische Vertreter wurden in Rundfunkräte berufen, in den bayerischen Senat, aber auch in die Bundesprüfstelle für jugendgefährdende Schriften oder in kommunale Ausschüsse und Beratungsgremien.

Diese Repräsentativfunktionen, die nicht nur mit Ehre, sondern zum Teil auch mit beträchtlichen Aufwandsentschädigungen verbunden sind, haben nicht nur die Gemeindestrukturen korrumpiert, sondern vielfach in den Gemeinden auch die elementarsten demokratischen Regeln außer Kraft gesetzt. Eine Art Selbstbedienungsmentalität war die Folge. Die Affäre Nachmann ist ein Schulbeispiel dafür, wie ein Amt, das nicht demokratisch kontrolliert wird, mißbraucht werden kann. Die Verantwortung für diese Entwicklung teilen sich bundesdeutsche Politiker und jüdische Funktionäre zu gleichen Teilen – die einen, weil sie, bedingt durch ihr schlechtes Gewissen, bestimmte Fehlentwicklungen nicht zur Kenntnis nehmen, die anderen, weil sie offensichtlich der Meinung sind, sie seien nur gegenüber sich selbst verantwortlich und müßten niemandem gegenüber Rechenschaft für ihr Handeln abgeben.

Vielleicht würden sich manche jüdischen Funktionäre anders verhalten, wenn sie begreifen würden, daß das ihnen übertragene Amt gerade nur soviel wert ist, wie es in das politische Kalkül der nichtjüdischen Umwelt paßt. Am Beispiel der Rundfunkräte ist dies leicht nachvollziehbar. Die Vertreter jüdischer Gemeinden haben dort neben den katholischen und protestantischen Kirchenmännern die gleiche Anzahl von Sitzen. Sie werden aber dorthin nicht als Repräsentanten einer zahlenmäßig bedeutsamen gesellschaftlichen Gruppierung berufen, sondern als Repräsentanten für sechs Millionen ermordete Juden, die als eine Art moralische Instanz gelten. Besser kann eigentlich nicht mehr illustriert werden, daß die Juden in der bundesdeutschen Gesellschaft eine gehätschelte Sonderrolle spielen.

Ist mit einer Normalisierung zu rechnen?

Die geschilderten Umstände machen deutlich, daß die Situation der Juden in der Bundesrepublik alles andere als normal ist. Eine gewisse Verantwortung, daß dies so ist, tragen die jüdischen Funktionäre, die kaum etwas getan haben, um dem fatalen Identifikationsprozeß entgegenzusteuern, bei dem die nichtjüdische Welt in jedem Juden in Deutschland einen Israeli sieht, den man lobt oder beschimpft, je nachdem, ob die Schlagzeilen über Israel positiv oder negativ sind. Die Folge davon ist, daß jüdisches Alltagsleben entsprechend geprägt ist. Synagogen, Gemeindehäuser und Kindergärten gleichen Hochsicherheitstrakten der Zuchthäuser in der Zeit der Terroristenprozesse. Kameras, Personenschleusen und gründliche Sicherheitschecks gehören zur Routine. Die Anomalität ist Normalität.

Die Gründe für die Bewachung rund um die Uhr hängen nicht nur mit der Angst vor Attentaten der Palästinenser zusammen, sondern auch mit der Befürchtung, daß Anschläge rechtsextremistischer Gruppierungen erfolgen könnten. Mitunter kann beides sogar zusammenhängen. Der Mord an einem jüdischen Verleger und seiner Lebensgefährtin in Erlangen, begangen von Angehörigen der »Wehrsportgruppe Hoffmann«, ließ im Hintergrund Strukturen erkennen, die deutlich machten, daß arabischer Terrorismus und das in der bundesdeutschen Gesellschaft vorhandene antisemitische Potential durchaus zusammengehen können.

Aus den Untersuchungen der Antisemitismusforscher wissen wir, daß 15% der Bevölkerung offen antisemitisch eingestellt sind und daß bei weiteren 30 % Antisemitismus in Latenz mehr oder weniger vorhanden ist.[9] Es bedarf nur eines äußeren Anlasses wie zum Beispiel der Faßbinder-Kontroverse, der Bitburg-Affäre oder des Spektakels um den österreichischen Staatspräsidenten Waldheim, um antisemitische Stimmungen anzuheizen. Jüdische Bürger haben deshalb vielfach Angst, sich als Juden zu erkennen zu geben. Sie ziehen die Anonymität vor, wissend, daß sie der beste Schutz vor Angriffen ist.

Andrerseits sind auch die Juden nicht frei von Vorurteilen. Aufschlußreich ist eine Studie, die sich damit befaßt, wie sich der durchschnittliche jüdische Bürger in der Bundesrepublik fühlt und was er für Erfahrungen mit seiner nichtjüdischen Umwelt macht. Demnach schätzt die Mehrheit der Juden in der Bundesrepublik die Haltung der nichtjüdischen Mitbürger als »mäßig« antisemitisch ein. Bei vielen ist die Überzeugung tief verwurzelt, daß sich in der Bundesrepublik die Einstellung gegenüber den Juden und dem Judentum nicht grundlegend geändert hat. Vielfach findet sich der festgeprägte Satz: »Die Deutschen waren immer und werden immer Antisemiten sein«, ein Satz, der zum Beispiel dazu geführt hat, daß von nicht wenigen Juden in Israel oder in den Vereinigten Staaten die Rückkehr eines Juden nach Deutschland, ja selbst ein Besuch in der Bundesrepublik als unverständlich angesehen wird. Der Soziologe Alphons Silbermann bemerkt zu Recht, daß dies ein konflikt-geladenes Vorurteil ist, ein Stereotyp, das von einer jüdischen Generation auf die nächste übertragen wird und häufig zu Mißverständnissen und Spannungen mit der nichtjüdischen Umwelt führt.[10]

Angesichts der gegenwärtigen Barrieren ist wohl in absehbarer Zeit mit einer Normalisierung des Verhältnisses von Deutschen und Juden nicht zu rechnen. Die Erinnerung an Auschwitz wird jüdisches Denken und Fühlen auch in Zukunft bestimmen. Eine Vollintegration der Juden in die bundesdeutsche Gesellschaft ist deshalb kaum denkbar. Wenn überhaupt, dann ist eine Teils-teils-Integration möglich, eine »freischwebende Integration«, wie das Alphons Silbermann einmal formuliert hat. Jüdischerseits wird der Maßstab, an dem sich entscheidet, ob ein weiteres Aufeinanderzugehen möglich ist, ob Deutsche und Juden eine gemeinsame Zukunft haben werden, die Frage sein, wie es die bundesdeutsche Gesellschaft mit der eigenen Geschichte, insbesondere mit der Erinnerung an Auschwitz hält. Wird der Judenmord relativiert und Auschwitz zur fernen Vergangenheit erklärt, die niemanden mehr etwas angeht, dann ist zu befürchten, daß das Verhältnis noch lange gestört bleiben wird.

Anmerkungen

1 Ruwen Abromowitsch, Der Central Komitet fun die befrajte Jidn in der amerikaniszer okupacie-cone in Daijtschland, in: DP-Express, München, Oktober 1946.

2 Gerrard Breitbart, Jüdische Familie in Deutschland. Utopie oder Voraussetzung für eine Überlebensstrategie, in: Allgemeine Jüdische Wochenzeitung, Nr. 41/1985, S. 1 f.

3 In dem Zeitraum 1951–1958 heirateten 3 367 Personen, 2 478 Männer und 889 Frauen, die sich zur jüdischen Religion bekannten. Von den 2 478 Männern gingen 1 799 oder 72,5 % eine Mischehe ein, während von den 889 Jü-

dinnen 210 oder 23,6 % einen Nichtjuden heirateten. Vgl. Harry Maor, Über den Wiederaufbau der jüdischen Gemeinden in Deutschland seit 1945, Phil. Diss. Mainz 1961, S. 143.

4 Vgl. Allgemeine Jüdische Wochenzeitung, Nr. 51/52, 27. Dezember 1985, S. 13.

5 Fremd im eigenen Land. Juden in der Bundesrepublik, hrsg. von Henryk M. Broder und Michel R. Lang. Mit einem Vorwort von Bernt Engelmann, Frankfurt a. M. 1979.

6 Konrad Adenauer, Erinnerungen 1953–1955, Stuttgart 1966, S. 147.

7 Vgl. Michael Wolffsohn, Globalentschädigung für Israel und die Juden? Adenauer und die Opposition in der Bundesregierung, in: Wiedergutmachung in der Bundesrepublik Deutschland, hrsg. von Ludolf Herbst und Constantin Goschler (= Schriftenreihe der Vierteljahreshefte für Zeitgeschichte), München 1989, S. 161–190.

8 Vgl. Y. Michal Bodemann, Staat und Ethnizität: Der Aufbau der jüdischen Gemeinden im Kalten Krieg, in: Jüdisches Leben in Deutschland seit 1945, hrsg. von Micha Brumlik u.a. 1946, S. 49–69.

9 Vgl. Julius H. Schoeps, Über Deutsche und Juden. Historisch-politische Betrachtungen, Stuttgart/Bonn 1986, S. 146 ff.

10 Vgl. Alphons Silbermann, Sind wir Antisemiten? Ausmaß und Wirkung eines sozialen Vorurteils in der Bundesrepublik Deutschland, Köln 1982, S. 105 ff.

BEGEGNUNGEN UND ERFAHRUNGEN

IM STREIT UM KAFKA UND DAS JUDENTUM
Der Briefwechsel zwischen Max Brod und Hans-Joachim Schoeps in den Jahren 1929 – 1952

Es war das gemeinsame Interesse an Franz Kafka, insbesondere an der religiösen Dimension des Kafkaschen Werkes, das Max Brod und Hans-Joachim Schoeps 1929 zusammengeführt hat. Brod war auf den 20jährigen Schoeps aufgrund eines Essays[1] aufmerksam geworden, den dieser in der von Martin Rade herausgegebenen »Christlichen Welt«[2] veröffentlicht hatte. Schoeps hatte hier Brods Werk »Heidentum, Christentum, Judentum«[3] einer eingehenden Besprechung unterzogen und dabei die für einen jungen Mann bemerkenswerte Ansicht vertreten, daß es völlig indiskutabel sei, einen endgültigen Gegensatz zwischen Gesetzes- und Erlösungsreligion zu konstatieren. Der jüdische Weg zur Gnade sei gar nicht so weit entfernt vom radikal christlichen. Was die praktische Lebensgestaltung angehe, sei es sogar so, daß eine Übereinstimmung vorhanden sei zwischen dem Judentum Brodscher Provenienz und dem durch die dialektische Theologie geprägten Christentum eines Karl Barth. Es waren dies Ansichten, die Brod nicht teilen konnte, nicht teilen wollte, die aber dennoch die Basis für ein jahrzehntelanges Gespräch zwischen ihm und Schoeps bilden sollten.

In dem Brod-Essay gibt es, was Kafka angeht, nur eine beiläufige Andeutung,[4] aus der hervorgeht, daß Schoeps an der Kafka-Deutung Brods interessiert war, dazu noch den Hinweis, daß er sich demnächst ausführlich zu Franz Kafka äußern wolle. In seinen Erinnerungen »Ja – Nein – und Trotzdem« schreibt Schoeps, daß ein Zeitungsaufsatz über Kafka ihn bereits 1926 oder 1927 dazu geführt habe, die drei großen Romane Kafkas, die in kleinen Auflagen gerade erst erschienen waren, nebst einiger kleiner Prosa immer wieder von neuem durchzulesen.[5] Allmählich, bemerkt Schoeps, habe er begonnen, seine Gedanken in Aufsatzform zu kleiden. Aus dem

Briefwechsel mit Brod geht hervor, daß er den Aufsatz »Die geistige Gestalt Franz Kafkas«, der am 17. August 1929 in der »Christlichen Welt« erschien, zuvor Max Brod zugeschickt hatte, mit der Bitte, diesen zu lesen und ihm mitzuteilen, ob er »die geistige Gestalt Franz Kafkas recht erfaßt oder vielleicht nur ... die eigene Situation in sie hineinprojeziert habe«[6].

Der Brief ist leider nicht mehr vorhanden, in dem Brod sein Urteil abgab und gleichzeitig ein verblüffendes Angebot machte. Wir können uns nur auf die Mitteilungen von Schoeps stützen, der sich erinnert, Brod habe ihm geschrieben, er (d.h. Schoeps) sei der erste Mensch, »der in den entscheidenden Fragen Kafka richtig verstanden habe und ihn so wie er beurteilen würde, wenn auch nicht in allem letzte Einigkeit gegeben sei«[7]. Schoeps bekennt, daß er sich sehr geschmeichelt gefühlt habe, daß Brod ihn rundheraus gefragt habe, ob er wohl bereit sein würde, ihm bei der Edition des noch ganz beträchtlichen ungedruckten Kafka-Nachlasses zur Hand zu gehen.

Am Vormittag des 12. August 1929 kam es in Marienbad zu einer ersten persönlichen Begegnung zwischen Brod und Schoeps. In seinen Erinnerungen berichtet Schoeps, daß Brod nur mühsam die Haltung bewahrt habe, »da er einen greisen Gelehrten erwartet hatte und nicht einen 20jährigen Studenten«[8]. Über den Inhalt des Gespräches, das Brod und Schoeps an diesem Vormittag führten, sind wir durch ein Gedächtnisprotokoll informiert, das Schoeps unmittelbar nach dem Gespräch anfertigte[9] und das sich in seinem Nachlaß gefunden hat. Hauptsächlich ging das Gespräch um Kafka. Brod berichtete von seiner Freundschaft mit diesem, antwortete auf die Fragen, die Schoeps ihm stellte, und war bemüht, Schoeps die Welt Kafkas, wie er sie sah und erlebt hatte, näher zu bringen. Insbesondere kam die Rede auf Robert Klopstock, den Arzt-Freund Kafkas, auf das Don-Quichottehafte der Helden in Kafkas Romanen, auf Brods Deutung des Romans »Das Schloß«, auf die Affäre Sortini, auf die Frauen, die in Kafkas Leben eine Rolle gespielt hatten, sowie auf seine Lebenseinstellung, die Brod Schoeps an Beispielen aus dessen täglichem Leben zu erklären versuchte.

Am nächsten Tag bedankte sich Schoeps in einem Brief für die »inhaltreichen Stunden«, die Brod ihm gewidmet hatte. »Ist mir doch in vielem«, schrieb er diesem, »die Gestalt Franz Kafkas noch klarer und noch lieber geworden.«[10] Weiter teilte er mit, daß er fest vorhabe, eine größere Arbeit über Kafka zu schreiben, wobei es ihm, wie er in einem späteren Brief bemerkte, um die Eingliederung Kafkas in die Linie verzweifelter Religiosität von Pascal über Kierkegaard ginge. Alle die, meinte Schoeps, denen die Gestalt des dänischen Denkers etwas bedeute, dürften an ihrem Zeitgenossen Kafka nicht vorübergehen. Er ist ebenso, »auch wenn oder gerade weil ihm Erfüllung versagt blieb, Wegweiser und Zeuger vom rechten geistigen Weg«[11].

Daß Schoeps zum Zeitpunkt der Begegnung mit Max Brod in einem Alter war, das von Bekennermut und jugendlichem Engagement bestimmt ist, läßt der Brief erkennen, aus dem bereits zitiert wurde. Hans-Joachim Schoeps teilte hier nicht nur mit, daß er es als seine Pflicht ansehe, Kafkas Werk denen weiterzuvermitteln, »die heute in ähnlicher Position um diese uralten Dinge und Fragestellungen ringen«[12]. Brod gegenüber bekannte er auch, daß er fühle, daß Kafkas Gestalt den Zugang zu etwas Heiligem berge, dem man nur mit reinen Händen nahen kann. Für ihn bedeute diese Einsicht, daß es ihm nur erlaubt sei, in solchen Stunden an einer Kafka-Monographie zu arbeiten, in denen er von der »Hitlahawut«, der einen Inbrunst, d.h. der existentiellen Frage nach dem Lebenssinn ergriffen sei.

Wie gestaltete sich nun die Zusammenarbeit zwischen Brod und Schoeps? In Marienbad war vereinbart worden, in einem ersten Band, dem ein zweiter folgen sollte, ungedruckte Erzählungen und Prosa aus dem Nachlaß zu veröffentlichen. Brod begann wenig später, per Post Kafka-Manuskripte an Schoeps zu senden, die dieser transkribierte, bearbeitete und wieder an Brod nach Prag zurückschickte. Es scheint, daß Brod als Nachlaßverwalter dabei recht großzügig verfuhr. Auf die Bitte von Schoeps, daß er gern etwas Handschriftliches von Kafka besitzen würde, hat er ihm sogar das Manuskript

»Der Dorfschullehrer«[13] überlassen, das dieser 1938 mit in die Emigration nach Schweden nahm und das nach 1945 in den Besitz des Deutschen Literaturarchivs in Marbach übergegangen ist. Die Art und Weise, wie der Austausch funktionierte, wie Originalmanuskripte ohne Bedenken der Post anvertraut wurden, läßt eine gewisse Nachlässigkeit der beiden Nachlaßbearbeiter im Umgang mit den Materialien erkennen, die heute kaum mehr zu verstehen ist, aber selbstverständlich auf dem Hintergrund jener Jahre gesehen werden muß, in denen Kafka noch weitgehend unbekannt war, nicht den literarischen und wissenschaftlichen Stellenwert hatte, wie er ihm heute zugemessen wird.

Schoeps hat sich wenigstens dreimal in Prag aufgehalten, um am Kafka-Nachlaß zu arbeiten. Das erste Mal im September 1929, das zweite Mal im Rahmen einer Reise, die ihn zu verschiedenen Gruppen der »Deutschen Freischar« führte, vom 8. bis 13. April 1930, das dritte Mal in der zweiten Augusthälfte 1930. In Tagebuchnotizen, die vor kurzem veröffentlicht wurden, hat Schoeps Eindrücke von dieser Tätigkeit festgehalten: »Die Vormittage waren ausgefüllt durch die Arbeiten am Kafkaschen Nachlaß, die in einer unterirdischen Kabine der Böhmischen Unionbank bei schlechter Luft vor sich gingen … Die Arbeit selber und die Gespräche mit Brod verschafften mir ein ganz anderes Bild von Kafka – ein menschlicheres und lebensnäheres Bild, vor allem alle wissenschaftlich-systematischen Einordnungsversuche zerstieben.«[14] In sein Tagebuch notierte Schoeps auch, daß sich unter dem Eindruck der Arbeit sein Kafka-Bild zu verändern beginne: »Dieses Leben ist eine solche Hölle gewesen und alles, was er tat, war so schlicht und ernst, daß manche große Worte über ihn wohl nicht mehr von mir gesagt werden kann … Ein anderer Eindruck ist, daß die religiöse Ausrichtung bei ihm erst sehr spät und nur den Ansätzen nach sichtbar ist und sein Ausgang durch ein ästhetisch-literarisches Verspieltsein und ein melancholisches Kokettieren mit seinen kleinen Schwächen war. Doch fand er eben von hier aus, wo die Anlagen schon gelegt waren, den Weg zur Allgemeinerfahrung seiner menschlichen Lage. Eine Entwicklung hat er nur in geringem Umfang gehabt. Mit 20 Jahren war er schon so wie am Ende seines Lebens.«[15] In seinem Erinnerungsbuch »Ja – Nein – und Trotzdem« bemerkte Schoeps, daß der Kafka-Nachlaß zur Zeit seiner Arbeit an ihm in einem katastrophalen Zustand war. »Ich erinnere mich«, heißt es da, »an eine ganze Reihe von schwarzen Wachstuchheften in Oktav- und Quartformat, in denen nach Brods Erinnerung an frühere Lesungen Kafkas eine ganze Reihe kürzerer und mittellanger Erzählungen stecken müßten. Das erste Quartheft, das ich aufschlug, begann mit der Erzählung ›Der Bau‹, die aber nach etwa acht Seiten abbrach. Auf Seite 9 begann eine zweite Erzählung, um von einem Verzeichnis von Geldausgaben abgelöst zu werden, auf die eine Skatabrechnung folgte. Die Fortsetzung der ersten Erzählung fand sich im dritten Quartheft und ihr Schluß in einem der Oktavhefte. Ob das nun sicher der Schluß war, ließ sich auch nicht feststellen. Das ganze war wie ein Puzzlespiel, ein vertracktes literarisches Domino – und bis heute bin ich nicht sicher, ob ich die Erzählungen, nur auf mein literarisches Stilgefühl angewiesen, richtig zusammengesetzt habe.«[16] Max Brod überließ es anfangs Hans-Joachim Schoeps, einen Verleger für die geplante Kafka-Edition zu finden. Schoeps verhandelte mit dem Transmare Verlag, dem Eugen Diederichs Verlag sowie mit dem S. Fischer Verlag, der zu dieser Zeit sich noch nicht durchringen konnte, Kafka als Autor in das Verlagsprogramm aufzunehmen.[17] Zu einer Vereinbarung kam es schließlich mit dem Gustav Kiepenheuer Verlag,[18] der sich bereit erklärte, zwei Bände herauszubringen, die ungedruckte Erzählungen, Skizzen, einen Zyklus von Aphorismen, Proben der Briefe und Tagebücher sowie biographisches Material aus dem Nachlaß enthalten sollten. Geplant war, daß der Verlag, falls der Markt die beiden Bände annehme, eine Kafka-Gesamtausgabe angehen würde. Ein von Max Brod angeregter Aufruf, den Franz Werfel, Martin Buber, Thomas Mann, Hermann Hesse – jedoch bemerkenswerterweise nicht Gerhart Hauptmann – unterzeichneten,[19] sollte die Öffentlichkeit auf das Ereignis gebührend einstimmen.

Die von Max Brod und Hans-Joachim Schoeps gemeinsam zusammengestellten und bearbeiteten Kafka-Texte erschienen in der zweiten Maihälfte 1931 unter dem Titel »Beim Bau der Chinesischen Mauer«[20]. Vorausgegangen waren bereits Vorabdrucke, die Schoeps u.a. in der »Literarischen Welt«[21], im »Morgen«[22] und im Frankfurter Radiosender hatte unterbringen können. Die nach dem Erscheinen veröffentlichten Besprechungen waren meist wohlwollend. Einige der Rezensenten lobten die editorische Leistung, andere wiesen darauf hin, daß die Veröffentlichung ein Ereignis ersten Ranges sei und die von den Herausgebern zusammengestellten Texte ein Bild von der Persönlichkeit Kafkas vermittelten, das deutlich mache, daß der gerade etwas über 40 Jahre alt gewordene Dichter in die vorderste Reihe der zeitgenössischen Schriftsteller gehöre,[23] »sein Wort zu dem Wesentlichsten gerechnet« werden müsse, »was die letzten Jahre hervorgebracht haben«[24].

Keinem der Rezensenten fiel auf, daß die Herausgeber in wesentlichen Fragen unterschiedlicher Meinung waren. Im Nachwort zu der Edition wird dies angedeutet, als Max Brod von einer »abweichenden Auffassung«[25] in einigen Punkten spricht und der zweite Herausgeber eine baldige eigene Arbeit über Kafka in Aussicht stellt. Welches die abweichenden Auffassungen waren, warum die Herausgeber meinten, dies im Nachwort eigens feststellen zu müssen, wird nicht ausgeführt. Es heißt nur, daß Max Brod in dem Roman »Zauberreich der Liebe« in der Gestalt des Richard Garta, in den Nachworten zu den Romanen Kafkas sowie in einigen Essays seine Position dargelegt habe.

In seinem Erinnerungsbuch »Ja – Nein – und Trotzdem« hat Schoeps festgehalten, in welche Richtung seine Überlegungen damals gegangen sind. In der seinerzeit angekündigten Kafka-Monographie wollte er Kafka von Kierkegaard her verstehen, wollte ihn aus der Sicht in ihr Gegenteil verkehrter jüdischer Heilstheologie deuten und zu diesem Zweck einen mythologischen Denkprozeß postulieren. Das Unheil, heißt es da, sei dadurch entstanden, daß Offenbarung und Gesetz vergessen worden seien, der reflektierende Mensch aber vor dem unausschöpfbaren Phänomen des Vergessenhabens steht, daß das Vergessen sich selbst vergessen hat, die Namhaftmachung des vergessenen Sachverhalts nicht mehr gelingt, daher keinerlei sinnhafte Motivierung mehr möglich erscheint.«Auf dem Hintergrund solcher jüdischer Unheilstheologie«, heißt es bei Schoeps,»wollte ich jedes Phänomen, jede Person und Situation der Kafkaschen Erzählungen und Romane in einem dichten Koordinatensystem zu bestimmen versuchen.«[26]

Schoeps und Brod waren übereinstimmend der Auffassung, Kafka gehöre in die Reihe der großen homines religiosi. Als Beleg, meinten sie, könnten dafür nicht nur die Romane, sondern auch die Erzählungen und nachgelassenen Aphorismen gelten. Beide waren z.B. davon überzeugt, daß die Kafkaschen Aphorismen unmittelbar neben die berühmten »Pensées« von Blaise Pascal gestellt werden könnten.»Entscheidend«, heißt es in dem gemeinsamen Nachwort,»dürfte die Gemeinsamkeit der geistigen Ausrichtung und seelischen Grundhaltung sein, die in den Gedankenreihen beider transparent wird.« Es sei dieselbe Existenzform, führten sie weiter aus, die Kafka mit Pascal und wohl stärker noch mit Kierkegaard verbinde,»daß sie«, wie es etwas geschraubt heißt,»von aller apriorischen Sicherheit abgeschnittene Wahrheitssucher sich in die Schwebe der Ungewißheit hineingehalten wissen, in der das reine Nichts auf den Menschen lauert, ehe sie – wenn überhaupt im Wagnis zum Glauben vorstoßen«[27]. Nicht einig waren sich Brod und Schoeps, was Kafkas Verhältnis zum Judentum und zum Zionismus anging. Brod hat sich später heftig darüber beklagt, daß ihm unterstellt werde,»das Bekenntnis Kafkas zum Judentum und seinen Willen, am Palästinaaufbau selbst mitzuhelfen, quasi erfunden zu haben.«[28] Einer, der diesen Vorwurf expressis verbis erhoben hat, ist Hans-Joachim Schoeps gewesen. Er meinte, es sei absurd, Kafka für den politischen Zionismus zu reklamieren. Es gebe dafür keinerlei Belege, nicht einmal Andeutungen, die für eine solche Interpretation in Anspruch genommen werden könnten. Brod würde hier Wunschvorstellungen erliegen und seinen eigenen Projektionen aufsitzen.

Hinter den zum Teil unterschiedlichen Kafka-Interpretationen standen Differenzen weltanschaulicher Art, die typisch für die polemischen Auseinandersetzungen innerhalb des Judentums Anfang der 30er Jahre waren. Der Briefwechsel zwischen Brod und Schoeps illustriert nicht nur anschaulich, wie unterschiedlich das Werk Kafkas interpretiert werden kann, sondern auch, in welcher Schärfe die Konflikte zwischen Zionisten und dem assimilierten Judentum ausgetragen wurden. Brod, dem Kreis der Prager Zionisten um Felix Weltsch[29] und Hugo Bergmann[30] zugehörig, warb unter Einsatz aller Kräfte für die zionistische Idee. Schoeps hingegen, der zeitweilig das Beiblatt des »Schild«, des Organs des »Reichsbundes jüdischer Frontsoldaten«[31] redigierte, vertrat vehement entgegengesetzte Positionen, in der Überzeugung, Judentum und Deutschtum seien durchaus miteinander vereinbar und die völkisch-biologische Konzeption des Zionismus eine Fehlentwicklung, der entschieden entgegengetreten werden müßte.

Was ihn bewegte, ein bewußter Jude und Zionist zu werden, hat Brod in seiner Autobiographie »Streitbares Leben« temperamentvoll beschrieben. Er bekennt hier, daß er sein Verhältnis zum Deutschtum verändert habe aufgrund bestimmter Anstöße und Begegnungen. Sein Verhältnis zum Deutschtum habe er begonnen, führt er weiter aus, als »Kulturverbundenheit« zu definieren. Namentlich, bemerkt er, sei es die berühmt-berüchtigte Kunstwart-Debatte 1912 gewesen, die ihm innerlich Klarheit verschafft habe. Er sei zwar von Freundschaft gegenüber dem Deutschtum erfüllt, auch von Dankbarkeit für die von den Deutschen geschaffenen geistigen Werte – eine Einstellung, die Brod als »Distanzliebe« bezeichnet und die kennzeichnen sollte, »daß ich das Deutschtum, das deutsche Wesen liebte, doch mir zugleich einer gewissen Distanz von ihm bewußt war, die mir beispielsweise verbot, fessellos scharfzüngige Kritik in der Art Tucholskys zu üben«[32].

Was zu einer Trübung der Beziehungen zwischen Brod und

Schoeps führte, war das distanzierte Verhältnis Brods zum Deutschtum, sein klares Bekenntnis zum Zionismus. Es war dies der eigentliche Grund, warum es während der gemeinsamen Editionstätigkeit zu einem Prozeß der Entfremdung zwischen beiden kam. »Was den Zionismus anlangt«, schrieb Schoeps am 5. August 1932 an Brod, »werden wir wohl kaum zu einer Verständigung kommen können. Die Erlebnisinhalte, die man haben muß, um Zionist zu werden, sind mir nie zuteil geworden und das, was mir völkische Verwurzelung gibt, liegt ihnen fern. Da ist nicht viel mehr zu machen, als dies zu konstatieren«.[33] Mit gutem Grund meinte Schoeps, bezweifeln zu können, daß der Zionismus objektiv die Rückkehr des Judentums zu sich selbst darstellen würde. »Ich kann«, bemerkte er, »bei bestem Willen nichts anderes sehen, als eine Spätblüte des westeuropäischen Imperialismus, der selber wieder säkularisierter abendländischer Reichsgedanke ist.« Und Schoeps übernimmt die traditionellen Vorbehalte orthodoxer Kreise, die zu Lebzeiten Theodor Herzls bereits ähnlich argumentiert hatten, wenn er Brod gegenüber feststellte, der Zionismus sei keine religiöse Bewegung, der Zionismus würde aus dem Gottesvolk ein weltliches Volk machen und so die jüdische Wirklichkeit entstellen. »Eine andere Sache wäre es«, meinte er, »wenn der Zionismus nicht eine jüdische Nation wollte, sondern den Wiederaufbau des Tempels im heiligen Land wie weiland eschatologische Bewegungen im 17. und 18. Jahrhundert. Aber eben das ist ein eschatologischer Aspekt, denn der Wiederaufbau ist erst für die Endzeit verheißen«[34]. Brod gegenüber formulierte Schoeps bereits im Ansatz die Position, die er in dem seinerzeit vielbeachteten Buch »Wir deutschen Juden« (1934) gegenüber dem Rabbiner Joachim Prinz einnehmen sollte.[35]

Auch hier findet sich bereits das Bekenntnis zu Preußen-Deutschland, zu einem Judentum, das sich seit Moses Mendelssohn für den Prozeß der Emanzipation und Akkulturation entschieden hatte. »Es tut mir leid«, heißt es in dem schon zitierten Brief, »aber ich kann den Zionismus nicht anders sehen als eine Gefahr für das wirkliche Judentum ... Im Zionismus ... geschieht eine tätige Umwandlung der jüdischen Substanz in Richtung auf Verweltlichung«[36]. Trotz unterschiedlicher Wertungen und unterschiedlicher politischer Überzeugungen gab es eine Ebene, auf der Brod und Schoeps miteinander reden konnten. Religionsphilosophische und theologische Fragestellungen interessierten beide. Über sie waren sie aufeinander aufmerksam geworden. Auf sie ist es zurückzuführen, daß sie ihre Bekanntschaft über Jahrzehnte pflegten. Ihr Verhältnis zueinander ist durch das Gespräch über religiös-existentielle Fragen dauerhafter bestimmt worden, als dies das gemeinsame Interesse an Kafka oder der Disput über den Zionismus getan haben. Der Briefwechsel z.B. läßt erkennen, daß Brod und Schoeps ein echtes Religionsgespräch führten – wenn auch anderer Art, als man es gewohnt ist. Es war nicht ein Gespräch zwischen Jude und Christ, wie z.B. zwischen Mendelssohn und Lavater oder Friedländer und Propst Teller. Es war ein Gespräch zwischen zwei Juden, von denen der eine in einer merkwürdigen Verkehrung die Position des Christen übernommen hatte und den anderen für bestimmte Glaubenshaltungen des Christentums einzunehmen versuchte.

Schoeps teilte nicht Brods Erkenntnis, die dieser in »Heidentum, Christentum, Judentum«[37], aber auch in Romanen wie »Franzi oder eine Liebe zweiten Ranges«[38], »Leben mit einer Göttin«[39] oder »Reubeni, Fürst der Juden«[40] ausformuliert hatte, daß die Sünde für das sittlich Vollkommene einen Wert habe, daß der Mensch sich der Erkenntnis der Sünde nicht verschließen, aber auch nicht an ihr verzweifeln darf. In einem Brief vom 22. März 1931, mit dem er auf den Vorwurf Brods antwortete, er stehe im Odium des Christianisierens, äußerte er, daß Sünde für ihn kein ethisches Problem sei, vielmehr eine Mächtigkeit der Substanz, das substantielle Bestimmtsein alles Menschentums schlechthin, »was nur als die im Sündenfall gesetzte Urschuld zu verstehen ist«[41]. Konkret, meinte er, würde dies für sein Leben bedeuten, daß er überhaupt nicht die Konflikte kenne, die für Brod eine so große Rolle spielten und von denen alle seine Romane handelten:

das durch Taten oder Unterlassungen Schuldig-Werden, das Sich-durch-sein-Handeln-Versündigen.

Schoeps' Überzeugung war die, daß der sündige Mensch immer der sündige Mensch bleibe. Er unterschied sich hierbei gar nicht so sehr von Brod, der die Sünde als Teil des Weltenplans akzeptierte, nur glaubte, daß das Leben durch die Sünde reicher und lebenswerter werde, daß »durch den Funken, den die Reibung des Guten an dem Bösen hervorbringt, neue Kraft ins Leben dringt«[42]. Schoeps hingegen vertrat die Ansicht, daß der sündige Mensch keine Heilung erfahren könne, sondern der Rechtfertigung durch Vergebung bedürfe, eine Ansicht, die bekanntlich zu den Urelementen der Christusbotschaft gehört und deutlich macht, daß Schoeps Anfang der 30er Jahre eine Position im Judentum einnahm, für die er kaum Beifall, schon gar nicht Unterstützung erwarten konnte.

Viele Jahre später hat Schoeps versucht, sich Rechenschaft über sein Denken abzulegen. Er war davon überzeugt, daß es von einer Grunderfahrung bestimmt sei, die er sich bemüht hat folgendermaßen zu umschreiben: »Diese Welt liegt im Argen, weil der Mensch arg ist, der um Gottes Willen weiß, ihn aber nicht tut. Diese Welt ist sogar so gebaut, daß in ihr das Edle zum Schluß immer unterliegt, die Niedertracht triumphiert und die Wahrheit notwendig ans Kreuz geschlagen werden muß. Später habe ich dann in der Wertethik und der Schichtenbaulehre Nicolai Hartmanns die philosophische Begründung dafür gefunden. Als Junge wußte ich natürlich nichts. Doch ein älterer Freund erklärte mir, daß dieses mein *Karfreitagsdenken* etwas typisch Lutherisches sei. Aber ich bin kein Lutheraner geworden, weil ich die österliche Auferstehung niemals zu glauben vermocht habe. Ich wurde vielmehr bewußter Jude – freilich mit einer protestantischen Denkstruktur, die mich religiös dauerhaft vereinsamen ließ. Worum es mir glaubensmäßig ging, ist von den Juden nie begriffen worden, weder damals noch später. Und Christen sind infolge theologischer Scheuklappen zumeist urteilsunfähig«[43]. Der Gedankenaustausch zwischen Brod und Schoeps bezog sich nicht nur auf allgemeine religionsphilosophische und theologische Fragen, sondern auch auf das Œuvre des jeweilig anderen, auf sein Leben, auf die Umstände, in denen er tätig war. Brod war interessiert an dem, was Schoeps arbeitete, welche Fragen ihn bewegten, welche Schwierigkeiten ihm bei seinen wissenschaftlichen Studien erwuchsen. Besonders taten es ihm Fragen an, die mit der deutschen Jugendbewegung zusammenhingen, in der Schoeps seit Mitte der 20er Jahre aktiv und stark engagiert war. Schoeps, der um dieses Interesse wußte, ließ ihm regelmäßig das Mitteilungsblatt der »Freideutschen Kameradschaft«, die »Freideutsche Position«[44], zukommen, mit der Bitte, die Arbeit des Blattes zu unterstützen. Brod hat sich dem Ansinnen nicht verschlossen. Aus dem Briefwechsel geht hervor, daß er, wenigstens einmal, Gelder zur Weiterführung des Mitteilungsblattes und zur Unterstützung der Aktivitäten der »Freideutschen Kameradschaft« zur Verfügung gestellt hat.

Schoeps wiederum las, was er aus Brods Feder erhielt. Angetan war er z.B. von dem 1931 erschienenen Roman »Stefan Rott oder das Jahr der Entscheidung«, in dem Brod noch einmal die Probleme der Jahre 1913 und 1914 vor dem inneren Auge des Lesers erstehen ließ. In seinen Briefen an Brod nimmt Schoeps Anteil am Werden des Stoffes, fragt nach dem Schicksal des siebzehnjährigen Stefan Rott, der vor dem Hintergrund der zerfallenen k.-u.-k.-Monarchie seine erste Liebe erfährt und im Studium Platos zu der Erkenntnis gelangt, daß das Gefühl beim Anblick von etwas wahrhaft Schönem, das Gefühl beim Hören einer vollendet schönen Melodie, in der Anwesenheit eines geliebten Wesens den Menschen aus dem Alltag hebt, das Kausale unterbricht und ein blitzartiges Erkennen des Wahren gestattet, ein Eins-Sein mit Gott.[45]

Nach Erhalt des Romans teilte Schoeps im Februar 1932 aus Leipzig mit, daß er die geistige Bedeutung des Buches anerkenne, sogar meine, daß es zu einer Art »Prager Zauberberg« werden könnte – dies um so mehr, als die Gespräche um Wesentliches tiefer drängen als bei Thomas Mann, sie dem Religiösen weit mehr verhaftet seien und weil ihr Autor nicht neutral bleibe, sondern personal zutiefst beteiligt sei. Kritisch merkte Schoeps an, daß er den Eindruck habe, der Roman sei zu sehr mit eigenen Problemen vollgepackt. »Vielleicht«, schrieb er, »hätten Sie besser daran getan, wieder ein weltanschauliches Bekenntnisbuch in Essayform zu schreiben, weil die weltanschauliche Problematik (Theorie der Zweigleisigkeit, Ideenlehre etc.) so sehr das Romangeschehen belastet, daß die einzelnen Gestalten eigentlich nicht sie selber sind, sondern Marionetten der Idee werden, als Erscheinungsform von Urbildern sprechen und handeln, die der Autor über sie verhängt hat«[46]. Man vergesse, führte Schoeps weiter aus, beim Lesen nie den Autor. Es sei deutlich zu spüren, daß die Romangestalten Abwandlungen des Autors und Personifikationen seiner widerstreitenden Empfindungen seien.

Wie ging nun die Zusammenarbeit zwischen Brod und Schoeps weiter? Der erste Band der Kafka-Edition aus dem Nachlaß war 1931 erschienen. Mit dem geplanten zweiten Band, der im Frühjahr 1933 auf den Markt kommen sollte, sah es hingegen schlecht aus. Der Verlag Kiepenheuer war Mitte Januar 1933 an sich zwar noch bereit, den Band herauszubringen. Die Umstände machten dies jedoch unmöglich. Die Machtübertragung an Hitler und die Nationalsozialisten schaffte veränderte Bedingungen. Für die Verlage wurde es problematisch bzw. unmöglich, jüdische Autoren zu verlegen. »Hätten wir uns nur beizeiten«, klagte Schoeps in einem Brief am 25. Juni 1933, »um die Edition bemüht. Kafka wird lachen, daß eine fremde Macht mal wieder alles durchkreuzt«[47].

Belastet wurde die Fortsetzung der gemeinsamen Editionstätigkeit aber nicht nur durch den Wandel der Zeitumstände, sondern auch durch die verstärkt auftretenden Meinungsunterschiede. Was die Analyse der Situation wie auch die Einschätzung des Zionismus anging, konnte es zwischen Brod und Schoeps keine Übereinkunft geben. Schoeps hatte inzwischen begonnen, eine rege publizistische Tätigkeit zu entwickeln. Sein Bekenntnis »Bereit für Deutschland!« und »Wider Assimilanten und Zionisten – als Juden für Deutschland«, das er in Reden und in der »C.V.-Zeitung«[48], später in seiner Zeitschrift »Der deutsche Vortrupp«[49] formulierte, war eine massive Attacke gegen die von Robert Weltsch ausgegebene Devise »Tragt ihn mit Stolz, den gelben Fleck!«[50], ein Angriff auf den Zionismus, der Brod unverständlich, von seinem Standpunkt und von seiner politischen Überzeugung aus auch abzulehnen war.

Was nun Brod anging, so wollte Schoeps mit dessen Ansichten ebenfalls nichts zu tun haben. Vor allem paßte es ihm nicht, daß Brod in Reaktion auf die politischen Ereignisse begonnen hatte, das Verhältnis Juden und Deutsche in Aufsätzen – den Roman »Die Frau, die nicht enttäuscht« hat er wohl nicht gekannt – grundsätzlich in Frage zu stellen. Am 23. Juli 1933 schrieb Schoeps einen Brief, der erkennen läßt, daß er eine Verständigung für ausgeschlossen hielt: »Ihre Aufsätze habe ich gelesen und nochmals Ihren Standpunkt vor Augen geführt bekommen. Zu bemerken habe ich weiter nichts, da es zwischen dem Ihren und dem meinen Standpunkt keine Verständigungsmöglichkeiten gibt und jede weitere Diskussion nur die Hoffnungslosigkeit des Nichtverstehens (gegenseitig) demonstrieren würde …«[51] In einem anderen Brief, der das Datum vom 25. Juni 1933 trägt, heißt es: »Ich verstehe die Instinktlosigkeit der Prager Zionisten nicht, mit der sie deutsche Juden, die um ihr Recht und ihren Anteil am deutschen Vaterland kämpfen, durch ironische Bemerkungen verächtlich machen können. Daß wir keine Nazis sind und als deutsche Konservative einen schweren Stand haben und aussichtslosen Kampf kämpfen, wissen Sie ja. Ich bitte Sie darum, Herrn Weltsch zu veranlassen, daß in seiner Zeitung meine Position gelegentlich etwas weniger verzerrt dargestellt wird und daß ich mit den Aktionen des fatalen Dr. Naumann wirklich nichts zu tun habe und als guter Jude nichts zu tun haben kann«.[52] In späteren Jahren hat Schoeps sich wiederholt erbost darüber geäußert, daß seine Position im deutschen Judentum der dreißiger Jahre so ausgelegt werde, daß er nichts anderes im Sinn gehabt hätte, als sich bei den Nazis anzubiedern. Besonders verärgert hat er sich über Äußerungen gezeigt, die im 1980 veröffentlichten Briefwechsel[53] zwischen Walter Benjamin und Gershom Scholem nachzulesen sind. Scholem und Benjamin hatten sich im Frühjahr 1933 beide über Schoeps mokiert, insbesondere über dessen Bemühungen, die Grundlage einer jüdischen Theologie festzustellen.[54] Seine Arbeiten über Kafka hielten sie für dilettantisch, meinten, daß er von Kafka nichts verstehen würde. In einer kurz vor seinem Tod geschriebenen Besprechung[55] hat Schoeps Scholem und Benjamin seinerseits Ignoranz vorgeworfen und die Behauptung als verleumderisch zurückgewiesen, er hätte versucht, »auf allen Wegen den Anschluß an den deutschen Faschismus zu gewinnen«[56].

Wofür er in den Jahren 1933 bis 1935 tatsächlich eingetreten ist, darüber hat sich Schoeps im Vorwort zu der 1970 erschienenen Dokumentation »Bereit für Deutschland!« Rechenschaft abgelegt. Er habe nicht mit den Nazis paktiert, auch nicht deren Nähe gesucht, sei aber, dazu bekenne er sich, »für das Deutschtum der deutschen Juden eingetreten«. Es heißt in dem genannten Vorwort weiter, daß es im nachhinein leicht sei, ein Verdikt zu sprechen, Urteile zu fällen. Er würde in Kenntnis der Ereignisse nach 1935 heute vieles anders beurteilen. Zwischen 1933 und 1935 sei es aber keinem Menschen möglich gewesen, die Verbrechenstaten, die die Nationalsozialisten einmal begehen würden, nur im entferntesten vorauszusehen: »Wer so etwas behauptet, ist ein Lügner.«[57]

Das Verhältnis Brod–Schoeps hat Mitte 1933 einen Bruch erfahren. Beide meinten, der unterschiedlichen weltanschaulichen Positionen wegen sei es besser, die Zusammenarbeit nicht fortzusetzen. Brod fand in Heinz Politzer einen neuen Helfer, der ihm bei der Kafka-Gesamtausgabe, die ab 1935 im Schocken Verlag erschien, zur Hand ging. Schoeps wiederum, der eine größere Arbeit über Kafka hatte veröffentlichen wollen, nahm davon Abstand und wandte sein Interesse anderen Fragen zu. Kafka hätte ihn, heißt es in seinen Erinnerungen, »immer tiefer in ein Meer von Schwermut sinken lassen«[58]. Dennoch hielt ihn dies nicht ab, den Fortgang der Edition bei Schocken aufmerksam zu verfolgen. Hin und wieder schrieb er Brod und wies ihn auf vermeintliche Mängel bzw. Fehler hin. In einer Fußnote zu seinem 1935 im Beiblatt des »Schild«

erschienenen Aufsatz »Franz Kafka. Der Dichter der tragischen Position« erwähnte Schoeps ausdrücklich die Edition von Brod und Politzer mit der Bemerkung: »Bei dieser Gelegenheit möchte ich namens der Freunde und Verehrer des Kafkaschen Werkes dem Verlage Schocken dafür Dank sagen, daß er es übernommen hat, eine erstmalige Ausgabe der Gesammelten Werke Franz Kafkas herauszubringen.«[59] Brod hat sich interessanterweise für Schoeps' berufliches Fortkommen verwendet. Bereits im Juni 1933 hatte ihm dieser geschrieben, daß seine Berufschancen durch die nationale Revolution restlos erledigt seien und ob er nicht in Prag oder sonstwo eine Betätigungsmöglichkeit für ihn sehe.[60] Brod, der Schoeps' Werdegang, seine verlegerischen Aktivitäten mit Sympathie verfolgt, seine Arbeiten wie die »Geschichte der jüdischen Religionsphilosophie der Neuzeit«[61] und »Jüdischer Glaube in dieser Zeit«[62] mit Aufmerksamkeit studiert hatte, bemühte sich ab 1935 zu helfen. Er versuchte, ihn an der Universität in Prag unterzubringen[63], bzw. machte ihn darauf aufmerksam, daß an der Universität Dorpat eine Professur für Jüdische Studien in deutscher Sprache vakant sei.[64] Aus dem Plan mit Prag wurde nichts. Und ob Schoeps den Hinweis auf Dorpat verfolgt hat, läßt sich nicht mehr ermitteln. Seitens Brods waren die Angebote der Hilfestellung jedenfalls Akte, die als Gesten der Wertschätzung gelten können.

Schoeps hat am Weihnachtsabend 1938 Deutschland verlassen, um ins Exil nach Schweden zu gehen. Brod verließ Prag Mitte März 1939, um nach Palästina auszuwandern. Beide haben in ihren Erinnerungsbüchern von den abenteuerlichen Umständen der Flucht berichtet. Schoeps arbeitete wissenschaftlich bis zum Ende des Krieges in Schweden, in der Erwartung, nach Zerschlagung der Nazi-Diktatur wieder nach Deutschland zurückzukehren, um seinen Beitrag beim Aufbau des neuen Deutschland zu leisten. Brod bemühte sich, in Palästina Fuß zu fassen, begann für das Habimah-Theater zu arbeiten, eine neue Existenz aufzubauen, in der Gewißheit, daß er nicht wieder nach Europa zurückkehren werde.

Auch während seiner Jahre in Schweden wollte Schoeps

wissen, wie es Brod in Palästina ging, an welchen neuen Projekten er arbeitete. Schalom Ben-Chorin, mit dem er in einem Briefwechsel stand, schrieb er am 26. Januar 1944: »Max Brods Ideen interessieren mich immer; ich nehme an, daß die Erfahrungen der Jahre ihn seine Weltanschauung haben vertiefen und ausbauen lassen. Ich denke eigentlich in dem Meisten noch genauso wie vor 10 Jahren und so wird er denn mit mir kaum einverstanden sein. Aber ich habe keinen Drang nach Konfessionen länger oder den Wunsch jemanden überzeugen zu wollen. Die Isolierung im Religiösen ist ein altes Faktum, doppelt schmerzlich, weil ich vom Alleinstehen nichts halte, sondern Glauben ohne Gemeinde mir garnicht vorstellen kann. Und im Politischen habe ich ja immer nur wenige Freunde gehabt; daran daß ich von den Juden mit Dreck beworfen werde, wird sich wohl auch in Zukunft nichts ändern. Aber ich will nicht bitter werden. Ich lebe unter vergleichsweise sehr angenehmen Bedingungen, habe es besser als viele Millionen und weiß eigentlich nicht, durch welche Meriten vor Gott und den Menschen ich mir das verdient habe.«[65] In Kontakt zueinander traten Brod und Schoeps erst wieder nach Kriegsende. Schoeps nahm nach seiner Rückkehr nach Deutschland den durch die Umstände unterbrochenen Briefwechsel wieder auf. Am 18. April 1946 gab er Brod ein erstes Lebenszeichen, berichtete ihm, wie es ihm inzwischen ergangen, vom Tode seiner Eltern in Theresienstadt und in Auschwitz, was er in Schweden gearbeitet und welche Pläne er für die Zukunft habe. Brod antwortete ihm am 4. Juni und teilte ihm mit, er trauere um seinen Bruder mit Frau und Tochter, ebenfalls um die drei Schwestern Kafkas, die den Mordtagen der Nazi-Bestien genauso wie viele entfernte Verwandte, Freunde und Gesinnungsgenossen zum Opfer gefallen seien. »Es ist«, heißt es in dem Brief von Brod, »das größte Verbrechen der Weltgeschichte, daß die deutsche Nation diese Mordbande a. zur Macht kommen ließ, b. ihnen Millionen von Helfershelfern stellte. Dieses Verbrechen kann nicht gesühnt werden, es hat metaphysische Tiefen erreicht.«[66] Wie schon in den Jahren vor dem Krieg war Brod auch nach Wiederaufnahme des Briefwechsels stark interessiert an dem, was Schoeps schrieb, »trotz«, wie er meinte, »meist entgegengesetzter Blickrichtung«[67]. So arbeitete er sich z.B. durch Schoeps' in der schwedischen Emigration entstandenes 526 Seiten dickes Buch »Theologie und Geschichte des Judenchristentums«[68], las seine religionsgeschichtlichen Studien »Aus frühchristlicher Zeit«[69] sowie »Die großen Religionsstifter und ihre Lehren«[70]. Brod schickte Anmerkungen, machte auf Fehler aufmerksam und gab Hinweise, die bei Neuauflagen zu berücksichtigen seien. In einem Brief schrieb er, daß er viel von Schoeps gelernt habe und davon manches in seinen Jesus-Roman »Der Meister«[71] eingegangen sei. Dagegen beklagte er, daß Schoeps ihn niemals zitiere. Er hoffe nur, daß dies wenigstens in der angekündigten »zusammenfassenden Deutung« Kafkas geschehe, daß dort darauf hingewiesen werde, daß er die Grundlage aller Beschäftigungen mit Kafka und vor allem seiner jüdischen Deutung gelegt habe.[72]

Der Kontakt zwischen Brod und Schoeps hatte nicht mehr die Intensität, die er in der Vorkriegszeit hatte. Der Grund dafür lag darin, daß Schoeps nicht mehr gewillt war, die Beziehung aufrechtzuerhalten. Brod hat dies nicht erkannt, vermutlich nicht geahnt, welches die Beweggründe für Schoeps gewesen sind, auf Distanz zu gehen. Es hängt, wie den Erinnerungen von Schoeps zu entnehmen ist, mit einer Passage zusammen, die sich in Brods Brief vom 4. Juni 1946 findet. Es heißt dort nach der Erwähnung der Nazi-Greuel und nach dem Beklagen der Toten: »Ich verstehe … nicht, wie Sie Lust haben können, inmitten dieses verruchten Volkes leben und lehren zu wollen.« Schoeps hat diese Bemerkung tief getroffen, und des war der Anlaß, daß er die Beziehungen zu Brod mit der Zeit allmählich einstellte. Sie trafen sich zwar noch einmal in Zürich[73], Schoeps hat aber nur wenig Lust gehabt, sich mit Brods Ansichten auseinanderzusetzen. »Wir haben uns«, heißt es in seinen Erinnerungen, »nicht wiedergesehen, Diskussionen erschienen zwecklos, denn Brod äußerte nur die Normalmeinung der meisten deutschsprachigen Juden von 1946. Ich konnte sie gewiß verstehen, aber ich teilte sie nicht.«[74]

Anmerkungen

1 Hans-Joachim Schoeps, Max Brod, in: Christliche Welt, Nr. 43, 16. Februar 1929.

2 Über Martin Rade vgl. Johannes Rathje, Die Welt des freien Protestantismus. Ein Beitrag zur Deutsch-Evangelischen Geistesgeschichte dargestellt an Leben und Werk von Martin Rade, Stuttgart 1952; ebenfalls Christoph Schwöbel, Martin Rade. Das Verhältnis von Geschichte, Religion und Moral als Grundprobleme seiner Theologie, Gütersloh 1980. Zu Martin Rade, Hans- Joachim Schoeps und dessen Mitarbeit in der »Christlichen Welt« vgl. F. W. Kantzenbach, Das wissenschaftliche Werden von Hans-Joachim Schoeps und seine Vertreibung aus Deutschland 1938. Eine Dokumentation aus den Briefen von Hans- Joachim Schoeps an Martin Rade im Nachlaß M. Rade-Marburg, in: ZRGG, 4/1980, S. 319–352.

3 Max Brod, Heidentum, Christentum, Judentum. Ein Bekenntnisbuch, 2 Bde., München 1921.

4 Schoeps, Max Brod (vgl. Anm. 1), S. 181.

5 Hans-Joachim Schoeps, Ja – Nein – und Trotzdem. Erinnerungen – Begegnungen – Erfahrungen, Mainz 1974, S. 117.

6 Schoeps an Brod, 17. August 1929, Nachlaß Brod.

7 Schoeps, Ja – Nein – und Trotzdem (vgl. Anm. 5) S. 117.

8 Ebenda, S. 118.

9 Das Protokoll ist abgedruckt in: Im Ringen um Kafka und das Judentum. Max Brod/Hans-Joachim Schoeps Briefwechsel, Königstein i. T. 1985, S.155.

10 Schoeps an Brod, 13. August 1929, Nachlaß Brod.

11 Ebenda.

12 Ebenda.

13 Eine Beschreibung des Manuskripts findet sich bei Fritz Martini, Ein Manuskript Franz Kafkas: »Der Dorfschullehrer«, in: Jahrbuch der Deutschen Schillergesellschaft, II/1958, S. 270: 8 lose Blätter, mit 14 2/3 beschriebenen Seiten. 20 x 24,8 cm. In der linken oberen Ecke mit Bleistift, wohl von fremder Hand, gezählt: Bl. 1–6 und 8–9 (Bl. 7 fehlt). Glattes weißes Papier, ohne Wasserzeichen. Aus einem Heft herausgerissen, mit Resten der Heftlöcher. An den drei Außenrändern roter Schnitt. Die meisten Blätter mit Einrissen und kleinen Randbeschädigungen ohne Textverlust. Blatt 2–6 und 8–9 mit leichten Verwischungen in der rechten oberen Ecke durch Wasserschäden. Schwarz-blaue Tinte. Zahlreiche Streichungen, Änderungen und Ergänzungen mit dieser und einer schwarz-bräunlichen Tinte, Bleistift und Blaustift. Im Literaturarchiv, Schiller-Nationalmuseum Marbach inventarisiert unter Inv. Nr. 56. 1442.

14 Tagebucheintragung vom 8.–13.April 1930. Vgl. Im Ringen um Kafka und das Judentum (vgl. Anm. 9), S. 177 f.

15 Ebenda.

16 Schoeps, Ja – Nein – und Trotzdem (vgl. Anm. 5), S. 118.

17 Gottfried Bermann-Fischer, der Schwiegersohn Samuel Fischers, seit 1930 Geschäftsführer des S. Fischer Verlages, hat in seinen Erinnerungen (Bedroht – Bewahrt. Weg eines Verlegers, Frankfurt a.M. 1967, S. 328) behauptet, daß seine Bemühungen um die Publikationsrechte am Werk Kafkas erst 1944 begonnen hätten. Er hatte vermutlich vergessen, daß diese ihm schon vorher angetragen worden waren. Zur Problematik der Herausgabe des Kafka-Nachlasses (1924–1939) vgl. Joachim Unseld, Franz Kafka. Ein Schriftstellerleben. Die Geschichte seiner Veröffentlichungen. Mit einer Bibliographie sämtlicher Drucke und Ausgaben der Dichtungen Franz Kafkas 1908–1924, München/Wien 1982, S. 234 ff.

18 Die Vermittlung des Kiepenheuer Verlages war durch Siegfried Kracauer erfolgt. Vgl. Brief von Hans-Joachim Schoeps an Kracauer, 24. Oktober 1930 (Nachlaß Kracauer, Deutsches Literaturarchiv, Marbach).

19 Max Brod, Streitbares Leben 1884–1968, München u.a. 1969, S. 194 f.

20 Franz Kafka, Beim Bau der Chinesischen Mauer. Ungedruckte Erzählungen und Prosa aus dem Nachlaß, hrsg. von Max Brod und Hans-Joachim Schoeps, Berlin 1931.

21 Hans-Joachim Schoeps, Aufzeichnungen aus dem Nachlaß von Franz Kafka, in: Literarische Welt, 6. Jg., Nr. 31, 1. August 1930, S. 3.

22 Hans-Joachim Schoeps, Aus dem Nachlaß Franz Kafkas. Ein Fragment. Beim Bau der Chinesischen Mauer, in: Der Morgen, H. 3, August 1930, S. 219 ff.

23 Rezensionen erschienen u. a. von Paul Eisner, Ludwig Winder, Rudolf Arnheim, Hermann W. Anders, Hans Herrland, Oskar Baum, Karl-Heinz Ruppel, Siegfried Kracauer, Felix Weltsch, Marianne Wagner, Hans Sochaczewer, Manfred Sturmann, Wilhelm Westecker, Hansgeorg Maier; s. Franz Kafka. Kritik und Rezeption 1924–1938, hrsg. von Jürgen Born unter Mitwirkung von Elke Koch, Herbert Mühlfeit und Mercedes Treckmann, Frankfurt a. M. 1983, S. 269–332.

24 Hans Herrland, Aus dem Nachlaß Franz Kafkas, in: Berliner Börsen-Zeitung, 16. Juli 1931.

25 Franz Kafka, Beim Bau der Chinesischen Mauer (vgl. Anm. 20), S. 258.

26 Schoeps, Ja – Nein – und Trotzdem (vgl. Anm. 5), S. 119.

27 Franz Kafka, Beim Bau der Chinesischen Mauer (vgl. Anm. 20), S. 254.

28 Vgl. hierzu Max Brod, Franz Kafkas Glauben und Lehre, in: Über Franz Kafka, Frankfurt a. M. 1966, S. 263 ff.

29 Felix Weltsch (1884–1964), Bibliothekar an der Prager Universitätsbibliothek, 1919–1939 Chefredakteur der »Selbstwehr«, 1939 Übersiedlung nach Palästina.

30 Hugo Bergmann (1883–1975), Philosoph, Bibliothekar an der Prager Universitätsbibliothek, 1920 Einwanderung nach Palästina, erster Direktor der Nationalbibliothek in Jerusalem, 1935–1938 Rektor der Universität, erhielt 1954 den Israel-Preis.

31 Über die Aktivitäten des Reichsbundes informiert Ulrich Duncker, Der Reichsbund jüdischer Frontsoldaten 1919–1938. Geschichte eines jüdischen Abwehrvereins, Düsseldorf 1977.

32 Brod, Streitbares Leben (vgl. Anm. 19), S. 52.
33 Schoeps an Brod, 5. August 1932, Nachlaß Brod.
34 Ebenda.
35 Die von Schoeps im Juni 1934 in dem von ihm gegründeten Vortrupp-Verlag herausgebrachte Schrift »Wir deutschen Juden«, die in einer Auflage von 6 000 Exemplaren erschien, war gegen das Buch »Wir Juden« von Joachim Prinz gerichtet. Schoeps hatte hier der »völkisch-biologischen Konzeption« des Zionismus entgegentreten wollen. Das Presseecho seiner Zeit war enorm. Vgl. Hans-Joachim Schoeps, »Bereit für Deutschland!« Der Patriotismus deutscher Juden und der Nationalsozialismus. Frühe Schriften 1930 bis 1939. Eine historische Dokumentation, Berlin 1970, S. 228 ff. Ausführlich geht auf die Debatte ein Carl J. Rheins, Deutscher Vortrupp, Gefolgschaft deutscher Juden 1933–1935, in: Leo Baeck Institute, Year Book XXVI, 1981, S. 219 f.
36 Schoeps an Brod, 5. August 1932.
37 S. oben Anm. 3.
38 Max Brod, Franzi oder eine Liebe zweiten Ranges. Ein Roman, München 1922.
39 Max Brod, Leben mit einer Göttin, München 1923.
40 Max Brod, Reubeni. Fürst der Juden. Ein Renaissance-Roman, München 1925, Neuauflage Zürich 1930.
41 Schoeps an Brod, 22. März 1931, Nachlaß Brod.
42 Margarita Pazi, Max Brod. Werk und Persönlichkeit, Bonn 1970, S. 73.
43 Schoeps, »Bereit für Deutschland!« (vgl. Anm. 35), S. 34.
44 Beachtung verdient, daß Thomas Mann aus Heft 4 der »Freideutschen Position« eine längere Passage in seinen Dr.-Faustus-Roman montiert hat. Vgl. Gunilla Bergsten, Thomas Mann Dr. Faustus. Untersuchungen zu den Quellen und zur Struktur des Romans (= Studia Litterarum Upsaliensia, Nr. 3), Stockholm 1963, S. 48 ff. und Hans-Joachim Schoeps, Plagiiert durch Thomas Mann. Bemerkungen zu einer Quelle des Romans »Doktor Faustus« von Thomas Mann, in: ZRGG, 4/1970, S. 324 ff.
45 Pazi, Max Brod (vgl. Anm. 42), S. 74.
46 Schoeps an Brod, 11. Februar 1932, Nachlaß Brod.
47 Schoeps an Brod, 25. Juni 1933, Nachlaß Brod.
48 So z. B. Wir gehen einen deutschen Weg, in: C.V.-Zeitung. Blätter für Deutschtum und Judentum, Nr. 28, 13. Juli 1933.
49 »Der deutsche Vortrupp, Gefolgschaft deutscher Juden« ist Ende Februar 1933 in Kassel gegründet worden. In der ersten Erklärung dieses Bundes hieß es: »Der DV ist ein auf menschliche Auslese hin gebildeter Führerkreis der jungen Generation, der durch die aufgeschlossene Lebensart der deutschen Jugendbewegung und durch eine geschichtsbewußte konservative Sicht der deutschen Dinge sein Gepräge hat. Wir stehen ebenso entschieden gegen den Assimilationsstandpunkt der alten Liberalen und Nationalliberalen, wie wir jeglichen Zionismus ablehnen, der für junge Deutsche jüdischer Abkunft und jüdischen Glaubens auch heute keine Möglichkeit bedeutet

und der zudem unsere Religion aus der Substanz heraus zu zerstören droht.« Der Bund hatte sieben Landesmarken, denen Obmänner vorstanden, dazu einen Obmann des Theologischen Arbeitskreises für jüdische Erneuerung, an dem zahlreiche jüdische Theologiestudenten aus Berlin und Breslau mitwirkten. Näheres bei Schoeps, »Bereit für Deutschland!« (vgl. Anm. 35), 37 ff.

50 Robert Weltsch, Tragt ihn mit Stolz, den gelben Fleck!, in: Jüdische Rundschau, XXXVIII, 4. April, Nr. 26/1933. Der Artikel, der ein starkes Echo fand und oft nachgedruckt wurde, ist mit interessanten Erklärungen und Ergänzungen von Weltsch (An der Wende des modernen Judentums. Betrachtungen aus fünf Jahrzehnten, Tübingen 1972, S. 21–35) noch einmal veröffentlicht worden.

51 Schoeps an Brod, 23. Juli 1933, Nachlaß Brod.

52 Schoeps an Brod, 25. Juni 1933, Nachlaß Brod.

53 Walter Benjamin. Gershom Scholem. Briefwechsel 1933–1940, hrsg. von Gershom Scholem. Frankfurt a. M. 1980, insbesondere die Briefe Nr. 7, Nr. 13, Nr. 16, Nr. 58.

54 In bezug auf die Arbeiten von Schoeps, die er, wie er selbst gestand, nicht gelesen hatte, meinte Benjamin in einem Schreiben an Scholem vom 28. Februar 1933 (vgl. Briefwechsel, S. 38), daß nichts notwendiger sei, »als den gräßlichen Schrittmachern protestantischer Theologie innerhalb des Judentums den Garaus zu machen«.

55 Unveröffentlichte Besprechung, in Familienbesitz.

56 Scholem an Benjamin, ca. 20. März 1933, in: Briefwechsel (vgl. Anm. 53), S. 46.

57 Vgl. Anm. 55.

58 Eine ungenannte Freundin gab Schoeps den Rat, sich aus Kafkas »letztlich kranker Welt« zurückzuziehen: »Was man nicht leben kann, soll man auch nicht denken.« (Schoeps, Ja – Nein – und Trotzdem [vgl. Anm. 5], S. 120)

59 Geist des Judentums. Beiblatt des »Schild«, 14. Juni 1935.

60 Schoeps an Brod, 25. Juni 1933, Nachlaß Brod.

61 Hans-Joachim Schoeps, Geschichte der jüdischen Religionsphilosophie der Neuzeit, Bd. 1, Berlin 1935.

62 Hans-Joachim Schoeps, Jüdischer Glaube in dieser Zeit. Prolegomena zur Grundlegung einer systematischen Theologie des Judentums, Berlin 1932.

63 Schoeps an Brod, 1. September 1937, Nachlaß Brod.

64 Brod an Schoeps, 20. Januar 1938, Nachlaß Schoeps.

65 Schoeps an Schalom Ben-Chorin, 26. Januar 1944, Besitz Schalom Ben-Chorin, Jerusalem.

66 Brod an Schoeps, 4. Juni 1946, Nachlaß Schoeps.

67 Ebenda.

68 Hans-Joachim Schoeps, Theologie und Geschichte des Judenchristentums, Tübingen 1949.

69 Hans-Joachim Schoeps, Aus frühchristlicher Zeit. Religionsgeschichtliche Untersuchungen, Tübingen 1950.

70 Hans-Joachim Schoeps, Die großen Religionsstifter und ihre Lehren, Stuttgart 1950.

71 Max Brod, Der Meister, Gütersloh 1952.

72 Brod an Schoeps, 26. Dezember 1950, Nachlaß Schoeps.

73 Schoeps und Brod sind vermutlich irgendwann im Laufe des Jahres 1949 zusammengetroffen. Die Begegnung fand im Hotel Urban in Zürich statt.

74 Schoeps, Ja – Nein – und Trotzdem (vgl. Anm. 5), S. 119.

SEXUALITÄT, EROTIK UND MÄNNERBUND

Hans Blüher und die deutsche Jugendbewegung

In seinem Erinnerungsbuch »Rückblicke« schreibt Hans-Joachim Schoeps über den 1955 gestorbenen Schriftsteller und Psychotherapeuten Hans Blüher, daß er sich sein Leben lang rechtschaffen Mühe gegeben habe, ein Ärgernis zu sein. Schoeps bekennt, es habe ihn das nicht abgeschreckt, das Gespräch mit diesem zu suchen. Im Gegenteil. Von Blüher sei eine eigentümliche Faszination ausgegangen, der er sich nicht habe entziehen können. »Hans Blühers geistiger Bedeutung«, heißt es in den »Rückblicken«, »habe ich mich nie verschlossen; er war einer der wenigen Menschen unserer Tage, die den Mut aufbrachten, mit eigenen Augen zu sehen ... und selbständig zu denken – auch auf ungewohnten Bahnen, die mit Gestrüpp bewachsen sind.«[1]

Der 23jährige Hans-Joachim Schoeps und der damals 45jährige Hans Blüher haben zusammen 1933 ein für unseren Geschmack höchst merkwürdiges Buch herausgebracht, das bis heute für Verwirrung sorgt und schon mancherlei Mißverständnisse hervorgerufen hat. Das in Form eines Briefwechsels verfaßte Buch heißt »Streit um Israel«[2] und war der, wie wir heute wissen, untaugliche Versuch, eine Position jenseits der üblichen Schlagworte im Religionsgespräch zwischen Christen und Juden zu formulieren. Wieweit dieser Versuch von vornherein zum Scheitern verurteilt war, darüber gehen die Meinungen auseinander. Gershom Scholem hat sich bekanntlich über den Schoeps–Blüherschen Streit in einem Brief an Walter Benjamin bereits Ende März 1933 mokiert und das Schoepssche Bemühen, sich gegen die »Ideologie des gebildeteren Antijudaismus« behaupten zu wollen, ein »verächtliches Schauspiel«[3] genannt.

Ich will aber nicht den Verlauf dieses Disputs schildern, der sich an Blühers Buch »Die Erhebung Israels gegen die christlichen Güter« entzündet hatte[4], sondern ich möchte mich mit einem anderen Aspekt des Blüherschen Denkens auseinandersetzen, der Hans-Joachim Schoeps mindestens ebenso wie das Problem der christlich-jüdischen Differenzen interessiert hat, nämlich Blühers Ansichten über die Wandervogeljugend und seine einst die Gemüter aufwühlenden und für erboste Schlagzeilen sorgenden Behauptungen, die Jugendbewegung und ihre Gesellschaftsformen seien nicht erklärbar, wenn sie nicht als ein erotisches Phänomen gedeutet würden.[5]

Der Wandervogel – ein erotisches Phänomen?

Wer sich mit den Anfängen und der Geschichte der deutschen Jugendbewegung befaßt, der stößt auf Hans Blühers zweiteiliges Buch »Wandervogel. Geschichte einer Jugendbewegung« (1912)[6], dem ein dritter Teil gefolgt ist, der den Titel »Die deutsche Wandervogelbewegung als erotisches Phänomen« (1914) trägt. Blüher, der durch dieses Werk bekannt wurde, hatte es zur zehnjährigen Wiederkehr der Bundesgründung geschrieben. Es hat viele Auflagen erfahren und gilt noch heute als eine der Standardquellen, die jeder Historiker heranziehen muß, will er etwas über die Anfänge der Bewegung erfahren, die der Jurastudent Karl Fischer im damaligen Berliner Vorort Steglitz ins Leben gerufen hat.

In seiner 1953 erschienenen Autobiographie »Werke und Tage« hat Hans Blüher berichtet, wie es dazu kam, daß er die Rolle des Geschichtsschreibers übernahm. Die Einzelheiten sind heute nicht mehr so wichtig. Was uns interessiert, ist der Grund, warum dem Wandervogelwerk ein solch phänomenaler Erfolg beschieden war. Es lag nicht daran, daß der 23jährige Blüher eine literarisch halbwegs gelungene Darstellung vorgelegt hatte, die über Anfänge, Geschichte und Krisen der Bewegung kundig informierte. Es war die Tendenz seiner Ausführungen, die für Aufregung sorgte, die von ihm ohne Rücksicht auf die zu erwartende Kritik offen formulierte Feststellung, daß der Wandervogel eben nicht nur ein Aufstand der Jugend gegen die Väterkultur, sondern vor allem ein erotisches Phänomen ist.

In den beiden ersten Bänden seiner Wandervogelgeschichte drückt sich Blüher vergleichsweise noch verhalten aus. Er wies auf das »Bündigende« hin, das er als das im Hintergrund der Bewegung Stehende sah, er bemerkte, daß die »freie Verbrüderung« im Wandervogel durch eine neue und natürliche Form der Freundschaft bewirkt werde. Wert legte er dabei besonders auf die Feststellung, daß allein aus dem Beisammensein von Älteren und Jüngeren die »sittliche Kraft« erwächst, eine Kraft, die nach Ansicht Blühers prägend auf die heranwachsende männliche Jugend einwirkt.

Den Auslöser für das offenbare Vorhandensein der Erotik im Wandervogel sah der von den modernen Sexualtheorien seiner Zeit faszinierte Blüher in den »anonymen Mächten« begründet. Alle Anziehungserscheinungen, führt Blüher aus, mögen sie Freundschaft, Liebe, Sympathie oder Begierde heißen, mögen sie zum eigenen oder zum anderen Geschlecht gehen, entspringen aus einer Wurzel, dem Triebleben, wie verschieden es sich auch entfalten mag. Berücksichtige man nun, daß das »männliche Kind« versucht, sowie es sich von der Mutter unabhängig gemacht hat, seine Liebebedürftigkeit auf den Vater zu werfen – so stecke in dieser Liebe, meinte Blüher, ein Stück Heldenverehrung: »Der Vater ist dem Kinde Held und Herr und unbezwinglich. Das ist eines der kindlichsten und tiefsten Bedürfnisse, die die Menschheit überhaupt hat, und die Lehre vom lieben Gott ist nichts anderes als eine nach der Enttäuschung aufgetretene Ersatzbildung.«[7]

Folgen wir Blühers Überlegungen und Gedankengängen. Die These, die er aufstellte, lautet in etwa wie folgt: Weil der Vater aufgrund des Generationenkonflikts versage, mithin als Liebesobjekt (»kindväterliche Liebe«) ausfalle, dennoch aber ein fundamentales Liebesbedürfnis verbleibe, sei der Wandervogelführer als Substitut für das Liebesbedürfnis des jungen Wandervogels anzusehen. Eine solche Rollenzuweisung, meint Blüher, habe Karl Fischer, der Begründer des Wandervogels, erfahren. Auf ihn habe sich alle Zärtlichkeit und

Furcht, die das Kind seinerzeit dem Vater entgegengebracht habe, konzentriert. Das sei der Grund, weshalb Karl Fischer in den Anfängen des Wandervogels eine nahezu »königliche Stellung« eingenommen habe.

Wenn Blüher über Erotik in der Jugendbewegung spricht, über das Verhältnis männlicher Jugend zu älteren und verehrten Männern, so unterscheidet er zwischen den erotischen Triebkräften und den sexuellen Betätigungen, zwischen einer geistig-erotischen und einer sinnlich-sexuellen Haltung. Ihm geht es nicht, das wäre ein grobes Mißverständnis, um das Problem der Homosexualität bzw. der Päderastie im Sinne medizinischer oder strafrechtlicher Abnormitäten, sondern um eine spezifische Ausformung der Geistigkeit, einer Geistigkeit, die sich an Platons Symposionsgesprächen und am griechischen eros paidikos orientiert, der im dorischen Sparta und Theben ein Mitträger des politischen Lebens war.

Auf den Wandervogel gewendet heißt das, daß Blüher in ihm nicht einen »Päderastenklub« gesehen hat, sondern einen wirklichen Jugend- und Männerbund, in dem ältere Männer mit einer von Blüher nicht bestrittenen homoerotischen Grundeinstellung als Führer am Werk sind, um erzieherisch auf Knaben und Jünglinge einzuwirken. Wie er diese Männer sah, ihre Ausstrahlung einschätzte, läßt sich in seiner Wandervogelchronik und in seinem Erinnerungsbuch »Werke und Tage« nachlesen. Blüher stellte hier neben Karl Fischer, Siegfried Copalle und Hermann Friese vor allem Willie Jansen heraus, jenen Rittergutsbesitzer aus Friemen am Südhang des Meißner, der erst als erwachsener Mann zur Jugendbewegung stieß und um dessentwillen es 1910 im Alt-Wandervogel zur Abspaltung des Jung-Wandervogels gekommen ist. »Jansen«, hat Blüher später in seinen Erinnerungen bemerkt, »war für mich stets ein Vorbild, um nicht zu sagen, ein Modell für die Gestalt des Männerhelden.«[8]

In der Blüherschen Gedankenwelt spielte die Gestalt des »Männerhelden«, der »gründerischen Erastennatur«, um in der Blüherschen Diktion zu sprechen, eine zentrale Rolle. Er selbst gesteht, daß er sich in jugendbewegter Zeit von älteren

Männern angezogen gefühlt habe, aber nie Beziehungen erotischer Art gehabt hätte. Er war der Ansicht, daß es ohne Karl Fischer, Willie Jansen, Gustav Wynecken und all die anderen »Männerhelden«, die Blüher »echte Vertreter antiker Päderastie im ursprünglichen Sinne«[9] nennt, keinen Wandervogel und keine Jugendbewegung gegeben hätte: »Die *Existenz* der Männer- und Jugendbünde – sofern sie nicht bloße Zweckverbände sind und den Namen Bund nicht verdienen – ist *verursacht* durch die Männerhelden und ihre Varianten. Nimmt man diese heraus, so bricht alles zusammen.«[10]

Die Auseinandersetzung um die »Jansen-Affäre« (gegen Jansen wurde der Vorwurf der Homosexualität erhoben) nahm Blüher in seinem Wandervogel-Buch zum Anlaß, seine Vorstellungen vom »Männerhelden«, einem Topos, der im übrigen nicht von ihm stammt, genauer zu fassen. Der »Männerheld«, heißt es hier, sei derjenige, der erotische Ausstrahlung habe und das Amt des Jugenderziehers aus innerer Berufung übernehme. Er sei es, der in der Jugendbewegung analog zu den Verhältnissen im antiken Griechenland zur »sittlichen Höherführung« des jungen Menschen beitrage. Wer, fragt Blüher, erzog die jungen Hellenen? Es seien die »Erastai« gewesen, Männer wie Sokrates, »die sich auf den Straßen von Athen herumtrieben, mit geistvollen Jünglingen anbändelten, sich tatsächlich und ohne Einschränkung in sie verliebten und – die Baumeister ihres Lebens wurden«.[11]

Was in den beiden ersten Bänden des Wandervogelwerkes nur angedeutet ist, findet seine Konkretisierung im schon genannten dritten Band »Die deutsche Wandervogelbewegung als erotisches Phänomen«, der den Untertitel »Ein Beitrag zur Erkenntnis der sexuellen Inversion« trägt. Blüher behauptet hier, die »Männerhelden« seien eine immer wiederkehrende Erscheinung im Wandervogelleben. Die »Invertierten«, wie Blüher die »Männerhelden« nennt, würden die »Wirbelpunkte aller Jugendbewegung«[12] bilden, oft »revolutionäre Gestalten« sein und leidenschaftlich ihr ganzes Leben daran setzen, Vorbild zu sein und der Jugend zu helfen. Ohne sie, so Blühers These, würde es keinen Wandervogel geben. Sie seien es, die der Bewegung eigentlich erst Inhalt und Sinn vermitteln würden.

Der Männerbund als staatsbildendes Prinzip

Angeregt durch Sigmund Freud, Benedict Friedländer[13], vor allem aber durch das Buch »Altersklassen und Männerbünde« des Soziologen Heinrich Schurtz[14], glaubte Blüher, daß es eines Gesellungsprinzips »über die Familie hinaus« bedarf, um die Tiergattung Mensch zu einem »staatenbildenden Wesen« zu machen. Er sah dieses Gesellungsprinzip in der »männlichen Gesellschaft« gegeben, die die soziologische Funktion habe, das Primat der Familie zu durchbrechen. »Überall«, heißt es in Blühers 1920 erstmalig erschienener »Rolle der Erotik in der männlichen Gesellschaft«, »wo die Natur ein wirklich staatsbildendes Wesen durchgesetzt hat, konnte sie dies nur dadurch erreichen, daß sie die Alleinherrschaft des Familientums samt der mann-weiblichen Sexualstrebung durchbrach.«[15]

Für das, was hiermit gemeint ist, führte Blüher Beobachtungen aus der Natur an. Bienen und Ameisen, so die von ihm angeführten Beispiele, würden ein »staatsbildendes Wesen« mit gewalttätigen Mitteln durchsetzen: »Im Bienenstaat gibt es im Verlauf einer Gründungsperiode nur einen einzigen mann-weiblichen Liebesakt: den Hochzeitsflug der Königin. Die Familie ist vollständig zerstört. Es gibt nur eine dauernd Eier legende Königin mit vermagertem Hirn, die männlichen Bienen werden ermordet, und den Stamm bilden verkümmerte Weibchen, denen jede zum andern Geschlecht gehende Sexualstrebung unterbunden ist. Von der Lustprämie, die diese Nonnen durch den dauernden engen Zusammenschluß aneinander beziehen, wissen wir nichts, da wir die Seele der Bienen nicht kennen. Aber sie ist zweifellos vorhanden, und wir können sie per analogiam vom Menschen her erschließen«.[16]

Nach Ansicht Blühers gibt es neben dem biologischen noch einen anderen, einen grundlegenden Unterschied zwischen

Mann und Frau. Die Frau würde nur nach Familie streben, der Mann hingegen stets nach zweierlei: nach der Familie und der männlichen Gesellschaft. Von diesem »Doppelstreben« sei kein Mann ausgenommen. Der »Typus inversus«, der »Männerheld«, sei sogar ganz auf die männliche Gesellschaft hin orientiert. In seinem Leben kommt keine Frau vor. Jedenfalls nicht, wie Blüher bemerkt, »im Sinne eines bestimmenden Schicksals«[17]. Er ist liebenswürdig und ritterlich zu ihnen, aber er läßt sie nicht an sich herankommen. Er lehnt auch die Gegenwart von Frauen bei Beratungen der Männer ab. Sein Leben gehört dem Manne und kreist um die Gestalt des Mannes.

Der Klarheit halber müssen wir die Frage stellen, ob der »Typus inversus« nicht schlicht der »Homosexuelle« ist, für den Blüher nur eine andere Bezeichnung gewählt hat. So ganz abwegig ist der Verdacht nicht. Er gebrauchte zwar den Begriff »Homosexualität«, wollte aber das Wort mit dem Begriff »Vollinversion« gleichgesetzt bzw. ersetzt wissen. Für ihn war die Bezeichnung »Homosexualität« nur eine topische Definition, die anordnet und klassifiziert. Der Begriff »Vollinversion« hingegen, meinte Blüher, habe einen genetischen Klang, der Herkunft und Entwicklung ansagen würde. »Denn«, so weiter Blüher, »es ist nun einmal leider wahr, daß das Wort Homosexualität durch vorwissenschaftliche und vormoralische Köpfe aufs äußerste verwiderwärtigt wurde, und ich muß gestehen, daß ich es nicht gern gebrauche. Es ist überladen von sehr unvorbildlichen Gesinnungen.«[18]

Kehren wir zurück zu dem Blüherschen Topos »männliche Gesellschaft«. Zwei feststehende Größen sind es, die nach Blüher das Weiterbestehen der menschlichen Gattung sichern. Der bloße Fortbestand der Art wird durch die Familie gewährleistet. Alles, was darüber hinausgeht und was den gesellschaftlichen Fortschritt bzw. den Staat als gesellschaftliche Institution begründet, hat jedoch zur Grundlage die »männliche Gesellschaft«, die unter der Vorherrschaft des »Männerhelden«, des uns schon bekannten »Typus inversus« und seiner diversen Abwandlungen, steht.

Wir wollen aber nicht weiter eingehen auf die Blüherschen Konstruktionen. Sie sind kompliziert genug. Blüher behauptete nicht nur, daß es eine »männliche Gesellschaft« ersten und zweiten Grades gibt, er sah es auch für erwiesen an, daß sie eine pyramidale bzw. kreisförmige Struktur hat. Uns haben diese Behauptungen, die äußerst spekulativ sind, nur insoweit zu interessieren, als sie etwas aussagen über den Zusammenhang, den Blüher zwischen »männlicher Gesellschaft«, »Männerbund« und »Staat« konstatiert. Was hat die »männliche Gesellschaft« mit dem »Männerbund« zu tun? Und was heißt es, vom »Männerbund« würden staatenbildende Impulse ausgehen?

Die Hauptthese Blühers ist, daß überall dort, wo Männer miteinander verkehren, Erotik ihre Beziehungen bestimmt. In den aus »männlichen Gesellschaften« hervorgehenden »Männerbünden«, meint Blüher, sei dies besonders ausgeprägt. Als Beispiele nennt er immer wieder den Wandervogel, aber auch das »Freimaurertum«, den »Tempelorden« und »militärische Kameraderien«. In allen diesen »Bünden« sieht er, wie könnte es anders sein, die »Erotik« als die entscheidende Antriebskraft: »In den militärischen Kameraderien verbindet sich grobe Päderastie mit der Tapferkeit im Kampfe für ein nationales Ideal, im Wandervogel alle Spielarten der Erotik mit romantischem Gemüt und dem Willen zu einer neuen Jugend, bei den Ritterorden dieselbe Erotik mit frommer Gesinnung und Sucht nach sakralem Leben, bei den Freimaurern eine aufs Feinste verdünnte und transformierte Liebesstimmung mit einem verbrüdernden Gefühl allen Männern gegenüber ...«[19]

Wenn Blüher davon spricht, daß die menschliche Staatenbildung nicht ohne den »Männerbund« denkbar ist, daß er geradezu ein »staatenbildendes Prinzip« verkörpere, dann hat er nicht die griechische politeia oder die lateinische civitas oder res publica vor Augen. Er lehnt den Staat ab, der auf einer rationalen Staatsidee und auf verstandesmäßig faßbaren Zwecksetzungen beruht. »Der Staat«, heißt es in seiner »Rolle der Erotik«, »ist keine verstehbare Nützlichkeit, sondern

146

ein schlechthin irrationales Schicksal mit unbekanntem Ende und Ziel.«[20]

Was den Politologen und Historiker interessiert, ist der Blühersche Staatsbegriff. Hat er überhaupt einen solchen gehabt? Seine Vorstellung, der Staat sei die Verkörperung des Irrationalen, ist wohl nicht ganz ernst zu nehmen. Aber was heißt »Staat« bei ihm dann? Es ist einigermaßen schwierig, überhaupt nachzuvollziehen, was er eigentlich gemeint hat, wenn er vom »Staate des Menschen« spricht. Es scheint, daß der Staat für ihn mit dem »Männerbund« zusammenfällt und eine gleichsam sakrale Dimension besitzt. Deutlich wird dies, wenn er vom »obersten Männerbund« spricht, von dem er annimmt, daß er gestiftet wird, daß er ein Ereignis ist, auf das der Mensch keinen Einfluß hat. »Er ist«, wird kryptisch in der »Rolle der Erotik« bemerkt, »die Ecclesia invisibilis der Wohlgeratenen und Treugebliebenen.«[21]

Blüher ist, was seine Ausführungen über den Staat angeht, in der Tat wenig präzise. Fest steht nur, daß er dem »Männerbund«, speziell dem »Typus inversus« staatenbildende Kräfte zugetraut hat. Und offensichtlich ist auch, daß ihm der demokratische Staat, in dem die Staatsgewalt der Gesamtheit der gleichberechtigten Bürger zukommt, ein Greuel war. Der Staat, von dem er träumte, war ein autokratischer, ein absoluter Staat, ein Staat, in dem geborene Könige und nicht von Bürgern gewählte Vertreter herrschen. »Ich habe mich stets«, heißt es in seinem Erinnerungsbuch »Werke und Tage«, »als Untertan des Königs von Preußen gefühlt, und nur dieses politische Verhältnis hat für mich Sinn und Würde, während ich darauf, ›freier Bürger‹ zu sein, nicht den geringsten Wert lege.«[22]

Exkurs: Blüher und der Antifeminismus

Blüher ist kein Freund der Frauenemanzipation gewesen. Er bekannte sich selbst ausdrücklich zum »Antifeminismus«, wollte diesen aber vom »bürgerlichen Antifeminismus« geschieden wissen. Sieht man sich jedoch die von ihm vertretenen Positionen an, dann ist kein großer Unterschied zu dem Programm, das der »Deutsche Bund gegen die Frauenemanzipation«[23] vertreten hat. Mit ihm teilte er die Ansicht, daß die Frauen im öffentlichen Leben nicht gleichberechtigt sein dürfen. Besonders war er von Programmpunkten angetan wie dem, der besagte: »Eine Unterordnung männlicher Beamter unter weibliche Vorgesetzte muß gesetzlich ausgeschlossen werden.« Oder von jenem, der lautete: »Wir sind nicht dagegen, daß wissenschaftlich begabten, geistig regsamen Mädchen die Möglichkeit gegeben wird, eine höhere wissenschaftliche Bildung zu erlangen. Aber wir verwerfen unbedingt die Gemeinschaftserziehung …«

Bereits das Wort »Frauenemanzipation« ärgerte Blüher. In einem 1916 erschienenen Büchlein mit dem Titel »Der bürgerliche und der geistige Antifeminismus«[24] decouvrierte er sich in der Öffentlichkeit, wenn er schrieb: »Judenemanzipation, Bauernemanzipation, Sklavenemanzipation, und das alles hat seinen vollen und guten Sinn. Aber das Wort ›Frauenemanzipation‹ dagegengehalten ist der vollkommene Unsinn. Denn Juden, Sklaven und Bauern *wollten* emanzipiert sein. Die Frau aber will dies niemals. Wir wissen seit Otto Weininger, daß die Frauenemanzipation gegenstandslos ist, denn es gehört zum Wesen der Frau *hörig* zu sein.«[25]

Blüher verstand sich als ein ausgesprochener Vertreter des »geistigen« Antifeminismus. Er hatte ein antifeministisches Manifest entworfen, in dem der Satz stand: »Die Frau ist ungeistig.«[26] Die heftigen Reaktionen, die dieser Satz auslöste, zwangen ihn, sich genauer zu erklären. In dem schon genannten Büchlein »Der bürgerliche und der geistige Antifeminismus« teilte er darauf mit, er verstehe gar nicht die ganze Aufregung. Er habe nicht die Frau als Frau diskriminieren wollen. Was er gewollt habe, sei nur, auf den Sachverhalt hinzuweisen, daß die Frau dem Geist gegenüber Indifferenz zeige. Die Frau sei dem Mann unterlegen, nicht weil sie kein Niveau hätte, sondern deshalb, weil nach der schon bekannten Ansicht Blühers nur der »männliche« Geist »Schöpferkraft« besitze.

Von Frauen, meinte Blüher, würden keine schöpferischen Impulse ausgehen. Sein militanter Antifeminismus versteigt sich denn auch zu Formulierungen wie der folgenden: »Das Ernstnehmen des Geistes bei Frauen ist immer nur das Ernstnehmen des Mannes, der ihn vertritt. Wenn eine Frau sich um den Geist bemüht, um ihn ›ringt‹, so ist dieser Vorgang ein fundamental verschiedener von dem beim ringenden Manne. Dieser ringt um das zu wirkende Werk, die Frau ringt um das Niveau, das sie sich auferlegt, um dem geliebten Manne würdig an die Seite zu treten.«[27]

Abstriche von seinem Antifeminismus hat Blüher sein Leben lang nicht gemacht. Noch in seinem Erinnerungsbuch »Werke und Tage« bemerkte er: »Ich führe noch heute philosophische Gespräche nur mit Männern.«[28] Das Vordringen der Frau in Staat und Gesellschaft hat er für ein Verfallszeichen und nicht für demokratischen Fortschritt gehalten. Für ihn stand zweifelsfrei fest, daß die Rolle der Frau nur auf Haus und Familie fixiert sein darf. »Vom Votum einer Frau«, so formulierte er einmal, »darf im Staate niemals etwas abhängen. Denn der Staat ist, mag er in jedem gegenwärtigen Zustande noch so verfahren sein, doch dazu berufen, größtes und mächtigstes Werkzeug des Geistes in der Welt zu werden. Da aber die Frau weder den Geist noch den Staat im Grund ihres Wesens ernst nehmen kann, so darf sie auch nichts in ihm zu sagen haben. Die Frau ist Familien-Wesen und *nur* das.«[29]

Blühers Erotik-Begriff und seine Rezeption

Das Presseecho, das nach dem Erscheinen der Wandervogelgeschichte, speziell auf die Wandervogel-Erotik-Monographie, einsetzte, war enorm. Es war, »als hätten die Bücher Blühers eine Bombe zur Explosion gebracht«[30]. Er selbst ist an diesem Echo nicht ganz unschuldig gewesen. In seiner Selbstbiographie heißt es: »Es kam darauf an, die öffentliche Meinung plötzlich zu überfallen, auf einmal völlig unvorhergesehen dazusein, und *so* dazusein, daß man aus dieser Position nicht vertrieben werden konnte ...«[31]

Blüher war äußerst geschickt, als es darum ging, die Öffentlichkeit auf sein Buch aufmerksam zu machen. Als er die Aushängebogen zu seiner Wandervogelgeschichte in Händen hielt, tat er folgendes: Er schnitt mit der Schere die harmlosesten Stellen heraus, Landschaftsschilderungen, Fahrtenereignisse, Zeichnungen von Charakteren, was alles, wie er schreibt, »in geschicktem fontaneschem Stil verfaßt war«[32], und versandte sie an einige Wandervogelzeitschriften mit dem Begleitschreiben, daß demnächst sein Buch erscheine und er darum bitte, den beiliegenden Auszug abzudrucken.

Blüher wollte, wie er selbst bekennt, das »Plattfußvolk« (so nannte er den Wandervogel von 1912) »überlisten«: »Ich hatte mit all den kleinen Zeitschriften und Gaublättern Verträge abgeschlossen, die mir die Annahme von festen Anzeigen für den ein halbes Jahr später erscheinenden zweiten Teil sicherten. Das waren meine Vorbereitungen für den großen Schlag. Und nun stelle man sich das Entsetzen jener Wandervogel-Bürgergenerale vor, als die schwere Bücherkiste ankam, die das spannend erwartete Ereignis barg, und als sie den Geist des Buches zu spüren bekamen. Der Wandervogel – eine Jugendrevolution ...! Der Wandervogel – da stand es schon für feinere Ohren unmerklich zwischen den Zeilen, der Wandervogel wohl gar eine erotische Entladung heidnischer Art...!«[33]

In der Februarausgabe der »Wandervogelführerzeitung« von 1913 entlud sich die Empörung. Eine ganze Reihe von Autoren meldete sich zu Wort. Ein gewisser K. Boesch betonte in einem mit »Protest« überschriebenen Artikel den Unterschied zwischen dem Wandervogel, wie er ihn sah, und der Blüherschen Darstellung des Wandervogelgeistes. Dieser, erklärte er, sei nicht »Geist von unserem Geist«[34]. In der gleichen Ausgabe fragte Georg Schmidt, ob Blüher ein Jude sei.[35] Der Autor wollte damit offensichtlich zum Ausdruck bringen, daß er das Blühersche Denken als »undeutsch« empfinde. Und Bob von Wahlert, ein anderer Autor, kam zu dem Schluß, daß die Wissenschaftlichkeit von Blühers Erotik-Monographie nicht gänzlich anzuzweifeln ist, obschon diese auf ihn »an einzelnen Stellen den Eindruck des Gewollten«[36] mache. Friedrich Metterhausen empfahl, den von Blüher ausgelösten Brand zu löschen, und Friedrich Wilhelm Fulda distanzierte sich mit der Feststellung, daß es Blüher in seiner »Tendenzwut« schlicht gleichgültig sei, an welchen Beispielen er seine Theorien festmache. Genausogut, spottete er, hätte Blüher »Die deutsche Post und Eisenbahn als erotisches Phänomen. Ein Beitrag zur sexuellen Inversion« zum Gegenstand seiner Untersuchung machen und in Buchform herausbringen können.[37]

Die meisten Rezensenten, in der Regel aus dem Dunstkreis der Jugendbewegung kommend, lehnten Blühers Erotik-Thesen ab. Ernst Keil, der Bundesleiter des »Österreichischen Wandervogels«, stellte die Gültigkeit der von Freud begründeten Sexualtheorie grundsätzlich in Frage. Er bezweifelte, daß sich die Blühersche Deutung des Wandervogels als einer auf Inversion beruhenden Bewegung überhaupt halten läßt.[38] Ähnlich H. E. Schomburg, seines Zeichens Pfarrer, der die Sexualtheorien Freuds ablehnte und Blühers Erotik-Begriff für die Ausgeburt eines kranken Hirns hielt.[39]

Einen der schärfsten Angriffe erfuhr Blüher durch den Leipziger Soziologen Johann Plenge, der seinen als Brief abgefaßten Aufsatz über Blüher mit dem Satz einleitete: » …wer sein Denken unter die Herrschaft der Geschlechtsteile stellt, wird zum Affen.«[40] In dem Aufsatz, der den provokativen Titel »Antiblüher. Affenbund oder Männerbund« trug, warf Plenge Blüher vor, er würde den Eros-Begriff, wie er von Sokrates gedacht worden war, mißverstehen. Blühers Theorien würden, so Plenge, die »Rassenkraft«[41] untergraben, seine homosexuelle Erotik die männliche Gesellschaft zerstören. Er riet deshalb dem Wandervogel, sich vom Gift der Fäulnis zu reinigen und sich dem Einfluß überspannter Literaten zu entziehen.[42]

Es wäre jedoch falsch anzunehmen, der Blühersche Erotik-Begriff sei überall auf Ablehnung gestoßen. Kurt Zeidler zum Beispiel, ein Reformpädagoge, stützte sich auf Blüher, wenn er behauptete,[43] einen Menschen zu erziehen sei gleichbedeutend mit ihn lieben. Zeidler anerkannte den Eros und seine Wirksamkeit für alle zwischenmenschlichen Beziehungsformen. Mit Blüher bejahte er den Rest verdrängter Sexualität, der, wie er meinte, in der Lage ist, ein geniales Werk zu schaffen. Im Gegensatz zu Blüher behauptete er jedoch, auch die weibliche Inversion könne ähnlich kraftvoll geartete Erscheinungsformen wie die männliche hervorbringen.

Der Hamburger Psychologe und Philosoph William Stern hat Blühers Inversionsbegriff nicht rundherum abgelehnt. Wie Blüher hat er ihn als Umkehrung des Geschlechtstriebes mit schließlicher Fixierung aufs eigene Geschlecht definiert. Bedenken hatte er gegenüber dem Blüherschen Begriff des »Männerhelden«. Er kritisierte, daß Blüher durch die moralische Hypertrophierung des »Männerhelden« und Atrophierung des Normalen die Jugend vor die Alternative im Sinne eines Entweder-Oder stelle, was sie einem unzumutbaren Seelenkonflikt aussetze. Im Hinblick auf die ohnehin schon spekulative Grundhaltung des freideutschen Jugendlichen habe Blühers Inversionstheorie »entharmlosend und entwurzelnd gewirkt«[44].

Stolz war Blüher darauf, daß Sigmund Freud seine Erotik-Monographie eingehend prüfte[45] und ihm in langen handgeschriebenen Briefen seine Hochachtung sowohl wie seine Einwände mitteilte. »Kein Zweifel«, schrieb ihm Freud am 10. Juli 1912, »Sie sind eine starke Intelligenz, ein trefflicher Beobachter, ein Kerl von Mut und ohne viel Hemmungen. Was ich bei Ihnen gelesen habe, ist viel gescheiter als das allermeiste der homosexuellen Literatur und richtiger als das meiste der medizinischen, von der Anleihe, die Sie bei mir machen, natürlich abgesehen.«[46]

Aus der Reihe derjenigen, die sich positiv zu Blüher stellten, ist auch der Verfasser der lyrisch-balladenhaften »Weise von Liebe und Tod des Cornets Christoph Rilke« zu nennen. Der Dichter Rainer Maria Rilke, der fünf Jahre als Mädchen erzogen wurde und ein empfindsamer Einzelgänger war, hatte die Schriften Blühers zu Beginn des Jahres 1919 in die Hände bekommen – und sie verschlungen. Enthusiastisch äußerte er sich in mehreren Briefen, bedauerte Blüher gegenüber, daß er nicht schon früher auf ihn gestoßen sei. »Gewisse Formulierungen«, schrieb er ihm nach Lektüre der »Rolle der Erotik«, »sind für mich ein Gegenstand überraschtester und freudigster Bewunderung.«[47] Und seiner langjährigen Freundin und Vertrauten Lou Andreas-Salomé gegenüber bekannte er: »Kennst Du die Bücher Hans Blühers?; in seinem eben erschienenen zweiten Band von ›Die Rolle der Erotik in der männlichen Gesellschaft‹ steht einiges Wunderbare …«[48]

Blüher – von heute aus gesehen

Wer sich durch Hans Blühers Erotik-Schriften durchgearbeitet hat, der ist nicht nur verwirrt, sondern steht auch einigermaßen ratlos da. Es macht Schwierigkeiten, Blüher einzuordnen, zu einem einigermaßen ausgewogenen Urteil über ihn zu kommen. Die vielfach apodiktisch vorgetragenen Behauptungen, seine gedanklichen Konstruktionen haben bereits früher den Verdacht aufkommen lassen, daß Blüher ein Scharlatan gewesen ist. Ein typischer Gelehrter, wie wir ihn von deutschen Universitäten her kennen, ist er sicher nicht. Wohl eher ein etwas skurriler und kauziger Außenseiter, dessen Arbeiten über den mann-männlichen Eros zwar eine Reihe interessanter Einsichten zulassen, die in wesentlichen Passagen der Kritik heute aber kaum mehr standhalten dürften.

Anerkennung oder Ablehnung Blühers liegen eng beieinander und hängen zweifellos davon ab, ob und inwieweit man bereit ist, seine Methodik und Arbeitsweise zu akzeptieren oder nicht. Für den Leser ist es jedenfalls eine Tortur, sich in seine Vorstellungswelt hineinzuversetzen. Blühers Gedanken sind sprunghaft, die Argumentation häufig willkürlich. Seine Schlüsse und Assoziationen wirken vielfach bizarr und fordern manchmal zu heftigem Widerspruch heraus. Glaubt man einen roten Faden zu sehen, eine logische Abfolge von Gedanken zu erkennen, dann erscheint im nächsten Moment alles verworren, undurchsichtig, nicht zusammenpassend. Blüher hat selbst nicht unerheblich dazu beigetragen, daß dieser Eindruck entsteht. Ein Feind jeder Systematik, der von wissenschaftlichen Methoden nicht viel hielt, hat er sich ganz auf Eingebung und Intuition verlassen. Wiederholt hat er darauf hingewiesen, daß er zumeist per Zufall auf jene Schriften stieß, die für ihn und sein Werk wesentlich wurden.

Eine Erklärung für diese Vorgehensweise findet sich in Blühers Selbstbiographie. Er bekennt dort, er sei kein »Büchermensch«, sondern ein Anhänger der »Bibliomagie«. Was er darunter versteht, wird deutlich aus dem, was er selbst darüber schreibt. »Ich habe«, so bemerkt er, »aus der Natur selbst herausgesogen, wie die Biene den Honig, und sie im actus demonstrandi an Büchern nur kontrolliert. Ich habe nie Bibliotheken benutzt, sondern die Bücher, die ich brauchte, habe ich mir gekauft oder geliehen. Daher ist auch meine Handbibliothek sehr klein. Ich habe nie die Verpflichtung gefühlt, erst alle Systeme der Philosophie durchzulesen, um zu sehen, was für mich dann übrig bliebe – denn ich wollte kein Gelehrter werden –, sondern was ich nicht brauchte, das habe ich nicht gelesen. Mir waren nur *meine* Zwecke maßgebend, nicht die Gelehrsamkeit. Ich mußte daher darauf vertrauen, daß mir stets das richtige Buch in die Hände fiel, und das ist in erstaunlichem Maße eingetroffen.«[49]

Auch wenn die Blühersche Arbeitstechnik Kopfschütteln hervorruft, so sollte nicht abgestritten werden, daß Blüher mit seinen Erotik-Arbeiten durchaus Einsichten vermittelt, die zutreffend sind. Ihm kommt, das bleibt festzuhalten, mit seinen Schriften das nicht zu unterschätzende Verdienst zu, das Erosproblem aus dem medizinischen Niveau unter Anknüpfung an die alte platonische Erosidee in die der philosophischen Betrachtung erhoben zu haben. Er hat dabei altneue Wahrheiten entdeckt, die, wie es heißt, einen geistreichen älteren Juristen beim ersten Erscheinen der »Rolle der Erotik« Blüher gegenüber zu der geistreichen Bemerkung veranlaßten: »Als Pythagoras seinen berühmten Lehrsatz entdeckt hatte, opferte er für die neue Wahrheit den Göttern hundert

Ochsen. Seitdem zittern alle Ochsen, sobald eine neue Wahrheit entdeckt wird. Daher auch die Furcht vor Ihrem Buch.«[50]

Besonders hervorzuheben ist, daß Blüher mit dazu beigetragen hat, die Debatte über Homoerotik und Homosexualität, die im wilhelminischen Deutschland hinter vorgehaltener Hand geführt wurde,[51] öffentlich zu machen. Was die Jugendbewegung angeht, war er es, der aussprach, was niemand auszusprechen wagte, daß Erotik die Beziehungen innerhalb derartiger Männerbünde bestimmt. Er war es, der nicht davor zurückgescheut ist, Worte wie »Kameradschaft« und »Freundschaft« als Selbstbetrug zu entlarven, mit denen bis heute im Milieu der Jugendbewegten ängstlich das Wort »Liebe« umgangen und die Furcht, der Homosexualität bezichtigt zu werden, verdrängt wird. Es ist behauptet worden, Blühers Theoreme würden eine fatale Affinität zur NS-Ideologie aufweisen.[52] Eine solche Behauptung scheint mir übertrieben zu sein. Es stimmt zwar, daß Blühers Antisemitismus und seine Ideen von Führertum und Gefolgschaft Assoziationen dieser Art zulassen. Es wäre jedoch eine Überschätzung Blühers und ihm zuviel der Ehre angetan, wenn man ihn zum »geistigen Urheber« der Geschehnisse nach 1933 ernennen würde. Vieles, was er von sich gab, hatte zwar in der Tat Ähnlichkeiten mit der NS-Terminologie. Auf der anderen Seite unterschied sich sein Denken gar nicht so sehr vom Denken anderer Kreise, wie zum Beispiel dem Kreis um Stefan George, bei dem man nicht auf den Gedanken käme, ihn zu einem Wegbereiter des Nationalsozialismus abzustempeln.

Ein Parteigänger der Nazis ist Blüher zu keinem Zeitpunkt gewesen. Er hat sich sogar äußerst abfällig über Hitler geäußert. Er nannte ihn einen »erotischen Krüppel«, einen »echten König der Neandertalrasse«. Für ihn ist Hitler der Inbegriff des »Typus inversus neuroticius«, der Typus des Verfolgers, den er bereits in seiner Wandervogel-Erotik-Monographie skizziert hatte. Seine Bemerkungen über Hitler im Vorwort zu der 1949 erschienenen Neuauflage der »Rolle der Erotik« sind so ausfallend, daß sie kaum wiederzugeben sind – wobei der Eindruck sich aufdrängt, daß Blüher tatsächlich entsetzt gewesen ist über das, was Hitler und seine Anhänger in Deutschland angerichtet haben.

Blüher ist nach 1945 für etwas verantwortlich gemacht worden, für das er nur bedingt mitverantwortlich war. Es waren vor allem seine in der Zeit der Weimarer Republik veröffentlichten antisemitischen Schriften, die man ihm übelnahm. Wenige nur waren es, die zu ihm hielten, die sich zu diesem Querdenker bekannten. Als er unerwartet im Februar 1955 starb, schrieb Hans Scherer in einem im sozialdemokratischen »Vorwärts« veröffentlichten Nachruf: »Hans Blüher war ein Irrender, aber kein Irrer, ein mutiger Ritter, aber kein Barbar!«[53] Und ähnlich hat sich auch Hans-Joachim Schoeps geäußert, der Hans Blühers Außenseitertum, sein Wider-den-Strich-Denken außerordentlich geschätzt hat. In seinem Erinnerungsbuch »Rückblicke« heißt es, alle »ehrlichen Nonkonformisten« hätten den Tod Hans Blühers betrauert. Mit ihm sei einer derjenigen dahingegangen, die sich von niemandem habe vereinnahmen, die sich nicht dazu habe hinreißen lassen, Kompromisse gegenüber dem Zeitgeist zu machen. »Einige«, so drückte Hans-Joachim Schoeps seine Sympathie für Hans Blüher aus, »legen deshalb dankbar grüßend den Finger an die Mütze.«[54]

Anmerkungen

1 Hans-Joachim Schoeps, Rückblicke. Die letzten dreißig Jahre (1925–1955) und danach, 2. Aufl., Berlin 1963, S. 81.

2 Hans Blüher/Hans-Joachim Schoeps, Streit um Israel. Ein jüdisch-christliches Religionsgespräch, Hamburg 1933.

3 Walter Benjamin/Gershom Scholem, Briefwechsel, hrsg. von Gershom Scholem, Frankfurt a. M. 1980, S. 46.

4 Zu diesem Disput vgl. Gary Lease, Wer war hier Christ, wer Jude? Das Gespräch zwischen Hans-Joachim Schoeps und Hans Blüher. Ein Beitrag zum Religionsdialog im 20. Jahrhundert, in: Aus dem christlich-jüdischen Religionsgespräch seit dem 18. Jahrhundert, hrsg. von Heinz Kremers und Julius H. Schoeps, Stuttgart/Bonn 1987.

5 Vgl. hierzu die grundlegende Arbeit von Jürgen Plashues, Das Gesellungsprinzip in der Weltanschauung Hans Blühers. Versuch einer systematischen

Erschließung politischer und pädagogischer Aspekte [maschinenschrift. Diplomarbeit], Duisburg 1983. Die nachfolgenden Ausführungen haben dieser von mir an der Universität/GH Duisburg betreuten Arbeit manche Anregungen zu verdanken.

6 Für die vorliegende Arbeit wurde die fünfte Auflage des Blüherschen Werkes (Wandervogel. Geschichte einer Jugendbewegung, Bd. 1: Heimat und Aufgang, Bd. 2: Blüte und Niedergang, Prien 1920) benutzt.

7 Ebenda, Bd. 2, S. 20.

8 Vgl. das Kapitel »Willie Jansen« bei Hans Blüher, Werke und Tage. Geschichte eines Denkers, Berlin 1953, S. 222 ff.

9 Ebenda, S. 231.

10 Ebenda.

11 Blüher, Wandervogel, Bd. 2 (vgl. Anm. 6), S. 136.

12 Hans Blüher, Die deutsche Wandervogelbewegung als erotisches Phänomen. Ein Beitrag zur Erkenntnis der sexuellen Inversion, 3. Aufl., Berlin 1918, S. 42.

13 Die Schrift Benedict Friedländers, Die Renaissance des Eros Uranos, Berlin 1904, hat auf Blüher einen großen Eindruck gemacht.

14 Erschienen Berlin 1902.

15 Hans Blüher, Die Rolle der Erotik in der männlichen Gesellschaft. Eine Theorie der menschlichen Staatsbildung nach Wesen und Wert, hrsg. von Hans- Joachim Schoeps, Stuttgart 1962, S. 35.

16 Ebenda.

17 Ebenda, S. 23.

18 Ebenda, S. 53.

19 Ebenda, S. 319.

20 Ebenda, S. 320 f.

21 Ebenda, S. 321.

22 Blüher, Werke und Tage (vgl. Anm. 8), S. 176.

23 Aufruf der Ortsgruppe Heidelberg–Mannheim, erstunterzeichnet von Dr. Arnold Ruge, Heidelberg, Gaisbergstr. 29.

24 Erschienen im Verlag Hans Blüher, Tempelhof-Berlin, Ringbahnstr. 3.

25 Ebenda, S. 14.

26 Hans Blüher, Was ist Antifeminismus, in: Der Aufbruch. Monatsblätter aus der Jugendbewegung, Heft 2/3, 1915, S. 39–44, dort S. 40: »Zunächst: Die Frauen sind ungeistig.«

27 Blüher, Der bürgerliche und der geistige Antifeminismus (vgl. Anm. 24), S. 7 f.

28 Blüher, Werke und Tage (vgl. Anm. 8) , S. 236.

29 Blüher, Der bürgerliche und der geistige Antifeminismus (vgl. Anm. 24), S. 8.

30 Plashues, Das Gesellungsprinzip in der Weltanschauung Hans Blühers (vgl. Anm. 5), S. 112.

31 Blüher, Werke und Tage (vgl. Anm. 8), S. 337.

32 Ebenda, S. 338.

33 Ebenda, S. 339.
34 K. Boesch, in: Wandervogelführerzeitung, Heft 3, Februar 1913, S. 45.
35 Ebenda, S. 47.
36 Bob von Wahlert, Bemerkungen zu Blüher: Die deutsche Wandervogelbewegung als erotisches Phänomen, in: Ebenda, S. 51.
37 Friedrich Wilhelm Fulda, Wandervogel und Presse, in: Ebenda, S. 58.
38 Ernst Keil, Die Geschichte einer Jugendbewegung. Sonder-Abdruck aus der Halbmonatsschrift »Deutsche soziale Rundschau«, 3. Jg., Heft 5 und 6, Wien 1913, S. 11.
39 H. E. Schomburg, Der Wandervogel, seine Freunde und seine Gegner, Wolfenbüttel 1917, S. 62.
40 Johann Plenge, Antiblüher. Affenbund oder Männerbund, 2. Aufl., Hartenstein 1920, S. 3.
41 Ebenda, S. 18.
42 Auf diesen Angriff antwortete Hugo Starke (Unmöglichkeiten in der Jugendbewegung. Eine Kritik des Falles Plenge–Blüher, Hamburg 1921) mit einer Gegenschrift, die sich aber ausschließlich auf den Konflikt Plenge–Blüher und die Jugendbewegung beschränkt und inhaltlich nicht auf Blüher eingeht.
43 Kurt Zeidler, Vom erziehenden Eros, Lauenburg 1920.
44 William Stern, Die »Inversions«-Welle. Ein zeitgeschichtlicher Beitrag zur Jugendpsychologie, in: Zeitschrift für pädagogische Psychologie und experimentelle Pädagogik, Leipzig 1920, S. 168.
45 Aus dem Freud-Kreis kam auch eine positive Besprechung; vgl. E. Hitschmann, in: Internationale Zeitschrift für ärztliche Psychoanalyse, hrsg. von S. Freud, Leipzig/Wien, 1. Jg., 3. Heft, 1913, S. 282–283.
46 In diesem Brief begrüßte Freud Blühers Bereitschaft zur Mitarbeit an seinen Schriften und nahm auch den Aufsatz über »Niels Lyhne und das Problem der Bisexualität« in der »Imago« auf. Vgl. Blüher, Werke und Tage (vgl. Anm. 8), S. 258.
47 Rilke an Blüher, 24. Februar 1919, in: Blüher, Werke und Tage (vgl. Anm. 8), S. 348.
48 Rilke an Lou Andreas-Salomé, 21. Februar 1919, in: Ebenda, S. 350.
49 Ebenda, S. 217.
50 Hans-Joachim Schoeps zitiert diesen Kommentar im Vorwort in der von ihm herausgegebenen Neuauflage der »Rolle der Erotik« (vgl. Anm. 15), S. 6.
51 Hierzu vgl. Kap. 2: Männlichkeit und Homosexualität und Kap. 3: Die Wiederentdeckung des Körpers bei George L. Mosse, Nationalsozialismus und Sexualität. Bürgerliche Moral und sexuelle Normen, München/Wien 1985.
52 Vgl. Hermann Glaser, Ein deutscher Denker. Hans Blüher oder: Von der Perversion des deutschen Geistes, in: Tribüne, 4/1962.
53 Hans Scherer, Nachruf auf Hans Blüher, in: Der Vorwärts, 18. Februar 1955.
54 Hans-Joachim Schoeps, Rückblicke (vgl. Anm. 1), S. 83.

DER UNGELIEBTE AUSSENSEITER
Zum Leben und Werk des Philosophen und Schriftstellers Theodor Lessing

Bei einem Auftritt in Hannover, wenige Tage vor der Macht-übernahme Hitlers, sagte der seinerzeit berühmte Hellseher Hanussen einer Persönlichkeit der Stadt einen baldigen ge-waltsamen Tod voraus. Es war eine auf Theodor Lessing[1] ge-münzte Prophezeiung, die wenig später in Erfüllung gehen sollte. In der Nacht vom 30. zum 31.8.1933 wurde der Hanno-veraner Philosoph durch ein offenstehendes Fenster seines Arbeitszimmers im Marienbader Exil heimtückisch erschos-sen. Untersuchungen zeigten, daß es sich nicht um einen Raubmord, sondern um einen von langer Hand vorbereiteten politischen Mord gehandelt hatte. Auf Lessings Kopf war eine Prämie von 40 000 Reichsmark ausgesetzt gewesen, die kurz vor dem Anschlag auf 80 000 Reichsmark erhöht worden war.[2] Ermittlungen der tschechoslowakischen Polizei ergaben, daß der vorbestrafte Landarbeiter Max Rudolf Eckert und der frü-here Chauffeur Rudolf Zischka seit dem Tage des Attentats aus der Gegend von Marienbad verschwunden waren.[3] Die Spuren wiesen nach Deutschland.

Wer war dieser Mann, der den Nazis so wichtig war, daß sie ihn durch gedungene Mörder liquidieren ließen? Die in Deutschland veröffentlichten Nachrufe lassen erkennen, daß der Haß gegen ihn tief saß. Lessing galt als der Inbegriff alles dessen, was man bekämpfte: Intellektueller, Pazifist und Jude. Die »Niederdeutsche Zeitung« kommentierte die Nachricht von dem Mord denn auch mit der zynischen Bemerkung: »Nun ist auch dieser unselige Spuk vorbei.«[4] Er selbst hat wohl ge-ahnt, daß er einst ein gewaltsames Ende nehmen würde. 1925 bereits bemerkte er: »Es ist möglich, daß solch ein fanatischer Querkopf mich niederschlägt, wie sie Rathenau und Harden niedergeschlagen haben. Nun, dann werde ich zu Gott beten, daß es schnell geschehe. Am Leben gehangen habe ich nie ...«[5]

Theodor Lessing, geboren am 8. Februar 1872, entstammte einer alteingesessenen jüdischen Familie in Hannover, die aus Verehrung für den Verfasser des »Nathan« ihren ursprünglichen Namen Leiser bzw. Leser in Lessing umgewandelt hatte. Kindheit und Jugendjahre im Elternhaus haben Lessing sehr zu schaffen gemacht – in seiner Selbstbiographie hat er sie die »Zwei Höllen« genannt. Offen bekannte er später, daß sein Verhältnis zur Mutter bestimmt worden sei durch »leiblichen Widerwillen« und »starken Ekel«, das gegenüber dem Vater, einem Arzt, durch »Grauen«, »Entsetzen« und »Furcht«. Die Atmosphäre des Elternhauses sei ähnlich der eines Irrenhauses gewesen. Freud hat drei Jahre nach Lessings Tod in einem Brief an Kurt Hiller die Lessingschen Haßprojektionen als ein typisches Phänomen des gestörten Vater-Sohn-Verhältnisses skizziert und die »auffällige Zerrissenheit«[6] Lessings darauf zurückgeführt.

Noch bedrückender als die Atmosphäre des Elternhauses hat Lessing seine Schulzeit empfunden. Er erinnerte sich später, wie er sich gegen das Eintrichtern trockener Schulweisheiten gesperrt, wie er sich Belehrungsversuchen mit dem Rohrstock innerlich widersetzt habe. Mehrfach mußte er Schulklassen wiederholen. Als er 1888 in der Untersekunda sitzenblieb, teilte der Direktor des Gymnasiums seinem Vater mit, daß es wohl besser sei, den Schüler Theodor Lessing von der Schule zu nehmen: »Persönlich möchte ich Ihnen dazu raten, Ihren Sohn ein einfaches Handwerk erlernen zu lassen, da er für die geistige Betätigung lebenslänglich unfähig bleiben wird.«[7] Es fing ein Schulmartyrium an, das seinesgleichen sucht. In seinen »Lebenserinnerungen« schildert Lessing, wie er von der Schule in Hannover genommen wurde, um eine Banklehre bei seinem Großvater in Düsseldorf zu machen, wie er wieder auf die alte Schule zurückkehrte, von dort verwiesen wird, um schließlich auf einem Gymnasium in Hameln zu landen, wo er unter der verständnisvollen Fürsorge des Pädagogen Dr. Max Schneidewin[8] endlich das Abitur schaffte.

Einziger Lichtblick in den Jugend- und Schuljahren ist die Freundschaft mit Ludwig Klages, dem später bekannt gewordenen Metaphysiker und biozentrisch orientierten Begründer der Charakterlehre. Mit ihm führte er Gespräche, mit ihm diskutierte er die gelesenen Bücher, mit ihm fühlte er sich verbunden in beide berührenden existentiellen Fragen.[9] Es ist eine Freundschaft, von der Lessing sich nie ganz hat befreien können, unter der er nach dem Bruch mit Klages ein ganzes Leben lang gelitten hat.[10] 1928, fast drei Jahrzehnte später, hat Lessing eine Darstellung dieser Verbindung gegeben,[11] die sich hauptsächlich mit der Frage beschäftigte, inwieweit der eine in seinen Gedanken vom anderen beeinflußt worden sei. Kurt Hiller hat vermutlich recht, wenn er meint, daß beide aus den gleichen »Gefühls- und Gedankengängen« herkommen, so daß es kaum möglich sei zu bestimmen, wer zuerst einschlägige Gedankengänge geäußert habe.[12] Klages-Anhänger bestreiten dies, schreiben noch heute gehässige Pamphlete,[13] die keinen anderen Zweck haben, als Lessing des Plagiats zu beschuldigen, die beweisen wollen, daß er alle wesentlichen Gedanken seiner Philosophie von ihrem Meister übernommen habe, ohne dessen Priorität anzuerkennen. Was aber war der tatsächliche Anlaß, der zu dem von Klages herbeigeführten Bruch führte? Klages-Anhänger meinen, es sei zwischen beiden eine »Phase der Ernüchterung«[14] eingetreten, sie hätten sich während des Studiums entfremdet, sich nichts mehr zu sagen gehabt, ein Vorgang, der nicht außergewöhnlich, sondern durchaus normal sei. Liest man Lessings Bemerkungen über den von Klages rüde herbeigeführten Bruch, dann ergibt sich freilich ein etwas anderes Bild. Die Lektüre der Lessingschen Version drängt den kaum zu widerlegenden Eindruck auf, handfeste antisemitische Vorurteile hätten bei Klages eine Rolle gespielt.[15] Am 1. Oktober 1899 hatte er Lessing einen Brief geschrieben, in dem er erklärte, die »zunehmende Entfremdung unserer Seelen«[16] mache eine Beendigung der Freundschaft unumgänglich.[17] Lessing, der an Klages hing, bemühte sich in einem eigens geschriebenen Brief um eine Aussprache, die Klages durch Nichtbeantwortung des Lessingschen Schreibens verweigerte.[18] Es kommt zu einer letzten Begegnung, bei der Klages den einstigen Freund in seiner Qual unbeherrscht anfährt mit den Worten: »Du bist ein ekelhafter, aufdringlicher Jude.«[19]

Der verkannte Kritiker

Neben dem Studium der Medizin und Philosophie schrieb Lessing Romane, Dramen und Gedichte, mit denen er keine Furore machte und die auch heute kaum mehr Erwähnung verdienen. Wilhelm Jordan hatte bereits dem 17jährigen unverblümt geraten, das Dichten sein zu lassen und statt dessen einen anständigen Brotberuf zu ergreifen. Ähnlich dachten wohl auch Maximilian Harden und Theodor Fontane, die Lessing ebenfalls in jungen Jahren kennenlernten. Mehr Erfolg hatte Lessing da schon mit seinen feuilletonistischen Arbeiten. Wie überhaupt das Feuilleton, die Glosse, der bissig-satirische Artikel die ihm gemäßen Ausdrucksmittel wurden. Sie brachten ihm Anerkennung, nicht jedoch Freunde. Im Münchner Künstler- und Literaturbetrieb blieb er ein Außenseiter, der durch seinen »literarischen Ehrgeiz« sich unbeliebt machte. Das änderte sich auch nicht, als er 1895 in einer eilig niedergeschriebenen Verteidigungsschrift[20] in den Fall Oskar Panizza[21] eingriff, der aufgrund einer die Kirche verspottenden Komödie, »Das Liebeskonzil«, wegen Gotteslästerung unter Anklage gestellt und zu einem Jahr Gefängnis verurteilt worden war. Es ist ihm dies als Wichtigtuerei ausgelegt worden. Niemand nahm es Lessing so recht ab, daß es ihm mit seinem Protest ernst war, daß es ihm nicht um Selbstdarstellung, sondern letztendlich um die Verteidigung der Meinungsfreiheit ging, die er in dem gegen Panizza geführten Gotteslästerungsprozeß bedroht sah.

In Literaturkreisen hat Lessing sich immer wieder als »enfant terrible« aufgeführt. Ein neunseitiger Aufsatz unter dem Titel »Samuel zieht Bilanz«, 1910 in Siegfried Jacobsohns »Schaubühne« veröffentlicht, entfesselte einen heftigen

Skandal, in dessen Folge Lessing in der Öffentlichkeit zum Querulanten, Nichtsnutz und Winkelpamphletisten abgestempelt wurde.[22] Lessing hatte sich in dem Aufsatz über den Kulturkritiker Samuel Lublinski[23] und dessen bereits 1904 erschienenes Buch »Bilanz der Moderne« in einem antisemitelnden Ton lustig gemacht – ohne das Buch überhaupt gelesen zu haben. Schon die Lektüre des Titels hatte seinen Widerspruch erregt. Ihm paßte nicht Lublinskis voraussetzungsloses Heraustreten aus der eigenen Zeit und ihre Be- und Verurteilung von einer selbstgeschaffenen Warte aus.[24] Deswegen ihn aber als verantwortungslos und bösartig hinstellen zu wollen wäre ungerecht.[25] In seiner Selbstbiographie hat er zugegeben, daß er in seiner Kritik oft über das Ziel hinausgeschossen sei, es aber im übrigen seinem Naturell entspreche, mit Geist, Witz und Satire ein »künstliches Spiel«[26] zu treiben, bei dem es ihm hauptsächlich um die Frage nach der Wahrheit gehe, die seinem Verständnis nach selbst vor der Wirklichkeit Vorrang habe. Unbestritten hat Lessing sich in seinen Äußerungen gegenüber Lublinski im Ton vergriffen. Aber auch seine Gegner waren nicht gerade zimperlich. Thomas Mann nannte Lessing in der »Literarischen Welt« einen »Lumpen«, einen »benachteiligten Zwerg«, der sich als »Schreckbeispiel jüdischer Rasse durchs Leben duckt«[27]. In einer Erklärung, unterschrieben von 33 namhaften Publizisten – u. a. von Ferdinand Avenarius, Felix Bauer, Paul Ernst, Otto Falckenberg, Theodor Heuss, Ernst Lissauer, Stefan Zweig –, wurde Lessing hart attackiert und beklagt, daß es kein Ehrengericht für Journalisten gebe. Der »Welt am Montag« war diese Erklärung noch nicht ausreichend, sie forderte indirekt zu einem Anschlag auf Lessings Leben auf: »Wenn das nicht soviel heißt, als Wanzen mit Kanonen ausrotten zu wollen, müßte uns der Sinn für Distanz völlig abhanden gekommen sein ... Treffen wir auf Marodeure, werden wir nicht erst ein umständliches Ehrengericht einsetzen, sondern sie niederknallen, wie es der Krieg verlangt!«[28]

Lessing hat nie ganz die Aufregung verstanden, die sein Artikel hervorgerufen hat.[29] In einer die wichtigsten Dokumente der Lublinski-Affäre zusammenfassenden Broschüre »Samuel zieht Bilanz und Tomi melkt die Moralkuh oder Zweier Könige Sturz« hat Lessing versucht, sich zu rechtfertigen. »Ich habe«, bekannte er, »nicht gehässig moralisieren, nicht menschlich kränken wollen. Ich habe ... von einem bekannten Manne der Öffentlichkeit, den ich menschlich ehre, mit drastischer Komik ... eine redlich harmlose Karikatur gezeichnet.«[30] In seiner Selbstbiographie klagte Lessing, daß ihm die Lublinski-Satire schwer geschadet habe, besonders die ihm von Thomas Mann seitdem entgegengebrachte Ablehnung: »Wirklich wehgetan und meine äußere Existenz fast vernichtet hat aber nur *eine* Feindschaft, die an versteckter Bösartigkeit und verhohlener Giftigkeit nicht ihresgleichen hatte; die des schon damals berühmten Schriftstellers Thomas Mann, zu dem seit etwa 1903 allerlei Beziehungen bestanden hatten. Was er mir in zähester Geltungswilligkeit aus hier nicht darzulegenden Momenten angetan hat, durch sorgsam vergiftete, mich öffentlich infam machende Artikel (immer konventionell, immer mit der Geste des Darübererhabenen, jedem Schuldbewußtsein, wie jeder Verantwortung ausweichend), – das halte ich für das menschlich Unschönste, was ich vom Leben erfuhr.«[31]

Philosophie als Tat

Theodor Lessing ist kein systematischer Denker gewesen. Sowenig wie Schopenhauer und Nietzsche, denen er sich sein ganzes Leben lang verpflichtet fühlte, hat auch Lessing ein geschlossenes System der Philosophie entwickelt. Er bevorzugte in seinem Werk die intuitive Aussage, die geschliffene Formulierung, den Aphorismus. Es ist deshalb schwer, eine Summe seines Denkens zu ziehen oder ihn in der überkommenen Fachphilosophie einordnen zu wollen, wogegen er sich selbst vermutlich auch gewehrt hätte. Lessing war davon überzeugt, die meisten Philosophien seien weltfremd und in dieser Fremdheit nicht in der Lage, das Leben in seiner Mannigfaltigkeit zu erfassen. Philosophie, meinte er, sei nur zu erleben und darum könne der Gegenstand des Philosophen nur *sein* Leben, *seine* Erfahrung[32] sein: »Meine Philosophie ist kurz und bündig: Der Zweck des Lebens sind die Momente, in denen wir *über die Bewußtheit unseres Ich hinauswachsen* und uns selbst abschütteln, nackt, bewußtlos, waffenlos überliefert dem Dithyrambus der Entzückung. *Der Zweck des Daseins ist die Trunkenheit der Seele.* Der Vernunfttod im Freudenstrudel. Hinsterben im Rausch des Schauens, im Rausch gewaltiger Taten oder im Rausch leidenschaftlichen Erkennens. Das ist Daseinsziel …«[33]

Lessings heute weitgehend vergessenes Werk ist der antirationalen Kultur- und Gesellschaftskritik des ausgehenden 19. und beginnenden 20. Jahrhunderts zuzurechnen. Dies wird einem sehr deutlich, wenn man sich näher mit seinem Werk beschäftigt. Vieles hat ausgesprochen zeitbedingten Charakter, manches mutet merkwürdig an und erschließt sich dem Nachfragenden nur bedingt wie z.B. seine Dreisphärentheorie (»Leben = Wirklichkeit = Wahrheit«)[34], die Lehre von Stauung und Rauschsurrogat oder die sogenannte Ahmungspsychologie. Am ehesten dürfte noch seine »Philosophie als Tat« auf Verständnis stoßen, eine Lehre, die davon ausgeht, daß es nicht auf Wissen, nicht auf Erkenntnis ankomme: »Es ist eben alles wie es ist ! … Die Spirale des Lebens läuft von Mythos zu Tat, von Tat zu Mythos. Unsere Erkenntnis, daß zuletzt schon Erfahrung und Gedachtes und all unser Menschendasein Tatsache, Sache der *Tat* ist, wird im selben Maße erstarken, als der Mensch verlernt, seine Vorurteile, wie Sinn, Vernunft, Logik, Entwicklung, auch außer sich, auch im Außermenschlichen, Außerhistorischen zu sehen. Solange es noch Denker gibt, die von Fortschritt, Lebenssinn, Weltvernunft, sittlicher Weltordnung als wie von letzten Wirklichkeiten faseln, kann von heroischer Lebensführung nicht die Rede sein. Es gilt die letzten Reste der Menschenfeigheit los zu werden, die große Angst. Es gilt alle Krücken der Menschlichkeit zu zerbrechen, die in früheren Jahrhunderten Gott und Religion hießen; und im unserigen: Entwicklung, Lebenssinn, Fortschritt. Vollendete Sittlichkeit ist volle Verwirklichung des Glaubens in freie Tat.«[35]

Lessings größter Erfolg war wohl das in vielen Auflagen erschienene Werk »Europa und Asien«[36]. Dieses Buch, das den an Ludwig Klages erinnernden Untertitel »Untergang der Erde am Geist« trägt, ist eine Kritik an der europäisch-technischen Zivilisation, ganz im pessimistischen Grundtenor der Epoche. Der von Lessing erhobene Vorwurf war der, daß die wahre Natur verleugnet und statt dessen einem nackten Utilitarismus gehuldigt werde. Lessing lehnte Fortschritt und technische Zivilisation zwar nicht ab, warnte aber vor dem Mißbrauch, den die Menschheit mit den Errungenschaften der Technik treibe. Die Entwicklung würde letztlich zu einer immer weiteren Entfremdung des modernen Menschen von seiner natürlichen Umwelt führen. Leidenschaftlich wandte sich Lessing gegen die Ausbeutung der farbigen Welt durch die Kolonialmächte, gegen die Ausrottung ganzer Tierarten und gegen die Zerstörung der Landschaft durch sinnlosen Raubbau – alles Gedanken, die Lessing zu Aktualität verhelfen und den Grün-Alternativen unserer Tage aus dem Herzen gesprochen sein müßten.

Kennern gilt die »Geschichte als Sinngebung des Sinnlosen«[37] als Lessings interessantestes Werk, das häufig mit Oswald Spenglers »Untergang des Abendlandes« in einem Atemzug genannt wird. Lessing vertrat hier die Ansicht, daß es überhaupt keine Gesetzmäßigkeiten in der Geschichte gibt. Ob es die Entwicklungslehre Darwins, ob es das Vertrauen in den Fortschritt oder der Glaube an den Sieg der proletarischen Revolution ist – für Lessing sind dies alles nachträgliche Konstruktionen des Menschen. Geschichte ist nicht lebendig, nicht unmittelbar, nicht elementar. Geschichte ist auch nicht wahr, nicht logisch, nicht rational. Die Kategorien der Zeit und der Kausalität sind relativ und gelten in der Geschichte nur bedingt. Es gibt auch keinen konstanten Träger des historischen Geschehens, mögen es nun die großen Persönlichkeiten oder die anonymen Massen sein. Geschichte, meint Lessing, das ist der Mythos der wach gewordenen Menschheit: der »Aufstand des Geites wider die Natur[38].«

Es versteht sich fast von selbst, daß Lessing seiner ungewöhnlichen Denkansätze wegen von der Zunft geschnitten wurde. Eine philosophische Zeitschrift, der Lessings »Geschichte als Sinngebung des Sinnlosen« vom Verlag zur Besprechung zugeschickt wurde, sandte das Buch mit der Bemerkung zurück: »Wir können unsere Zeitschrift nicht mit dem Ballast dilettantischer Produktionen beschweren.«[39] Andere Rezensenten fertigten ihn ab, ohne sich überhaupt die Mühe zu machen, seine Gedanken einer wissenschaftlichen Nachprüfung zu unterziehen.[40] Lessing fühlte sich deshalb verkannt und beklagte sich bitter darüber, daß man seine »Geschichte als Sinngebung des Sinnlosen« abtat mit Schlagworten wie »Pessimismus« und »Skepsis« – Behauptungen, die nach Lessings Ansicht nur den einen Zweck gehabt hätten, ihn zu diffamieren und in der Öffentlichkeit als Scharlatan bloßzustellen. »Man vermochte mein Buch«, bemerkte er 1927 im Vorwort anläßlich einer Neuauflage, »zunächst nur zu empfinden als einen Kampfschrei gegen die Welt. Es widersprach der Gefühlshaltung von Tagen, in denen jedermann Politik und Weltgeschichte machte und in denen man wenig geneigt war, Gedankengängen zu folgen, welche ins Leere zu führen und Geschichte als windschaffenden Wahn zu enthüllen schienen.«[41]

Zielscheibe völkischer Antisemiten

Lessings Lehrtätigkeit an der Technischen Hochschule Hannover – er war dort ein wenig geliebter Privatdozent, versehen mit einer Titularprofessur, die ihm finanziell nichts einbrachte – ist durch zwei außeruniversitäre Faktoren schicksalhaft beeinflußt worden: die Haarmann- und die Hindenburgaffäre. Beide Affären sind eng miteinander verknüpft, insofern bei beiden ein lokaler Bezug vorhanden war und Lessing mit beiden zu tun hatte. »Es ist buchstäblich wahr«, hat Hans

Mayer einmal durchaus richtig bemerkt, »wenn man konstatiert: er sei an der Nachbarschaft mit Haarmann und Hindenburg – und an seinem Interesse an diesen beiden Nachbarn – zugrunde gegangen.«[42]

Im Prozeß gegen den mutmaßlichen Massenmörder Fritz Haarmann im Dezember 1924, der nach Meinung der Sachverständigen mindestens 25 männliche Personen bestialisch ermordet haben sollte, ging es nicht nur um den Schuldnachweis, sondern, weil Haarmann seit 1918 im Spitzeldienst der Polizei tätig war, auch um die Frage, inwieweit Polizei und Behörden ein Interesse daran hatten, den Fall zu vertuschen. Lessing, der als Berichterstatter für eine Reihe von Zeitungen an dem Prozeß teilnahm, warf den Gutachtern Inkompetenz vor und dem Gericht, einen »Justizmord« zu verschulden in dem Falle des mitangeklagten Haarmann-Freundes Hans Grans, dem weder Mittäterschaft noch Beihilfe an den Mordtaten nachzuweisen war, der aber dennoch verurteilt worden ist.[43]

Es ist aber nicht nur die politische Dimension, die Lessing am Haarmann-Prozeß interessierte. Seine Kommentare zeigen, daß ihn zwar die Frage nach der Mitschuld der Gesellschaft beschäftigte, daß es ihm aber auch um den Nachweis ging, daß Zivilisation und Kultur nur einen dünnen Firnis bilden, daß darunter häufig genug das Tiermenschentum durchbrechen kann, der Triebrausch, die Bluttrunkenheit, die vormenschliche Traumekstase. In einem Gespräch mit dem Strafverteidiger Erich Frey hat Lessing seine Ansichten formuliert: »... Sehen Sie, dieser Haarmann ist doch ein Rückfall in einen urmenschlichen Zustand. Der Wolfsmensch, der Blutsauger, der Kannibale – nur noch in unseren Sagen, in fernen Erinnerungen, glaubt der Mensch von heute sie zu kennen. Und plötzlich ist er da ... Wie? fragt sich der Kulturmensch. Raubtiere gibt es doch nur noch in der Wüste ... Aber sehen Sie doch einmal hinaus in die Straßen dieser Stadt, die Straßen aller Städte. Diese grauen, elenden Steinkästen der Häuser, die Höhlenwohnungen, der Asphalt, auf dem keine Blume wächst und kein Grashalm ... Ist das etwa keine Wüste? Und so kahl wie in den Steinschluchten der Straßen sieht es doch auch in der Seele der Menschen aus, die darin zu leben verdammt sind ...«[44]

Lessings zum Haarmann-Prozeß geäußerte These, wonach der Fall nicht vor Gericht, sondern ins Sprechzimmer des Psychologen und Arztes gehöre, hat ebenso wie seine Warnung, bei der Reichspräsidentenwahl 1925 Hindenburg zu wählen,[45] den wütenden Protest des rechtsgerichteten Hannoveraner Bürgertums hervorgerufen.[46] Als besonders unpassend wurde es in diesen Kreisen empfunden, daß es auch noch ein Jude war, der das gesunde Rechtsempfinden attackierte und den verehrten Generalfeldmarschall Paul von Hindenburg zu kritisieren wagte. Daß die Vorbehalte gegenüber Hindenburg so ganz abwegig nicht waren, wird uns Heutigen deutlich an den hellsichtigen Sätzen, mit denen Lessing seinen am Tag der Wahl im »Prager Tagblatt« erscheinenden Artikel abschloß: »Nach Plato sollen die Philosophen Führer der Völker sein. Ein Philosoph würde mit Hindenburg nun eben nicht den Thronstuhl besteigen. Nur ein repräsentatives Symbol, ein Fragezeichen, ein Zero. Man kann sagen: ›Besser ein Zero als ein Nero‹. Leider zeigt die Geschichte, daß hinter einem Zero immer ein künftiger Nero verborgen steht.«[47]

Die Kritik am Haarmann-Prozeß und der Anti-Hindenburg-Artikel ließen Lessing an der TH in Hannover zur persona ingrata werden. In seinen Vorlesungen kam es zu wüsten Radauszenen. Völkische Studenten und mit diesen sympathisierende Professoren forderten unter allgemeinem Beifall, Lessing nicht nur in Hannover, sondern für ganz Deutschland die venia legendi zu entziehen. Aus verschiedenen Städten gingen Briefe ein, in denen die Schreiber Lessing als einen »Verleumder«, als einen »jüdischen Schweinehund«, als einen »dreisten Straßenbengel« beschimpften, für den »eine Kugel viel zu schade sei«, der es verdiente, daß man ihm für seinen Schmähartikel »die Knochen zerschlüge«.[48] Halbherzige Einlassungen des sonst für seine Weltoffenheit bekannten Kultusministers Carl H. Becker bewirkten wenig. Sogar das Gegenteil trat ein. Der »Fall Lessing« wurde durch sie wirklich zu einem

»Fall«.[49] Für den Rest des Sommersemesters war Lessing gezwungen, seine Vorlesungstätigkeit ganz einzustellen. In einem offenen Brief an den frischgewählten Reichspräsidenten Hindenburg[50] beklagte er, daß die Regierung machtlos und das Selbstverwaltungsrecht der Hochschulen zu Vetternwirtschaft und Klüngelwesen verkommen sei – ein Zustand, der in Deutschland Tradition besitzt und Kennern der Universitäts- und Hochschulszene nicht unbekannt sein dürfte.

Lessing versuchte im darauffolgenden Jahr noch einmal seine unterbrochene Lehrtätigkeit aufzunehmen. Erneut kam es zu Tumulten, in deren Verlauf Lessing mit Gewalt aus dem Gebäude der Hochschule gedrängt und tätlich bedroht wurde. Nur zögernd griff der Rektor ein und ordnete die Relegation von elf Studenten an. Darauf trat die Studentenschaft unter Sympathiebekundungen der meisten Professoren in einen Vorlesungsstreik. Solidaritätserklärungen der Studentenvertretungen fast aller deutschen Hochschulen gingen ein. Am 7. Juni 1926 kam es zu einer ungewöhnlichen Protestmaßnahme: 1 400 national-völkisch gesinnte korporierte und nichtkorporierte Studenten fuhren in einem Sonderzug von Hannover nach Braunschweig, um an der dortigen TH Vorlesungen zu hören.[51] Bürgerversammlungen beschlossen Protestresolutionen. Der Rat der Stadt Hannover erklärte mit Mehrheit, Lessing solle seine Lehrtätigkeit einstellen,[52] im preußischen Landtag gab es eine Lessing-Debatte. Das Ergebnis der Auseinandersetzungen war schließlich ein Kompromiß, der letztlich keiner war. Lessing verzichtete freiwillig auf sein Recht, Vorlesungen zu halten, und erhielt dafür vom Ministerium einen Forschungsauftrag. Der »Fall Lessing« konnte somit zu den Akten gelegt werden.

Die nachdenklicheren Zeitgenossen empfanden die Vorgänge um Lessing nicht nur als einen Streit um eine mißliebige Person, sondern als einen Angriff auf die Republik. Lessing selbst hat ähnlich gedacht, als er in der »Frankfurter Zeitung« am 11. Juni 1926 bemerkte, daß es ihm nicht um die venia legendi gehe, nicht um die Zugehörigkeit zum Lehrkörper oder sonst ein persönliches Ziel, sondern um das Prinzip staatlicher

Autorität, um die Rechtsstaatlichkeit, um die Lehr- und Meinungsfreiheit. Der »Sozialistische Studentenverband«, der sich für Lessing einsetzte, verteilte damals ein Flugblatt, in dem es hieß: »In Wirklichkeit geht es den Korpsstudenten in Verbindung mit rechtsradikalen Kreisen um die Aufrichtung der monarchistischen Reaktion an den deutschen Hochschulen.«[53] Lessing war für die rechtsbürgerlichen Kreise zum Symbol für die verhaßte Republik geworden. Als Ende August 1933 Lessings Leben durch Schüsse auf brutale Weise beendet wurde, war dies durchaus kein Zufall, sondern in Marienbad wurde nur ein Urteil vollstreckt, das einige Jahre zuvor bereits gefällt worden war.

Oppositioneller aus Prinzip?

Es ist nicht leicht, eine Antwort auf die Frage zu finden, warum Lessing zeit seines Lebens Außenseiterpositionen eingenommen hat oder in solche gedrängt worden ist. Die Definition besagt, daß ein Außenseiter ein außerhalb Stehender ist, der durch Besonderheiten gekennzeichnet wird, durch Eigenheiten, durch Abweichungen von der Norm. Was Lessing angeht, so trifft die Definition auf ihn zu, sind bestimmte Merkmale in verschiedenen Lebensphasen feststellbar. In der Schule gehörte er zu denjenigen, denen der Erfolg versagt war, der die Schule wechseln mußte, der das Stigma des Versagers trug. Als Literaturkritiker schrieb er Artikel, die entweder nicht verstanden bzw. als der Norm zuwiderlaufend angesehen wurden. Als philosophischer und politischer Schriftsteller vertrat er Ansichten, die, teilweise als unzeitgemäß empfunden, ihn in den Augen des Bürgertums verdächtig machten und als Unruhestifter abstempelten. Lessing ein Unzeitgemäßer also, ein Frondeur gegen den Geist der Zeit, ein Denker wider den Strich?

Aus Gründen der Nichtanerkennung war Lessing ein Oppositioneller aus Prinzip. Es ist verletzte Liebe, die da spürbar wird. Lessing griff an, kritisierte, polemisierte, war Rebell und Moralist in einem. Es ist eine Einstellung, ähnlich wie bei Heinrich Heine, Karl Kraus oder Kurt Tucholsky, die in der Gesellschaft auf Widerstand stoßen muß. Gleichgültig, wie er sich verhalten hätte, die Gesellschaft hätte gespürt, mit wem sie es zu tun hatte, und ihn ihre Ablehnung fühlen lassen. »Ich weiß«, bemerkte Lessing einmal, »daß alles was ich schreibe, morgen in der vaterländischen Presse mir wieder begegnen wird; gehässig verzerrt, zum Gegensinn entstellt. Die Worte, die mich belasten könnten, gesperrt und herausgerissen. Die Worte, die mich rechtfertigen könnten, unterschlagen. Alles, alles ins Gemeine ausgedeutet. Trotze ich um des Prinzips willen, so sagt man nicht: ›Er hat Mut!‹ sondern: ›Unverschämte Dreistigkeit, schamlose Zähigkeit.‹ Verzichte ich aus Großmut, dann ruft tausendstimmiges Echo: ›Der feige Jude kneift!‹ Entfährt mir ein Laut des Wehs, so brüllt es aus hundert Zeitungsschlünden: ›Höret ihr das weichliche Gewimmer? Kann er nicht frech sein, dann wird er weinerlich.‹ Entfährt mir ein Wort empörten Zornes, sofort schäumt es los: ›Der Verräter an unserem deutschen Halbgott will sich noch mausig machen und stellt sich hin als schuldloses Opfer.‹ Reizt man mich zu immer neuer Selbstwehr, dann bekomme ich zu hören: ›Er macht für sich Reklame; sein trauriger Ruhm ist ihm zu Kopf gestiegen.‹ Bin ich unnachsichtig und demütig in mir selbst, so schreibt man: ›Schamlose Selbstbeweihräucherung!‹ Spreche ich einfach, naiv, wie ein unbefangener Mensch, dann heißt es: ›Welch Mangel an Takt, welche Mängel an Vorsicht, Haltung, Geschmack; wie unfein und wie wenig Zurückhaltung.‹ Übe ich wacheste Zucht und wäge hundertmal jedes gesprochene Wort, so heißt es: ›Berechnete Phrasen, gewolltes Pathos, äußerst geschickter Faiseur ...‹«[54]

Lessing hat an der gesellschaftlichen Unreife der deutschen Zustände gelitten. Er spürte, daß er nicht akzeptiert wurde, einmal weil er im Habitus und im Denken ein Außenseiter war, dann seiner jüdischen Herkunft wegen. Es war dies der eigentliche Grund, warum seine erste Ehe scheiterte und warum sich Ludwig Klages, der langjährige Freund, von ihm abwandte. Lessing war zugestandenermaßen kein einfacher

Mensch. Sein Lebensweg ist gepflastert mit den Trümmern menschlicher Beziehungen. Mit Scheler, Husserl, Sudermann, Bierbaum und Halbe, um nur einige Namen zu nennen, hat er sich überworfen. Ihm daraus aber den Vorwurf zu machen, es hätte in seiner Natur gelegen, er hätte gar nicht anders gekonnt, hieße nicht erkennen, daß sein Verhalten gegenüber der Umwelt bestimmt worden ist durch die antijüdischen Affekte der Gesellschaft – einer Gesellschaft, die Lessing zeitlebens zu verstehen gegeben hat, er gehöre nicht dazu und habe sich dessen immer gegenwärtig zu sein.

Daß seine Außenseiterposition mit seinem Judesein zusammenhing, seine Selbstinterpretation abhängig war von dem Bild, das sich die Umwelt von den Juden machte, ist Lessing in späten Jahren bewußt geworden. In seinen »Lebenserinnerungen« berichtet er, daß die Atmosphäre, in der er aufwuchs, ihn glauben ließ, »daß Jude etwas böses sei«[55]. Wenn seine Mitschüler ihn mit albernen Verschen (»Jude, Jude Itzig, mach dich nicht so witzig«) neckten, dann habe ihm dies innerlich einen Stich versetzt und seinen Seelenfrieden gestört. Bisweilen habe das »Leiden am Judesein« Formen angenommen, »die wohl schlechthin wahnsinnig genannt werden müssen«[56]. Sein in jungen Jahren aus innerer Not erfolgender Übertritt zum Christentum, seine unschöne Attacke gegen das vermeintliche »Espritjudentum« des Schriftstellers Samuel Lublinski, die Verächtlichmachung des Ostjudentums sind nicht nur für sich allein zu betrachten, sondern auch im Kontext der Bemühungen zu sehen, das ihn bedrängende Identitätsproblem zu lösen – über die Hingabe an das »Deutschtum«, das »Judentum« in sich zu überwinden, wie das Lessing vor seiner Hinwendung zum Zionismus genannt hat.

Die Neigung vieler Juden, das vom Haß verzeichnete Judenbild der Nichtjuden als richtiges Bild zu übernehmen, ist ein Phänomen, auf das Fritz Bernstein in seinem Buch »Der Antisemitismus als Gruppenerscheinung«[57] hingewiesen hat. Lessing ist noch einen Schritt weiter gegangen, insofern er meinte, die Selbstbetrachtung und Selbstbewertung nach den Wertmaßstäben einer feindseligen Umwelt bedinge geradezu

Gefühle des Selbsthasses.[58] In seinem 1930 unter dem Titel
»Der jüdische Selbsthaß« publizierten Buch, das sechs reiz-
volle Essays über den Nietzsche-Freund Paul Rée, den Lyri-
ker Walter Calé, über Otto Weininger, den Verfasser von »Geschlecht und Charakter«, über Arthur Trebitsch, den jüdischen Antisemiten, über den Chemiker und Autor Max Stei-
ner sowie über den Journalisten Maximilian Harden zum Thema enthält, bemerkt Lessing, daß kein Jude, auch er selbst
nicht, frei sei von Gefühlen des Selbsthasses: »Wo wäre ein die
Wahrheit suchender hochgesinnter junger Mensch, der im
Zwielicht geboren und in die Wahlklemme zwischen Völker
gestellt, nicht die selbe Fraglichkeit ausföchte? Es lebt kein
Mensch aus jüdischem Blut, bei dem wir nicht wenigstens *An-
sätze* zum ›jüdischen Selbsthasse‹ fänden.«[59]

Den Selbsthaß hielt Lessing für ein allgemein-menschliches
Phänomen, meinte aber, daß speziell der jüdische Selbsthaß
damit zusammenhängt, daß »das jüdische Volk unter allen
Völkern das erste, ja vielleicht das einzige Volk war, welches
die Schuld am Weltgeschehen einzig *in sich selber* gesucht
hat«. Diese Bereitschaft, für alles ihnen widerfahrende Leid,
im tiefen Glauben an die Gerechtigkeit Gottes, die Schuld auf
sich zu nehmen, habe »die Juden im Wettlauf der Völker ins
Hintertreffen« gebracht. Andrerseits, meinte Lessing, habe
dieses »Selbstrichtertum« aus dem jüdischen Volk im Verlauf
der Geschichte das eigentliche Volk der Ethik gemacht. Das
Schuldbekenntnis des Christentums, des Protestantismus insbesondere, sei eine individuelle Angelegenheit (»Mea culpa,
mea culpa, mea maxima culpa«), während das »jüdische
Selbstrichtertum auf eine Kollektivverantwortung [›Israel ist
schuld an den Sünden der Welt‹, Verf.] gegründet ist«[60], d.h.,
jeder Jude ist verantwortlich, ist schuldig für die anderen Juden, trägt persönlich Schuld für das Tun der Gesamtheit. Es ist
dies eine Einstellung, die in vielen Varianten auftritt und das
Denken und Tun jüdischer Intellektueller bewußt oder unbewußt bestimmt. Es ist aber auch eine Einstellung, die denjenigen, der nach diesen Maximen in einer von christlichen Normen geprägten Umwelt zu leben versucht, fast zwangsläufig in

eine Außenseiterposition geraten läßt – Theodor Lessings Leben und Schicksal ist dafür das beste Beispiel.

Anmerkungen

1 Eine Monographie, die auf Leben und Werk des engagierten Intellektuellen, Schriftstellers und Philosophen gleichermaßen eingeht, steht noch aus. Von den vorliegenden Arbeiten, die sich um eine Würdigung bemühen, sind zu nennen u.a. Ekkehard Hieronimus, Theodor Lessing. Otto Meyerhof. Leonhard Nelson. Bedeutende Juden in Niedersachsen, Hannover 1964. S. 9–57; Hans Mayer, Theodor Lessing. Bericht über ein politisches Trauma, in: Der Repräsentant und der Märtyrer. Konstellationen der Literatur, Frankfurt a. M. 1971, S. 94–120; Herbert Poetzl, Confrontation with Modernity. Theodor Lessing's Critique of German Culture, Ph. D. Diss. University of Massachusetts/Amherst 1978; Lawrence Baron, Between Jewish Self-Hatred and Zionism. Theodor Lessing, in: Leo Baeck Institute Yearbook XXVI. 1981, S. 323–340. Eine ausführliche Bibliographie der Schriften Lessings sowie der Sekundärliteratur enthält die maschinenschriftlich vorliegende Arbeit von Martin Rethmeier, Theodor Lessing – Politische Aspekte seiner Philosophie und Publizistik in der Zeit der Weimarer Republik (1918–1933), Aachen 1984, S. XXVI–LXXII.

2 Hierzu Theodor Lessing, Mein Kopf, unveröffentlichtes Manuskript (entstanden etwa Mai 1933), in: Nachlaßakte Theodor Lessing, Marienbader Zeit, Sammlung Haupt, UB Hannover.

3 Einzelheiten über das Attentat und die Attentäter bei Rudolf Ströbinger, Mord in Marienbad. Vor 50 Jahren: Die SA-Aktion gegen Theodor Lessing, Sendemanuskript, Deutschlandfunk, 23. August 1983.

4 Niederdeutsche Zeitung, 1. September 1933.

5 Theodor Lessing, Einmal und nie wieder. Lebenserinnerungen. Mit einem Vorwort von Hans Mayer, Gütersloh 1969, S. 411.

6 Sigmund Freud an Kurt Hiller, 9. Februar 1936, in: Kurt Hiller, Köpfe und Tröpfe. Profile aus einem Vierteljahrhundert, Hamburg/Stuttgart 1950, S. 308.

7 Lessing, Einmal und nie wieder (vgl. Anm. 5), S. 187.

8 Max Paul Ernst Schneidewin (1843–1931), Gymnasialprofessor in Hameln, schrieb Abhandlungen über griechische Philosophie und Literatur, sympathisierte mit dem Zionismus. Theodor Herzl, dem er seine Schrift »Die jüdische Frage im Deutschen Reich« (1894) zugeschickt hatte, notierte am 2. März 1896 in sein Tagebuch (Theodor Herzl, Briefe und Tagebücher, Bd. 2: Zionistisches Tagebuch 1895–1899, hrsg. von Alex Bein, Hermann Greive, Moshe Schaerf, Julius H. Schoeps, bearbeitet von Johannes Wachten und Chaya Harel, Berlin/Frankfurt a. M. 1984, S. 308), daß er den Standpunkt der »besseren« Antisemiten einnehme.

9 Die neun Briefe Lessings im Klages-Archiv (Deutsches Literaturarchiv/ Schiller-Nationalmuseum, Marbach) aus den Jahren 1890–1894 spiegeln die enge Bindung Lessings an Klages. Die Briefe, die überschrieben sind mit »Liebster Klages«, »Liebster Freund« oder »Liebster und einziger Freund«, lassen erkennen, daß beide intensiv ihre Gedanken austauschten und zu dieser Zeit noch in einem harmonischen, durch keine Spannung getrübten Freundschaftsverhältnis zueinander standen.

10 Vgl. Baron, Between Jewish Self-Hatred and Zionism (vgl. Anm. 1), S. 329, Anm. 42.

11 Theodor Lessing, Meine Beziehungen zu Ludwig Klages, in: Einmal und nie wieder (vgl. Anm. 5), S. 415–447.

12 Hiller, Köpfe und Tröpfe (vgl. Anm. 6), S. 304.

13 So z. B. Hans Eggert Schröder, Theodor Lessings autobiographische Schriften. Ein Kommentar, Bonn 1970.

14 Ebenda, S. 118.

15 Baron (Between Jewish Self-Hatred and Zionism [vgl. Anm. 1], S. 328 f.) weist auf den Stefan-George-Kreis, vor allem aber auf den Einfluß Alfred Schulers hin, der Klages' antisemitische Haltung vermutlich wesentlich bestimmt hat.

16 Abgedruckt bei Schröder, Theodor Lessings autobiographische Schriften (vgl. Anm. 13), S. 122 f.

17 Zur Einstellung gegenüber Lessing vgl. Ludwig Klages, Ahasver ein Dichter, in: Ludwig Klages, Sämtliche Werke, hrsg. von Ernst Frauchinger, Gerhard Funke, Karl J. Groffmann, Robert Heiss und Hans Eggert Schröder, Bd. 3, Bonn 1974, S. 605–609 und 770–772.

18 Am 27. November 1899 wandte sich Lessing an Frau Th. Bernhard, die Zimmerwirtin von Klages, und bat um eine Vermittlung (Klages-Archiv, Deutsches Literaturarchiv, Marbach). An Carl von Hacht schrieb Lessing viele Jahre später, am 25. Dezember 1932: »Klages – das ist mein schmerzlichstes Kapitel: ja, ja, ja, ich bewundere sein Werk sehr, und dennoch fühle ich: das war einmal Blut und ist heute nur Doktrin, und ist auch viel menschliche Eitelkeit mit dabei. Zwei Sterne aus einer Sonne: er wurde Fixstern, aber ist erkaltet; ich blieb ein irrender Komet« (Privatbesitz, Hamburg).

19 Lessing, Einmal und nie wieder (vgl. Anm. 5), S. 382 f.

20 Theodor Lessing, Der Fall Panizza. Eine kritische Betrachtung über »Gotteslästerung« und künstlerische Dinge vor Schwurgerichten, München 1895.

21 Ausführlich hierzu Michael Bauer, Oskar Panizza. Ein literarisches Protrait, München/Wien 1984, S. 18 f.

22 Hierzu vgl. Kurt Löwenstein, Rand-Juden, Rand-Zionisten und Deutsche. Samuel Lublinski–Theodor Lessing–Thomas Mann. Zu einem Vorläufer der »Kunstwart« Debatte, in: MB. Wochenzeitung des Irgun Olej Merkas Europa XXXIII, 1. Januar 1965.

23 Samuel Lublinski (1868–1910) hatte sich als Literaturkritiker einen Namen gemacht, u.a. dadurch, daß er als erster die »Buddenbrooks« in ihrer welt-

historischen Bedeutung erfaßt und den Rang ihres Verfassers richtig eingeschätzt hatte. Mit den Büchern »Die Bilanz der Moderne« (1904) und »Ausgang der Moderne« (1908) versuchte er eine Abrechnung mit den Richtun-
gen, die als Naturalismus und Neuromantik bezeichnet werden. Vgl. Theodor Lessing, Philosophie der Tat. Zwei Teile, Göttingen 1914, S. 343–352.
24 Lessing hatte sich schon vor der Lublinski-Attacke satirisch über die Litera-
turkritik geäußert; vgl. Theodor Lessing, Die Kunst in zwanzig Minuten ein
bedeutender Kritiker zu werden, in: Die Schaubühne, Nr. 13–15, 1909,
S. 358–362, 390–391, 426–430.
25 Hierzu Hans Mayers (Außenseiter, Frankfurt a. M. 1975, S. 414 ff.) inter-
essante Feststellung, es sei ein Zeichen des Selbsthasses, wenn ein Jude
einen anderen Schriftsteller als »Juden« zu denunzieren sucht.
26 Lessing, Einmal und nie wieder (vgl. Anm. 5), S. 406.
27 Thomas Mann, Der Dr. Lessing, in: Die literarische Welt, 1. März 1910.
28 Welt am Montag, 11. April 1910.
29 Martin Buber tadelte Lessing in einem Brief am 17.5.1910, daß er mit seinem
Aufsatz unrecht getan habe (Martin Buber, Briefwechsel aus sieben Jahrzehnten, Bd. 1: 1897–1918, hrsg. und eingel. von Grete Schaeder, Heidelberg 1972, S. 281 ff.). Lessing hat sich in einem Antwortbrief am 30. Mai
1910 verteidigt: »Wäre Samuel Lublinski so, wie Sie ihn sehen, dann würde
mich freilich recht bedrücken über solchen Mann gelacht zu haben und ich
wäre sicher der erste, der einen *Irrtum* gut zu machen suchte; aber all seine
Literatur läßt keinen dieser Großen-Ehrlichen ahnen …« (Martin Buber Ar-
chive, Hebrew University Jerusalem, MS Varia 350/416).
30 Theodor Lessing, Samuel zieht Bilanz und Tomi (gemeint ist Thomas Mann;
Verf.) melkt die Moralkuh oder zweier Könige Sturz. Eine Warnung für
Deutsche, Satiren zu schreiben, Hannover 1910.
31 Lessing, Einmal und nie wieder (vgl. Anm. 5), S. 398. In der Thomas-Mann-
Literatur wird auf den Fall eingegangen bei Hans Wysling, Ein Elender. Zu
einem Novellenplan Thomas Manns, in: Quellenkritische Studien zum Werk
Thomas Manns (= Thomas-Mann-Studien, Bd. 1), Bern/München 1967,
S. 108–122; Thomas Mann–Heinrich Mann. Briefwechsel 1900–1949, Frankfurt a.M. 1968, S. 87–95; Thomas Mann im Urteil seiner Zeit. Dokumente
1891 bis 1955, hrsg. von Klaus Schröter, Hamburg 1969, S. 53–60 und 482–484.
32 Zur Lebensphilosophie bei Lessing vgl. Hans-Dieter Huesgen. Geschichts-
philosophie und Kulturkritik Theodor Lessings, Mainz 1961.
33 Lessing, Einmal und nie wieder (vgl. Anm. 5), S. 380.
34 Vgl. hierzu Rethmeier, Theodor Lessing (vgl. Anm. 1), S. 25 ff.
35 Lessing, Philosophie der Tat (vgl. Anm. 23), S. 11 f.
36 Theodor Lessing, Europa und Asien (= Politische Aktions-Bibliothek,
Bd. 3), Berlin 1916; Untergang der Erde am Geist. Europa und Asien,
3. Aufl., Hannover 1924; Europa und Asien. Untergang der Erde am Geist,
4. Aufl., Hannover 1924; 5. Aufl. Leipzig 1930.
37 Theodor Lessing, Geschichte als Sinngebung des Sinnlosen, München 1919;
Geschichte als Sinngebung des Sinnlosen oder die Geburt der Geschichte

aus dem Mythos, 4. Aufl., Leipzig 1927. Benutzt wurde hier die mit einem Nachwort von Christian Gneuss versehene fünfte Auflage, die 1962 in Hamburg erschienen ist.

38 Ebenda, S. 156.
39 Ebenda, S. 12.
40 Rezensionen erschienen u. a. von K. Engelbrecht (Der Tag, 26.3.1919); E. Kretsche (Der individualistische Anarchist, 1/1919, S. 439–441); Rolf Reissmann (Der Zweemann, Monatsblätter für Dichtung und Kunst, 2/1919); Hans Taub (Münchener Neueste Nachrichten, 30.8.1919); R. Brandt (Frankfurter Zeitung und Handelsblatt, 30.4.1920); O. Braun (Vergangenheit und Gegenwart, 10/1920, S. 171 f.); T. Litt (Sokrates, Zf. für das Gymnasialwesen, 1920, S. 100–103); G. Morgenstern (Annalen der Philosophie, 2/1920, S. 275 f.); H. Preuss (Theologisches Literaturblatt, 42/1920, S. 171); Frischeisen-Köhler (Historische Zeitschrift, 124/1921, S. 517 f.); H. Heimsoeth (Deutsche Literaturzeitung für Kritik der Internationalen Wissenschaft, 42/1921, S. 269–272); W. Koch (Sozialistische Monatshefte, 1921, S. 571); H. L. Stoltenberg (Schmollers Jahrbuch für Gesetzgebung, Verwaltung und Volkswirtschaft, 45/1923, S. 268 ff.); Boginsky (Blätter für Menschenrechte, 5/1927, S. 985 ff.); Hans F. Helmolt (Die Literatur, 30/1927, S. 119f.).
41 Lessing, Geschichte als Sinngebung des Sinnlosen (vgl. Anm. 37), S. 12.
42 Mayer, Theodor Lessing (vgl. Anm. 1), S. 99.
43 Theodor Lessing, Haarmann. Die Geschichte eines Werwolfs, Berlin 1925, 2. Aufl., München 1973.
44 Erich Frey. Ich beantrage Freispruch (= Heyne-Bücher 201), München 1962, S. 60 f.
45 Theodor Lessing, Hindenburg, in: Prager Tagblatt, 25.4.1925.
46 So z. B. im Hannoverschen Kurier Nr. 211,213,219,222/223,225,227,233, 248,258,262,264,265,268/269,277,300,301,302,308,313,318/1925.
47 Prager Tagblatt, 25.4.1925.
48 Vgl. Junge Menschen. Monatshefte für Politik, Kunst, Literatur und Leben, Heft 10/1925, S. 252 f.
49 Aufschlußreich ist der Brief Beckers an Lessing vom 29. September 1925, in dem er Lessing mit dem Entzug der Lehrerlaubnis drohte, weil er mit seinen Haarmann-Artikeln »die Grenzen sachlicher Kritik« überschritten hätte: »Der Charakter und der Ton der den Fall Haarmann behandelnden Aufsätze läßt die notwendige und übliche Rücksicht auf ihre Stellung als Hochschullehrer und akademischer Forscher vermissen. Ich bin genötigt, Ihnen über die Art der in Frage kommenden Berichterstattung meinen Mißfallen auszusprechen.« (Hannoverscher Kurier Nr. 78, 19. Januar 1926)
50 Der offene Brief an Hindenburg vom 7. Juni 1925 ist zusammen mit dem Artikel aus dem Prager Tagblatt vom 25. April 1925 noch einmal abgedruckt erschienen in einer Broschüre (Hindenburg, Berlin 1925), die zudem noch ein Vorwort von Maximilian Harden und ein Nachwort von Herbert Eulenberg enthält. Lessings Briefe an Harden vom 26. Mai, 27. Juni, 13. Juli, 27. Juli, 12. August (an Selma Harden), 16. September, 3. Oktober 1925 (Maximilian-

Harden-Nachlaß, Bundesarchiv Koblenz) lassen erkennen, daß Harden nur widerwillig dazu bereit war, ein Vorwort zu schreiben.

51 Vgl. Braunschweigische Landeszeitung, 7. und 8. Juni, Nr. 156 und 157/1926; Braunschweigischer Allgemeiner Anzeiger, 7. und 8. Juni, Nr. 190 und 191/ 1926; Braunschweiger Neueste Nachrichten, 8. und 9. Juni, Nr. 131 und 132/ 1926. In Braunschweig wurde festgestellt, daß die Angelegenheit Lessing keine Angelegenheit der hannoverschen Studentenschaft mehr sei, »der Fall ist eine Angelegenheit der deutschen Studentenschaft«.

52 Hannoverscher Kurier Nr. 274, 15. Juni 1926: »Oberbürgermeister Dr. Menge erklärte, er habe Herrn Professor Lessing mitzuteilen, daß der Magistrat beschlossen habe, ihn zu ersuchen, von seinem Amte an der Technischen Hochschule zurückzutreten ...« Schreiben des Zentralbüros des Magistrats vom 15. Juni 1926: »Die Entwicklung der Dinge ... erfüllt Magistrat, Bürgervorsteherkollegium und Einwohnerschaft der Stadt Hannover mit wachsender Besorgnis. Sollte eine baldige Lösung des Streitfalles nicht erreicht werden, so sind die schwersten kulturellen und wirtschaftlichen Schäden für die Stadt unabwendbar ...« (Akten betreffend Hochschulkonflikte. 1. Fall Professor Lessing, HR XIX Db 1 Nr. 4, Stadtarchiv Hannover).

53 Vgl. Mayer, Theodor Lessing (vgl. Anm. 1), S. 114.

54 Zitiert in dem Aufsatz von Hermann Canzler, Für Theodor Lessing, in: Junge Menschen. Monatshefte für Politik, Kunst, Literatur und Leben. Heft 10/ 1925, S. 236.

55 Lessing, Einmal und nie wieder (vgl. Anm 5), S. 112.

56 Ebenda, S. 113.

57 Fritz Bernstein, Der Antisemitismus als Gruppenerscheinung. Versuch einer Soziologie des Judenhasses, Berlin 1926.

58 Hierzu u.a. der Exkurs von Alex Bein, Die Judenfrage. Biographie eines Weltproblems, Stuttgart 1980, Bd. 2, S. 219 ff.

59 Theodor Lessing, Jüdischer Selbsthaßer, Berlin 1930, S. 40.

60 Ebenda, S. 228.

»ERWACHT AUS DEM TRAUME DER ASSIMILATION«
Max Liebermann und sein Bekenntnis zum Zionismus*

Für den langjährigen Präsidenten der Preußischen Akademie der Künste, den Maler und Graphiker Max Liebermann (1847–1935), brach mit dem Machtantritt Adolf Hitlers und der Nationalsozialisten am 30. Januar 1933 eine Welt zusammen. Er mußte erleben, daß die politischen Veränderungen auch vor der Akademie der Künste[1] nicht haltmachten. Einen Vorgeschmack darauf, wie die neuen Machthaber mit ihnen nicht genehmen Künstlern und Schriftstellern in Zukunft umzuspringen gedachten, erhielt er bereits wenig später. Käthe Kollwitz und Heinrich Mann sollten auf Geheiß des Reichskommissars Rust aus der Akademie ausgeschlossen werden, weil sie eine Proklamation für die Freiheit der Kultur mitunterzeichnet hatten. Liebermann war wie die anderen Akademiemitglieder gezwungen, Stellung zu beziehen. Schon damals meinte er, es sei das beste, aus der Akademie auszutreten. Er zögerte zu diesem Zeitpunkt aber noch, weil er glaubte, ein solcher Schritt wäre taktisch ein Fehler und würde ihm als Feigheit ausgelegt werden.[2]

Als die NS-Kulturpolitik sich in den nächsten Wochen weiter verschärfte, hatte Liebermann keine Bedenken mehr, sich von der Akademie zu trennen. Die Erklärung, mit der er seinen Austritt und damit verbunden die Niederlegung des Ehrenpräsidiums am 8. Mai 1933 kundtat, spiegelt seine Enttäuschung, seine Trauer, belegt aber auch, daß er nicht blind war gegenüber den in Deutschland einsetzenden Entwicklungen. »Ich habe«, hieß es in der Erklärung, »während meines langen Lebens mit allen meinen Kräften der deutschen Kunst zu dienen gesucht. Nach meiner Überzeugung hat Kunst weder mit Politik noch mit Abstammung etwas zu tun, ich kann daher der Preußischen Akademie der Künste, deren ordentliches Mitglied ich seit mehr als dreißig Jahren und deren Präsident ich durch zwölf Jahre gewesen bin, nicht länger angehören, da dieser mein Standpunkt keine Geltung mehr hat. Zugleich habe ich das mir verliehene Ehrenpräsidium der Akademie niedergelegt.«[3]

Ein kleiner Trost für den Verlust der Akademiemitgliedschaft war für Liebermann der Brief, den er einige Wochen später von Chaim Bialik (1873–1934) und Meir Dizengoff (1861–1936) aus Tel Aviv erhielt. In dem Brief, der Bezug nahm auf seinen Austritt aus der Akademie der Künste, wurde ihm mitgeteilt, daß das Kuratorium des neu errichteten dortigen Kunstmuseums[4] beschlossen habe, einem Saal des Museums seinen Namen zu geben. Liebermann, der mit Dizengoff, dem Bürgermeister von Tel Aviv, schon seit längerem in Briefkontakt stand[5] und der den Schriftsteller Bialik seit Anfang der zwanziger Jahre kannte, als dieser in Berlin gelebt hatte, war dankbar für diese Geste. Er wußte sie zu schätzen, schon allein deshalb, weil Solidaritätsbekundungen[6] gegenüber Juden im Nazi-Deutschland selten geworden waren.

Was an Liebermanns Antwortbrief vom 28. Juni 1933 auffällt, ist das Bekenntnis zum Zionismus, dem Liebermann bis dahin einigermaßen skeptisch gegenübergestanden ist. Bialik hatte, als Liebermann ihn radierte[7], sich bemüht, diesen für den zionistischen Gedanken zu erwärmen, was ihm aber nicht gelungen ist. Liebermann war zu diesem Zeitpunkt noch vom Deutschtum der Juden überzeugt. Für den Zionismus begann er sich erst allmählich zu interessieren, aber noch nicht in dem Maße, daß er sich zu ihm bekannt hätte. »Wenn ich«, schrieb er am 12. August 1931 an Meir Dizengoff, »auch nicht Zionist bin, denn ich bin von einer früheren Generation, so verfolge ich doch die idealen Ziele, denen er nachstrebt, mit größtem Interesse.«[8]

Liebermann erlebte 1933 ein jähes Erwachen. Er mußte erkehnen, daß es für die Juden in Deutschland keine Zukunft mehr geben würde. Im Gegensatz zu vielen seiner Glaubensgenossen, die meinten, Hitler und der Nationalsozialismus seien ein vorübergehendes Übel, hat Liebermann sich keinen Illusionen hingegeben. »Heute müssen wir«, schrieb er am

12. Januar 1934 an Franz Landsberger, »uns um so größerer Nüchternheit befleißigen, indem wir ruhig unserem Handwerk nachgehen und – entsagen, besonders dem Assimilationstraum.«[9] Für die jüdische Jugend in Deutschland sah Liebermann keinen anderen Ausweg mehr, als nach Palästina auszuwandern, »wo sie«, so Liebermann in einem Brief an Carl Schwarz, »als freie Menschen aufwachsen«[10]. Aus verschiedenen Äußerungen wissen wir, daß es ihn schmerzte, Ratschläge dieser Art geben zu müssen. Konsequenzen für sich selbst wollte und konnte er nicht mehr ziehen. Dafür, meinte er, sei er zu alt. Seine Ratschläge galten den Jüngeren, denen, die ihr Leben noch vor sich hatten. Ihnen wollte er helfen, vermutlich weil er ahnte, daß die den Juden und Deutschen gemeinsame Geschichte, eine Geschichte mit Höhen und Tiefen, die fast zwei Jahrhunderte gedauert hatte, mit Riesenschritten ihrem Ende entgegenging.

Chaim N. Bialik und Meir Dizengoff an Max Liebermann

Tel Aviv, den 7. Juni 1933

Herrn Professor Dr. h. c. Max Liebermann
Berlin-Wannsee, Große Seestraße
Hochverehrter Meister,
mit tiefster Bestürzung haben wir davon Kenntnis erhalten, daß Sie sich veranlaßt gesehen haben, aus der preußischen Akademie der Künste, deren Präsident und vornehmstes Mitglied Sie waren, auszutreten. Wir fühlen mit Ihnen die gewaltige Schwere Ihres Entschlusses und können den Schmerz begreifen, daß jetzt in Deutschland, mit dem Sie so eng und untrennbar verwachsen sind, Ihre Meisterwerke »geschützt« werden müssen.

In seiner Sitzung am 4. Juni hat unser Kuratorium beschlossen, Ihnen, verehrter Meister, erneut von unserer tiefen Verehrung zu sagen. Das jüdische Volk wird nie aufhören stolz zu sein auf das bedeutsame Werk seines genialen Sohnes, dessen mutiger Geist ihn immer und überall trieb für die Kunst und den schaffenden Künstler einzutreten.

Wir haben beschlossen, einen Saal unseres Museums nach Ihrem Namen zu benennen. In diesem Saal wollen wir allmählich aus dem großen Schatz Ihres genialen Schaffens zusammenbringen, was wir sammeln können, um den kommenden Geschlechtern unseres Volkes den großen Meister und sein Werk nahe zu führen.

Eins wollen wir Ihnen versichern. Das jüdische Volk, im Bewußtsein der großen Leistungen, die es für die menschliche Kultur hervorgebracht hat, wird bei seiner Erneuerung im historischen Vaterlande *alle* Schätze des menschlichen Genius, woher sie auch kommen, treu und heilig bewachen, und wird nicht den Geist des Hasses in sich aufkommen lassen, der es entweiht und entwürdigt.

Indem wir Ihnen noch viele Jahre schöpferischer Arbeit wünschen, grüßen wir Sie

mit vorzüglicher Hochachtung

Ch.N. Bialik   M. Dizengoff

Max Liebermann an Chaim Bialik und Meir Dizengoff

Berlin-Wannsee, 42 Große Seestr. 28/6/33

An die Präsidenten des Museums in Tel Aviv
Herrn Ch. N. Bialik u. M. Dizengoff
Ihren Brief vom 7. Juni beantwortend, teile ich Ihnen mit, daß mich der Beschluß des Kuratoriums, einen Saal Ihres Museums nach mir zu benennen, hoch erfreut hat: gerade in diesen schweren Zeiten ist das Gefühl der Zusammengehörigkeit zu meinen jüdischen Glaubensgenossen doppelt erfreulich und tröstlich für die erlittene Entrechtung, unter der die deutschen Juden jetzt zu leben haben. Wie ein fürchterlicher Alpdruck lastet die Aufhebung der Gleichberechtigung auf uns allen, besonders aber den Juden, die wie ich, sich im Traume

der Assimilation hingegeben hatten. Sie, Herr Bialik, erinnern sich vielleicht der Gespräche, die wir, als ich Sie radierte, über diesen Gegenstand führten und in denen ich zu erklären suchte, warum ich dem Zionismus ferngestanden bin. Heute denke ich anders: So schwer es mir auch wurde, ich bin aus dem Traume, den ich mein langes Leben geträumt habe, erwacht.

Leider kann man einen so alten Baum – ich werde im nächsten Monat 86 Jahre alt – nicht mehr verpflanzen. Doch lege ich die Hände nicht in den Schoß und wäre es nur, damit die Arbeit mir über die Zeit, die ich noch zu leben habe, hinweghilft.

Indem ich Ihnen, meine verehrten Herren, herzlichsten Dank für die mir erwiesene seltene Ehre sage, bitte ich Sie, diesen Dank auch den anderen Mitgliedern des Kuratoriums zu übermitteln.

Ihr sehr ergebener

Dr. h. c. Max Liebermann

Anmerkungen

* Die im Wortlaut abgedruckten Briefe von Chaim N. Bialik und Meir Dizengoff an Max Liebermann und dessen Antwort werden in der Kopie bzw. im Original im Museum of the History of Tel-Aviv – Yafo, Haaretz Museum, Ramat- Aviv, aufbewahrt. Der Verf. dankt an dieser Stelle für die Genehmigung zur Veröffentlichung. Dank gilt auch Dr. Alex Bein und Judith Osterer-Bein, Jerusalem, die ihm Ratschläge gegeben und bei Recherchen in Israel geholfen haben.

1 Hierzu Peter Paret, »The Enemy within« – Max Liebermann as President of the Prussian Academy of Arts (= Leo Baeck Memorial Lecture, 28), New York 1984, S. 21 ff.

2 Max Liebermann an Th. Th. Heine, 23.3.1933, in: Max Liebermann in seiner Zeit, Katalog zur Ausstellung in der Nationalgalerie in Berlin, 6. September – 4. November 1979, S. 109.

3 Die Erklärung wurde von einigen Zeitungen im Wortlaut gebracht, u.a. Vossische Zeitung, 9. Mai 1933.

4 Das Museum, das 1933 im Haus von Meir Dizengoff in Tel Aviv (Rothschild Boulevard 16) eingerichtet wurde, existierte bis in die 60er Jahre. Die Unab-

hängigkeitserklärung des Staates Israel wurde am Freitag, dem 14. Mai 1948 von David Ben Gurion dort verlesen. Heute ist das einstige Museum ein Gedenkhaus zur Gründung des Staates Israel.

5 Dizengoff hatte Liebermann zu seinem 84ten Geburtstag gratuliert. Vgl. Max Liebermann, Siebzig Briefe, hrsg. von Franz Landsberger, Berlin 1937, S. 83 f.

6 Aufschlußreich ist, wer und wer nicht zu Liebermanns Begräbnis am 12. Februar 1935 gekommen ist. Vgl. Ernst Braun, Max Liebermanns Beerdigung. Vermutlich ein Zwischenbericht, in: Nachrichtenblatt des Verbandes der Jüdischen Gemeinden in der Deutschen Demokratischen Republik, März 1985, S. 6–10.

7 Angeblich hat die Radierung Bialik überhaupt nicht gefallen. Vgl. M. Ungerfeld, Bekenntnis eines großen Künstlers. Chaim N. Bialik und Max Liebermann [hebr.], in: Maariv, 27. 12. 1963.

8 Max Liebermann an Meir Dizengoff, 12. 1. 1931, in: Max Liebermann (vgl. Anm. 5), S. 84.

9 Max Liebermann an Franz Landsberger, 12. 1. 1934, in: Max Liebermann (vgl. Anm. 5), S. 86.

10 Max Liebermann an Carl Sachs anläßlich einer Aktion des jüdischen Jugendbunds »Werkleute« zugunsten seiner Siedlung in Palästina am 28. 2. 1934, in: Max Liebermann (vgl. Anm. 5), S. 86.

»WIR WERDEN NIE ERFAHREN, WAS EIGENTLICH GESCHEHEN«
Eine ungewöhnliche Mutter-Sohn-Beziehung: Der Briefwechsel zwischen Betty und Gershom Scholem

Anfang 1917 kam es im Elternhaus von Gershom Scholem am Mittagstisch zu einem handfesten Familienkrach. Aus seinen Jugenderinnerungen »Von Berlin nach Jerusalem« wissen wir, daß der Vater, Arthur Scholem, ein gutsituierter Berliner Druckereibesitzer, in einem Wutanfall seinen jüngsten Sohn aus dem Haus warf. Anlaß waren einmal die zionistischen Aktivitäten seines Sohnes, die er zutiefst mißbilligte, sowie die von den Behörden übermittelte Nachricht, daß dessen Bruder Werner verhaftet worden war und wegen Landesverrats vor ein Kriegsgericht gestellt werden sollte. Dem Vater, ein durch und durch assimilierter Jude, deutsch bis in die Knochen, platzte der Kragen, als Gershom seinen Bruder Werner mit vorsichtigen Worten in Schutz zu nehmen versuchte. »Sozialdemokratie und Zionismus«, schrie er – »alles dasselbe, deutschfeindliche Umtriebe, die er in seinem Haus nicht weiter dulden werde.«[1]

Der Brief, mit dem der Vater dem neunzehnjährigen Sohn mitteilte, daß er sich entschlossen habe, für ihn nicht mehr zu sorgen, und diesen ultimativ aufforderte, die elterliche Wohnung zu verlassen, eröffnet den Briefwechsel zwischen Betty und Gershom Scholem[2], der mehr ist als nur die Dokumentation einer intensiven Beziehung zwischen einer klugen und weltzugewandten Mutter und einem Sohn, der schon in jungen Lebensjahren im Ruf stand, ein bedeutender Gelehrter und Kabbala-Forscher zu sein. Die rund 300 abgedruckten Briefe, die Betty Scholem und ihr Sohn Gershom sich in drei Jahrzehnten schrieben, spiegeln nicht nur die typischen Auseinandersetzungen einer Berliner großbürgerlichen jüdischen Familie wider, sondern vor dem Hintergrund der heraufziehenden Katastrophe auch eine bildungsbürgerliche Kultur, die, durch die Nazis zerstört, heute wohl unwiderruflich dahin ist.

Es ist sicher so, daß das allgemeine Interesse an diesem Briefwechsel dem prominenten Sohn gelten wird, was aber ungerecht wäre, denn die Briefe Betty Scholems sind die eigentliche Entdeckung. Die Briefe des Sohnes fallen dagegen fast schon etwas ab. Im Vergleich zu den Briefen der Mutter wirken sie vielfach sogar blaß, was vermutlich damit zusammenhängt, daß er ihr nur das mitgeteilt hat, von dem er glaubte, daß es sie wirklich interessieren würde. Zur politischen Entwicklung in Deutschland äußerte er sich kaum. Wahrscheinlich übte er eine Art Selbstzensur, weil er befürchtete, daß insbesondere die aus Jerusalem nach 1933 geschriebenen Briefe von der Gestapo mitgelesen würden. Dafür spricht eine Bemerkung in einem an die Mutter gerichteten Brief: »Uns juckt es natürlich immer noch deutlicher zu schreiben, aber wir unterlassen es mit Rücksicht auf den Empfänger.«

Immerhin erfahren wir aus seinen Briefen einiges zu seiner Studienzeit, insbesondere Einzelheiten von dem Prozeß der Selbstjudaisierung, von dem wir bisher nur aus den »Jugenderinnerungen« wissen. Sehr bezeichnend ist zum Beispiel eine Bemerkung, die er im November 1919 der Mutter gegenüber machte: »Was wird Gerhard Scholem? Nu? Zuerst wird er Gerschom Scholem.« Von seinen Studien schreibt er relativ wenig, mehr von den Problemen, die er mit Zimmerwirtinnen und der Wäsche hat. Meistens sind es Fragen des Alltags, die ihn beschäftigen. Er äußert Wünsche, von denen er meinte, daß seine Mutter sie ihm erfüllen könne. Nebensächlich, aber motivisch die Briefe durchziehend ist zum Beispiel sein Verlangen nach Lübecker Marzipan, worauf er einen regelrechten Heißhunger entwickelte. Während des Studiums aus München, später aus Jerusalem mahnte er die Mutter wiederholt, nicht zu vergessen, ihm dieses zuzuschicken. Ein anderer, ebenfalls beiläufiger Sachverhalt, aber zur Abrundung seines Persönlichkeitsbildes durchaus interessant, ist seine Vorliebe für Katzen. Hin und wieder ist in den Briefen die Rede von den Katzen in seinem Hause, von »Bilar« und deren Sohn »Semhurisch«. Beiden hatte er Namen gegeben, die seinen kabbalistischen Studien entstammten.[3]

Gershom Scholem war sich der literarischen Qualität der Briefe seiner Mutter durchaus bewußt. Im Alter hat er wiederholt den Wunsch geäußert, die »großartigen Briefe« der Mutter zu veröffentlichen. Aus der vorliegenden Briefe-Edition geht hervor, daß er schon in jungen Jahren an sie appellierte, daß er sie, wie es im Familienjargon hieß, »gedrämmelt« hat, Memoiren zu schreiben. Das erste Mal war es Ende 1923, kurz nach seiner Übersiedlung nach Jerusalem. Überliefert sind nur ihre Antworten: »Habe ich etwa Zeit Memoiren zu schreiben? Abgesehen davon, daß einige Zeit- und Vorzeit-genossen schlecht wegkämen, gebricht es mir denn je an Zeit.« (22. Januar 1924) Und einige Monate später: »Du redest von Memoiren! Das ist schwieriger getan als man denkt. So oft ich mir überlege, ob ich wohl mal anfinge, die Familiengeschichte zu schreiben, so oft sehe ich ein, daß es nicht geht … Und das eigene Geheimfach kann man doch schon gar nicht öffnen. ›Och‹, höre ich ferne Enkel ausrufen, ›so war die Olle inwendig tapeziert?!‹« (22. September 1924).

Der Vater, mit dem er sich nach dem großen Krach mehr schlecht als recht arrangiert hatte, ist sehr distanziert seinen hebraistischen und kabbalistischen Studien gegenübergestanden. »Hebraica und Judaica in allen Ehren«, schrieb er ihm, »aber nicht als Lebensaufgabe! Glaube mir, Du erleidest schweren Schiffbruch…« (3. Dezember 1921). Praktisch denkend, wie er dies als Kaufmann gewohnt war, hielt er die Studien des Sohnes für Extravaganzen, für brotlose Künste, ein Urteil, an dem er bis zu seinem Tod 1925 festgehalten hat. Vielleicht hätte er seine ablehnende Haltung geändert, wenn er dessen ehrenvolle Berufung auf eine Professur an der Hebräischen Universtät noch erlebt hätte. Wer weiß? Der Sohn hat damit jedenfalls nicht gerechnet. Die skeptischen Äußerungen in seinen »Jugenderinnerungen« besagen eigentlich alles.

Bei der Mutter war es anders. Sie hielt von Anfang an zu ihrem Sohn, war von seinem Talent überzeugt, bestärkte ihn in seinen Arbeiten und steckte ihm während seines Studiums Geld zu. Zahllos sind die Briefe, aus denen hervorgeht, daß sie ihm bei seinen Buchbestellungen half, ihm Artikel zuschickte, die sie in Zeitungen und Zeitschriften fand und von denen sie meinte, sie würden ihn interessieren – und nur ganz selten klingt die Sorge der Mutter durch, ob der Sohn später von diesen Studien wird leben können. »Hoffentlich«, heißt es in einem Brief, »spinnst Du Dein kabbalistisches Garn nicht umsonst u. bloß ehrenhalber für den Steinbruch, he?« (22. Januar 1924). Die Briefe der Mutter, im Ton sehr berlinisch, manchmal von einer sympathischen Schnoddrigkeit, die der Sohn ganz offensichtlich von ihr geerbt hat, spiegeln auch die allgemeinen politischen Zeitereignisse wider. So findet man neben einem Bericht über eine Schießerei, in die sie während der Novemberereignisse 1918 geriet (»na, ich habe aber Beine gemacht!«), auch kritische Bemerkungen zu den Vorgängen auf den Straßen: »Es ist jetzt wahrhaft trostlos. Vor einigenTagen haben die Spartakus ein Blutbad in der Chausseestr. angerichtet, wofür sie natürlich die Verantwortung abwälzen wollen. Sie fahren mit Maschinengewehren spazieren u. die schwache Regierung läßt sie ihnen!! Flugblätter werden verteilt, die zur Judenhetze auffordern, sie kommen von den Rechts-Parteien, die den Zorn des Volkes ablenken wollen, der alte geschichtliche Kniff.« (11. Dezember 1918).

Als die Inflation das alles beherrschende Thema wird, schreibt sie über die Schwierigkeiten, die die Familien-Firma hat, um die Beschäftigten zu bezahlen, aber auch über die Probleme des täglichen Lebens: »Der Lohn dieser Woche beträgt 8 Milliarden, es sind aber heute schon Verhandlungsschmuse, weil die Arbeiter das Doppelte verlangen. Die Brotkarte ist aufgehoben, ein Einheitsbrot heute 540 Millionen, morgen gewiß wieder das Doppelte. Die Lektrische 20 Mill (morgen 50 Millionen!). Ach Gott, Du hast wahrscheinlich keinen Schimmer mehr von diesem Millionen-Hexen-Sabbath...« (15. Oktober 1923).

Die Aufstellung Hindenburgs für die Reichspräsidentenwahl 1925 sah Betty Scholem als »furchtbaren Quatsch« an. Interessanter als die Phrasen der Kandidaten, von denen sie im übrigen nicht viel hält, fand sie die technische Neuerung des Radios. Drei Tage nach der Wahl schreibt sie dem Sohn:

»Nun ist Hindenburg gewählt! Ich dachte nicht, daß es bei uns 14 Millionen derartig Verbohrte gibt. Die Kommunisten mit ihrem eigenen Kandidaten haben das angerichtet, ihre 2 Millionen Stimmen hätten Marx [gemeint ist der Zentrumspolitiker] durchgebracht. Sonderbarer Weise hat auch in dem ›roten‹ Sachsen Hindenburg die meisten Stimmen erhalten. Also wir verraten eine phänomenale politische Unweise, es ist nichts los mit uns.« (28. April 1925).

Der Briefwechsel läßt auch Aussagen über das Wahlverhalten einer bürgerlichen jüdischen Familie in der Zeit der Weimarer Republik zu. Manche der Mitglieder der Scholem-Familie wählten deutsch-national, wie vermutlich der Vater, andere bürgerlich demokratisch, also meist die DDP. Mit der allgemeinen politischen Polarisierung in der Phase des Niedergangs der Republik begann sich das jedoch zu ändern. Bei den Wahlen im Herbst 1930 pendeln deutlich erkennbar die Sympathien zwischen Zentrum und Sozialdemokratie, wobei nicht ganz klar wird, welcher Partei Betty Scholem ihre Stimme gab. Fest steht nur, daß sie äußerst ungehalten über Georg Kareski war, den Vorsteher der Berliner jüdischen Gemeinde, der sich auf der Zentrumsliste für den Preußischen Landtag hatte aufstellen lassen. Für Betty Scholem war das, wie sie ihrem Sohn mitteilte, nur ein geschickter Schachzug der Zentrumspartei, um jüdische Wähler zu gewinnen.

In den Tagen nach der Machtübertragung an die Nazis wundert sich Betty Scholem, nicht mehr Hakenkreuzfahnen als sonst zu sehen. Sie befürchtet zwar, daß die politischen Veränderungen Auswirkungen auf die Geschäfte haben werden. Wie viele andere schien sie aber zu glauben, daß Hitler und die Nazis nur ein böser Spuk seien, eine vorübergehende Erscheinung, über die bald niemand mehr sprechen würde. Richtig ernst kann sie Hitler zunächst nicht nehmen: »Hitler hält andauernd Schmuspauken im Radio, ohne etwas Positives zu sagen.« Für besonders abwegig hält sie die Gleichschaltungspolitik, insbesondere bei der Presse. »Wir werden bald nichts anderes mehr zu lesen kriegen, als Nazi-Zeitungen. Hitler macht es mit Gewalt.« (20. Februar 1933)

Als der Reichstag brennt, ist sie sich nicht sicher, ob nicht vielleicht doch die Nazis diesen angezündet haben. »Ihr werdet gelesen haben«, schreibt sie, »daß ein Verrückter den Reichstag angezündet hat; man könnte sogar glauben, es sei bestellte Arbeit, so dumm ist eine solche Tat.« Im Oktober 1933 teilt sie dem Sohn und der Schwiegertochter mit: »Die Stimmung in Deutschland ist furchtbar gedrückt, unter uns Juden. Nun sie aus dem Völkerbund ausgetreten sind, fürchtet man, daß sie sich gar keine Beschränkungen auferlegen werden.« Fast schon ironisch klingt der Kommentar zu den Nürnberger Gesetzen, die im September 1935 in Kraft traten und u.a. Juden die Beschäftigung deutscher Haushaltshilfen unter 45 Jahren verboten: »Die neuesten Gesetze habt ihr gelesen?! Frage- und Antwortspiel der Hausfrauen: ›wie alt ist Ihre Hausangestellte?‹ Rings im Umkreis müssen alle langjährigen Mädchen gehen ...« (18. September 1935).

Unmittelbar nach den Ereignissen der sogenannten »Kristallnacht« schrieb sie nach Jerusalem. »Mein Sohn, ich bin verzagt wie noch nie, aber die Hoffnung, eines Tages doch jenseits der Grenzen zu sein, hält mich aufrecht.« (13. November 1938). Über das, was in der Nacht vom 9. auf den 10. November sich auf den Straßen abspielte, hat Betty Scholem während der Seereise ins australische Exil im Frühjahr 1939 einen ausführlichen Bericht verfaßt, der im Anhang der vorliegenden Edition abgedruckt ist. Sie vollzieht hier noch einmal die Vorgänge der Nacht nach, schildert die Rollkommandos und ihre Gewalttätigkeiten, die ihrer Ansicht nach bis ins kleinste vororganisiert waren: »Jeder Hitlerjunge u. S.A. hatte seinen Platz, alle Zerstörungsgeräte waren vorbereitet um die ›drohende Volksseele‹ zu markieren!« Die heute vielfach vertretene Meinung, die Bevölkerung habe zum großen Teil hinter den Ausschreitungen gestanden, wird von ihr jedoch nicht geteilt: »Das ›Volk‹ wußte ebenso wenig davon wie die Juden und stand sprachlos daneben.«

Was manche Leser der vorliegenden Briefe-Edition besonders interessieren wird, sind bisher unbekannte Einzelheiten zur Biographie Werner Scholems. Ita Shedletzky, die Herausgeberin, meint, daß Gershom Scholem erwogen hat, die Briefe seiner Mutter zu veröffentlichen, kann auch damit zusammengehangen haben, daß er das Andenken des Bruders lebendig halten wollte. Über Werner, den zwei Jahre älteren Bruder von Gershom Scholem, der nicht den zionistischen, sondern einen radikal-sozialistischen Weg einschlug, wußten wir bisher eigentlich nur das, was in Nachschlagewerken wie dem »Kürschner« nachzulesen ist: »Redakteur, Berlin. Geb. 29.12.1895 in Berlin (konfessionslos). Vater: Druckereibesitzer. Realgymnasium in Berlin, Samsonschule in Wolfenbüttel, Studium der Geschichte in Göttingen und Halle, seit 1912 in der Arbeiterbewegung, 1917 Gefängnis wegen Majestätsbeleidigung und Anti-Kriegsdemonstration, 1911 Redakteur. Mitglied der Arbeiterjugend 1912/16, der SPD 1913/17, der USP bis 1920, seitdem KPD, 1919 Bürgervorsteher in Linden bei Hannover, seit Februar 1921 Mitglied des Preußischen Landtags.«

Aus den »Jugenderinnerungen«, die Gershom Scholem seinem im Juni 1940 von den Nazis im Konzentrationslager Buchenwald ermordeten Bruder widmete, und aus dem berühmten Briefwechsel mit Walter Benjamin[4] wissen wir, daß Werner Scholem in der Nacht des Reichstagsbrandes verhaftet, wieder freigelassen und Ende April 1933 erneut in Haft genommen wurde. Es deutet einiges darauf hin, daß dies sogar auf persönliche Veranlassung von Goebbels geschah, der zwar wußte, daß Werner Scholem nicht mehr Mitglied der KPD war, aber offensichtlich nach der Devise handelte, einmal Kommunist, immer Kommunist. Werner Scholem verkörperte für ihn in idealer Weise das jüdisch-bolschewistische Feindbild, das er für seine Propaganda benötigte. Der in der vorliegenden Edition abgedruckte Brief, den Werner, versehen mit der alles besagenden Unterschrift »Dein Bruder Hiob«, aus dem Moabiter Untersuchungsgefängnis an Gershom Scholem schrieb: »Über mein Schicksal wirst Du ja von Mutter gehört haben. Ich bin in doppelter Weise getroffen als Jude und als ehemaliger Politiker« (5. Oktober 1933), läßt erkennen, daß Werner Scholem sich keine Illusionen machte und die Politik der Nazis sehr genau einzuschätzen wußte.

Betty Scholem litt sehr unter dem Schicksal ihres Sohnes Werner. Gershom Scholem schrieb sie nach Jerusalem: »Ist es nicht entsetzlich, wie sich Werner mit der verdammten Politik sein Leben verpfuscht hat! Und wie Recht unser Vater hatte, der immer sagte, er soll *erst* sein Studium vollenden u. einen Beruf unter Dach bringen, *dann* könnte er mit Bomben schmeißen, so viel ihm beliebe.« (11. Juni 1933). Anfänglich glaubte sie, es sei alles ein großer Irrtum, der sich bald aufklären würde. Später fängt sie an der Justiz zu zweifeln an: »Jetzt sitzt er ein Jahr, seit 9 Monaten ist er nicht mehr vernommen worden, die Akten pökeln in Leipzig.« (8. April 1934). Gemeinsam mit ihrem Sohn Gershom bemüht sie sich, Werner freizubekommen. Sie beauftragt einen Anwalt, schreibt Gesuche und versucht mit häufigen Besuchen den in der Haft sitzenden Sohn psychisch aufzurichten. Als sie im australischen Exil schließlich von seinem Tod erfährt, notiert sie: »Ich bin betäubt u. ganz außer Fassung, ich hatte immer fest geglaubt, er würde doch noch frei werden, und nun ist dies das Ende nach 7 1/2 Jahren unsagbaren Elends, ich kann mich nicht beruhigen! Gewiß haben diese Unmenschen ihn umgebracht u. wir werden nie erfahren, was eigentlich geschehen.« (27. September 1940).

Was den Leser des vorliegenden Mutter-Sohn-Briefwechsels nachdenklich stimmt, ist ein Sachverhalt, der in den Korrespondenzen nicht thematisiert wird, der bei der Lektüre aber immer präsent ist und an dieser Stelle auch angesprochen werden sollte. War es nicht der Sohn, der die bis heute andauernde Debatte auslöste durch sein öffentlich geäußertes Verdikt, es habe nie eine deutsch-jüdische Symbiose gegeben? War es nicht er, der das Bild vom unglücklich Liebenden prägte, der den Schritt vom Erhabenen zum Lächerlichen nicht scheute?[5] Scholem hat zwar sicherlich nicht ganz unrecht mit seiner Behauptung, daß das deutsch-jüdische Gespräch ein sehr einseitiges Gespräch war und die Juden mehr zu sich selber als zu den Deutschen sprachen. Aber auch wenn es nur Fiktion war, ein Schrei ins Leere, wie er es einmal formulierte, die Geschichte und das Selbstverständnis von Scholems eigener Familie sind der beste Beweis dafür, daß die deutschen Juden für sich selbst den Akkulturationsprozeß abgeschlossen und in ihrer überwiegenden Mehrzahl sich als Deutsche verstanden haben. Daran ändert auch nichts, daß sie von ihrer Umwelt brutal zurückgestoßen wurden. Das Bekenntnis zu Deutschland war vorhanden. Und nur das zählt.

Anmerkungen

1 Gershom Scholem, Von Berlin nach Jerusalem. Jugenderinnerungen, Frankfurt a. M. 1977, S. 109.
2 Betty Scholem/Gershom Scholem. Mutter und Sohn im Briefwechsel 1917 bis 1946, hrsg. von Itta Shedletzky in Verbindung mit Thomas Sparr, München 1989.
3 Bilar (Bilad, Bilid), König der bösen Geister.
4 Walter Benjamin/Gershom Scholem Briefwechsel 1933–1940, hrsg. von Gershom Scholem, Frankfurt a. M. 1980.
5 Vgl. Gershom Scholem, Wider den Mythos vom deutsch-jüdischen »Gespräch«, in: Judaica II, Frankfurt a. M. 1970, S. 7 - 227.

Anhang

IM GESPRÄCH MIT GERT MATTENKLOTT

G. M.: Wie viele Juden, Herr Schoeps, leben zur Zeit in der Bundesrepublik?

J. Sch.: In der Bundesrepublik und West-Berlin leben 30 000 in den Gemeinden offiziell gemeldete Juden. Ich schätze, daß es darüber hinaus noch eine Dunkelziffer von etwa 15 000 gibt, die in den Gemeinden nicht gemeldet sind. Warum das so ist, hängt vermutlich damit zusammen, daß es Personen gibt, denen ihr Judentum gleichgültig ist, vielleicht auch solche, die sich zwar als Juden fühlen, aber keine Kultussteuern entrichten wollen. Vielleicht hängt es aber auch mit der historischen Erfahrung zusammen: Wer gemeldet ist, der ist erkennbar, somit auch greifbar.

G. M.: Wissen Sie, wie hoch unter diesen schätzungsweise 45 000 der Anteil von in Deutschland Geborenen oder deren Nachkommen ist?

J. Sch.: Darüber haben wir keine genauen Zahlen. Aber wir können davon ausgehen, daß die Mehrzahl der in der Bundesrepublik lebenden Juden osteuropäischen Ursprungs sind, Überlebende der Vernichtungslager bzw. deren Kinder; dann auch Zuwanderer aus Osteuropa und ein nicht zu unterschätzender Anteil von Israelis, die hier leben, sei es aus geschäftlichen Gründen, sei es als Studenten. Der geringste Anteil wird heute von den in Deutschland geborenen Rückwanderern und deren Nachkommen gestellt. Das hat dazu geführt, daß sich die Struktur der Gemeinden vollständig geändert hat. Es gibt keinerlei Kontinuität zu den Gemeinden von 1933. Die Gemeinden sind heute in ihrer Struktur osteuropäische Gemeinden. Das läßt sich zum Beispiel daran zeigen, daß der Ritus der meisten Gemeinden geändert worden ist. Es ist nicht mehr der Reformritus des deutschen Judentums, sondern der osteuropäische Ritus.

G. M.: Wie befinden sich in dieser Situation die zum kleinen Kreis der deutschen Juden gehörenden Mitglieder der Gemeinden? Ich stelle mir vor, daß sie die heutige Situation als Vertiefung des Bruchs erfahren könnten, der sie von ihrer Vergangenheit trennt.

J. Sch.: Es ist mit Sicherheit für sie nicht unproblematisch. Die wenigen Juden, die sich zum deutschen Judentum rechnen, sind in den Gemeinden an den Rand gedrängt worden, gehen zum Teil nicht einmal mehr in die Gemeinden, weil sie sich dort fremd fühlen, und werden auch von der Mehrzahl der aus Osteuropa stammenden Gemeindemitglieder majorisiert und in gewissem Sinne auch scheel angesehen. Dabei spielt eine Rolle, daß sich hier die Gelegenheit bietet, sich für die ablehnende Haltung der deutschen Juden vor 1933 zu revanchieren, die damals häufig verächtlich auf die Ostjuden heruntergeblickt haben.

G. M.: Gibt es eine vitalere Publizistik der jüdischen Gemeinschaft in Deutschland?

J. Sch.: Nein. Neben einigen kleineren Gemeindeblättern gibt es nur die »Allgemeine Jüdische Wochenzeitung«. Sie ist, wie es im Impressum heißt, das Organ des Zentralrates der Juden in Deutschland. Zwei christliche Mitarbeiter redigieren dieses Blatt. Kritische Stimmen werden dort nicht gern gedruckt. Eine Reihe von Autoren – wie ich selbst – sind dort von dem inzwischen verstorbenen und in kriminelle Delikte verwickelten Werner Nachmann mit einem von ihm persönlich verfügten Schreibverbot belegt worden. Erst in letzter Zeit scheint sich hier eine gewisse Änderung zu vollziehen.

G. M.: Sie selbst, Herr Schoeps, sind mit Ihrem Vater in die Bundesrepublik zurückgekehrt ...

J. Sch.: Mein Vater war am Weihnachtsabend 1938 aus Deutschland nach Schweden geflüchtet. Dort lernte er meine Mutter kennen, die 1936 schon ins Exil gegangen war. Ich selbst bin 1942 in Djursholm geboren. Die Ehe wurde später geschieden. Mein Vater ging 1946 nach Deutschland zurück, habilitierte sich in Marburg und bekam dann einen Lehrstuhl in Erlangen, wo er über 30 Jahre bis zu seinem Tod 1980 lehrte.

G.M.: Ich las irgendwo, daß er Schwierigkeiten mit der Erlanger Universität hatte ...

J. Sch.: Ja, das ist richtig. Es war seinerzeit ein Skandal, daß sein Lehrstuhl, der als eine Art Wiedergutmachungslehrstuhl mit der Definition »Religions- und Geistesgeschichte« eigens für ihn 1947 eingerichtet worden war, 1978 in einen Konkordatslehrstuhl vom Bayerischen Staat umgewidmet worden ist. Das hieß im Klartext, daß der Nachfolger meines Vaters auf dem Lehrstuhl Katholik sein und der Bischof von Bamberg seine Einwilligung geben mußte. Mein Vater hat das als einen persönlichen Affront empfunden. Damals, also zwei Jahre vor seinem Tod, hat er an den Bayerischen Kultusminister Hans Maier einen Brief geschrieben, in dem er protestierte und schließlich bemerkte, er bedaure, nach Deutschland zurückgekehrt zu sein. Eine Antwort darauf hat er nicht bekommen. Es hat ihn sehr getroffen, daß er nach 30 Jahren Arbeit mit einem Fußtritt verabschiedet worden ist.

G. M.: Alfred Döblin hat einen vergleichbaren Brief an Theodor Heuss geschrieben, ehe er Deutschland – in der Restaurationsperiode der Adenauerzeit – tatsächlich ein zweites Mal verlassen hat.

J.Sch.: Ja, ich weiß, es gibt noch eine Reihe anderer charakteristischer Fälle. Den meines Vaters muß man wohl auch im Zusammenhang damit sehen, daß es nach 1945 keinerlei Versuche gegeben hat, die einst vertriebenen, hinausgeworfenen Juden wieder auf ihre Professuren zurückzuholen. Es gab keine offizielle Aufforderung eines deutschen Bundespräsidenten, geschweige denn eines Bundeskanzlers, an die ehemaligen deutschen Bürger, wieder zurückzukommen. Keine deutsche Universität hat ihre ehemaligen Professoren zur Rückkehr aufgefordert. Das hing wohl damit zusammen, daß auf diesen Lehrstühlen inzwischen andere saßen. Meiner Ansicht nach gehört das zu den anhaltend dunklen Schattenseiten dieser Republik. Es wären viele zurückgekommen, wenn man sie aufgefordert hätte, nicht bloß im akademischen Bereich ...

G.M.: Spielen Sie mir Ihrer Bemerkung auf etwas Bestimmtes an?

J.Sch.: Ja, ich denke an eine Verwandte von mir, die heute in Paris lebt. Sie besitzt seit über vierzig Jahren einen Nansen-Paß, einen Paß für Staatenlose. Will sie in die Bundesrepublik fahren, dann muß sie ein Visum beantragen, was letztlich heißt, daß sie nicht nach Deutschland fährt. Sie ist 1940 ausgebürgert worden. Um wieder deutsche Staatsbürgerin zu werden, hätte sie einen Antrag stellen müssen. Sie sagt aber, sie habe keinen Antrag auf Ausbürgerung gestellt, also würde sie auch keinen stellen, um wieder eingebürgert zu werden. Man sieht, wie mir scheint, gerade an solchen Fällen, daß es kein wirkliches Unrechtsbewußtsein im Nachkriegsdeutschland gegeben hat und daß der Wille nie ernsthaft war, die Vertriebenen wieder zurückzuholen. – Übrigens kenne ich sogar Fälle, in denen dieselben Beamten, die das Ausbürgerungsverfahren bearbeitet haben, wiederum mit dem Verfahren der Einbürgerung befaßt gewesen sind.

G.M.: Als Sie aus Schweden hierherkamen, war das ja nicht Ihre Wahl gewesen. Haben Sie nachträglich bewußt und willentlich für Deutschland optiert?

J.Sch.: Meine frühesten Erinnerungen reichen zurück an die Eisenbahnfahrt, die mich von Schweden in das Nachkriegsdeutschland brachte. Ich erinnere mich daran, daß ich bei dieser Fahrt pausenlos geheult habe. Es war das Jahr 1948. Ich reiste aus der heilen Welt Schwedens in eine Trümmerlandschaft. Damals war ich sechs Jahre alt und sprach kein Wort Deutsch. Ganz sicherlich habe ich mich nicht aus freien Stücken für Deutschland entschieden. Als Sechsjähriger wäre ich wohl etwas überfordert gewesen.

G.M.: Sie hatten als Kind nur Schwedisch gelernt – sprechen Sie es heute auch noch?

J.Sch.: Ja. Deutsch habe ich erst in der Schule in Erlangen gelernt. Das ging relativ schnell.

G.M.: Sind Sie jüdisch erzogen worden?

J.Sch.: Ich bin in einer nichtjüdischen Welt aufgewachsen. Wir haben zwar den Schabbath und den Seder-Abend gefeiert. Mein Vater war bemüht, uns jüdisches Wissen zu vermitteln. Aber es gab keine gleichaltrigen jüdischen Kinder, mit denen mein jüngerer Bruder und ich hätten Umgang haben können. Die nächste jüdische Gemeinde war in Nürnberg. Dort fuhren wir immer hin. Für mich als kleinen Jungen waren das uralte Menschen, alle über fünfzig, sechzig, siebzig Jahre alt. Sehr gut erinnere ich mich noch an einen Uhrmachermeister namens Auerbach. Seinen Vornamen habe ich vergessen. Vielleicht habe ich ihn auch nie gewußt. Ich erinnere mich nur, daß er in Nürnberg wie durch einen Zufall in einem Versteck überlebt hatte. Besonders gut habe ich noch seine zerarbeiteten Finger vor Augen, die sehr rissig waren. Es waren die Hände eines Menschen, der sein Leben lang körperlich gearbeitet hatte. Dieser Mann hat sich einmal eine Woche hingesetzt, um meinem Bruder und mir Hebräisch beizubringen und uns für die Bar Mitzwa vorzubereiten. Er hat das, nach all dem, was er durchgemacht hatte, wohl als eine Art Ehrenpflicht empfunden. Ich habe das damals nicht verstanden und auch nicht begriffen, warum ich mit meinem Bruder jede Woche einmal nach Nürnberg zum Unterricht fahren mußte. Damals habe ich nicht eingesehen, warum ich einen jüdischen Religionsunterricht besuchen sollte. Ich lebte ja in einer nichtjüdischen Welt. Wozu sich mit dem Judentum befassen? Wozu also Hebräisch lernen? Dann war die Bar Mitzwa 1955, eine der ersten in der Bundesrepublik. Von da an spielte das Judentum für mich nur noch eine untergeordnete Rolle…

G.M.: Warum?

J.Sch.: Ich kam damals in ein Internat – in Bayern, genauer gesagt in Berchtesgaden, wo ich mit Kindern von einstigen Nazi-Größen die Schulbank drückte, was mir damals aber nicht bewußt war. Im übrigen sprach man in jenen Jahren nicht über die Vergangenheit, schon gar nicht über das deutsch-jüdische Verhältnis. Man sprach über den Wiederaufbau und verdrängte alles, was mit der jüngsten Geschichte zu tun hatte.

G.M.: Wann begannen Sie sich wieder für Ihr Judentum zu interessieren?

J.Sch.: Das war in den sechziger Jahren. Und zwar war das

in Berlin, am 6. Juni 1967, als der Ausbruch des Sechstagekrieges die Öffentlichkeit beschäftigte. An diesem Tag fand in der Hochschule für Bildende Künste (HfBK) eine Solidaritätsveranstaltung für Israel statt, bei der Günter Grass vor vielen Menschen sprach. Ich war einer der Zuhörer im Auditorium. Ich glaube, an diesem Tag, an dem nicht sicher war, wie der Krieg ausgehen würde, kam mir mein Judentum wieder jäh ins Bewußtsein.

G.M.: Fühlen Sie sich in einer Familientradition stehend?

J.Sch.: Ganz sicher. Ich stamme aus einer typisch assimilierten Familie. Mein Großvater väterlicherseits war preußischer Stabsarzt. Die Familie kam aus Westpreußen. Mütterlicherseits stamme ich von Moses Mendelssohn ab wie auch von David Friedlaender, dem ersten jüdischen Stadtrat von Berlin, so daß ich das deutsche Judentum in seinen Assimilationssehnsüchten geradezu familiengeschichtlich verkörpere. Deutschjüdische Geschichte ist in gewisser Weise meine eigene Geschichte, und dieses Bewußtsein bestimmt meine Identität bis heute.

G.M.: Ihr Vater war einer der Wortführer der konservativen Juden in Deutschland, der im Grunde nicht glauben konnte, was er sah …

J.Sch.: Er definierte sich als Preuße, Konservativer und Jude. Ich habe nie gehört, daß er je von sich als einem »Deutschen« gesprochen hat. Im übrigen sagte er immer, was mich in jungen Jahren sehr fasziniert hat: »Ich bin ein Jude, der geprägt ist vom protestantischen Denken.« Das hat sich, wenn ich das so recht überlege, bei mir fortgesetzt. Je älter ich werde, desto mehr verstehe ich, was mein Vater damit ausdrücken wollte. Auch ich würde heute von mir sagen, daß ich ein Jude bin, aber eben ein Jude, der geprägt ist durch eine protestantische Denkstruktur, die er daher hat, daß er deutsche Schulen und Universitäten besucht und den Bildungskanon des deutschen Bürgertums verinnerlicht hat.

G.M.: Anders als Ihr Vater zählen Sie selbst ja nun nicht gerade zu den Konservativen. In welchem Verhältnis sehen Sie bewußtes Judentum und politische Haltung?

J.Sch.: Ein Konservativer bin ich sicherlich nicht, aber ein Linker schon gar nicht. In den 60er Jahren habe ich immer gewisse Vorbehalte gegenüber der Studentenbewegung gehabt. Instinktiv fühlte ich, daß da etwas verhandelt wird, was nicht meine Sache ist. Heute sehe ich deutlicher, worum es damals eigentlich ging. Es war so etwas wie ein unbewußter Aufstand der deutschen Jugend gegen die Nazi-Vergangenheit der Väter, gegen die Verlogenheit und das Schweigen, mit denen die Hitler-Jahre zugedeckt wurden. Nicht daß ich das damals wirklich gewußt hätte, aber empfunden habe ich es schon. Es hatte jedenfalls die Konsequenz, daß ich zwar zu Demonstrationen ging, aber mich nicht »einreihte«, daß ich auf den Versammlungen war, aber doch Schwierigkeiten hatte, mich, wie es von mir eigentlich erwartet wurde, zu »solidarisieren«.

G.M.: Die anfängliche Solidarität zwischen Linken und Juden hat nicht lange angedauert. Woran lag das?

J.Sch.: Im Rückblick scheint mir, daß der Konflikt zwischen Linken und Juden nach dem Sechstagekrieg aufgebrochen ist. Bis dahin stand die jüngere Generation emotional ja fast geschlossen auf seiten der Juden. Erst unter dem Eindruck der israelischen Siege 1967 vollzog sich der Schwenk zu den Palästinensern. Viele jüngere Juden, die bis dahin mit der Linken sympathisiert hatten, trennten sich von diesem Zeitpunkt an von der Linken und begannen sich auf eine eigene, eine jüdisch linke Position zu besinnen. Für kritische Juden war es eigentlich immer selbstverständlich, zwischen Antizionismus und Antisemitismus zu unterscheiden. Man sehe nur den Artikel »Antizionismus« im »Jüdischen Lexikon« von 1934, wo in dieser Frage sehr genau differenziert wird. Bei den deutschen Kritikern Israels verschwamm und verschwimmt diese Unterscheidung sehr oft. In den Antizionismus mischen sich häufig antisemitische Motive.

G.M.: Bei Juden, scheint mir, und wohlmeinenden Nichtjuden hat es in gewissen Abständen immer wieder Visionen der Aufhebung der Antagonismen zwischen den ethnischen und religiösen Gemeinschaften in einem höheren gesellschaftlichen Bewußtsein gegeben. Ich erinnere nur an Otto

Heller, einen Kommunisten, der 1931 ein Buch mit dem Titel veröffentlichte »Der Untergang des Judentums«. Der Untertitel hieß: »Die Judenfrage / Ihre Kritik / Ihre Lösung durch den Sozialismus.« Diese Vision hatte durch die Gründung der Judenrepublik Birobidschan in der Sowjetunion Nahrung erhalten. – Was halten Sie von derartigen Visionen?

J.Sch.: Ich bin ein Gegner jeder Art von Nationalismus. Ich fühle und definiere mich als Kosmopolit, und zwar aus Überzeugung, aber auch aus Lebenserfahrung. Mein Traum ist die Überwindung des Nationalismus, der nach meiner Überzeugung bisher nur Unheil hervorgerufen hat. Als Historiker weiß ich natürlich, daß der Nationalismus Ausdruck kollektiven Bewußtseins ist und daß er den Verlauf der modernen Geschichte mehr bestimmt hat als das Prinzip des Klassenkampfes. – Moses Heß hat das schon ähnlich formuliert, wenn er in »Rom und Jerusalem« sagte: »Erst kommt der Rassenkampf und dann der Klassenkampf.« Rassenkampf hat Heß im Sinn von Nationalitätenkampf verstanden.

G.M.: Wie reagiert Ihr innerer Kosmopolitismus auf den neuen Regionalismus in seinen diversen Spielarten?

J.Sch.: Er macht mir Bauchschmerzen. Denn so etwas pflegt über kurz oder lang immer zur Ausgrenzung einzelner Gruppen zu führen. Man muß dann irgendwann bestimmen, wer dazugehört und wer nicht. So zucke ich zusammen, wenn ich Politiker oder neuerdings ja immer häufiger auch Intellektuelle aller möglichen Couleur und Professoren sagen höre: »Wir Deutschen …« Damit ist meist mehr gemeint als die Vorstellung, die ich für mich in Anspruch nehme, nämlich Bürger der Bundesrepublik Deutschland zu sein.

G.M.: Trotz Ihres Kosmopolitismus haben Sie selbst sich in Ihrer wissenschaftlichen Arbeit als Historiker aber auch auf eine bestimmte Gruppe von Juden konzentriert: die des deutschen Sprachbereichs – aus wissenschaftspraktischen Gründen?

J.Sch.: Mich interessiert, ob es das gab, was Gershom Scholem verneint hat, die deutsch-jüdische Symbiose. Um es vorwegzunehmen: Ich glaube, es hat sie gegeben, und zwar sehr ausgeprägt. Es gab sie vor allem kulturell, in der Sprache, in der Literatur. Mich beschäftigt die Frage, wann das deutsch-jüdische Verhältnis zerbrochen ist, welches die Bedingungen und Gründe für das Scheitern waren. Ich möchte aber auch mit meiner Arbeit darauf hinweisen, daß es Phasen der Normalität gegeben hat. Dazu muß ich allerdings sagen, daß ich mich mit diesem Forschungsgegenstand lange Jahre sehr allein gefunden habe. Um mich selbst etwas zu trösten, habe ich dann häufig erklärt, ich bin eben so etwas wie ein »Nachlaßverwalter« des deutschen Judentums.

G.M.: Ihre eigene Professur in Duisburg ist eine normale Historikerstelle?

J.Sch.: Es ist eine Professur für Politische Wissenschaften unter besonderer Berücksichtigung der Neueren Geschichte.

G.M.: Die Spezialisierung auf die Geschichte des deutschen Judentums ist Ihre eigene Auslegung dieser Stelle?

J.Sch.: So ist es, und das ist sicher nicht ganz üblich.

G.M.: An wen adressieren Sie ideell und wirklich Ihre Forschungsarbeit – an die internationale Judaistik, die deutsche Geschichtswissenschaft ...?

J.Sch.: Mich interessiert nicht so sehr das Publikum in den USA oder in Israel, sondern in erster Linie das in der Bundesrepublik und in der DDR, die jungen Deutschen also, die hier leben. Ich habe in den letzten Jahren oft überlegt, in die USA auszuwandern, habe das dann aber doch nicht gemacht, denn ich sage mir, tust du das, würde am Ende Hitler und der Antisemitismus recht behalten. Und das geht nicht. Ich bleibe also, arbeite weiter und versuche als Historiker meinen Beitrag zu leisten, in der Hoffnung, daß es mir gelingt, den einen oder anderen davon zu überzeugen, daß die deutsch-jüdische Geschichte integraler Bestandteil der deutschen Geschichte ist. Ob es gelingt? Ich weiß es nicht ...

G.M.: In der Antisemitismusforschung ist doch jetzt einiges geschehen.

J.Sch.: Unbestritten. Aber bedenken Sie auch, fünfunddreißig Jahre hat sich so gut wie nichts getan. – Die Judaistik etwa versteht sich als eine Disziplin zur Erforschung des Judentums, meist betrieben von einstigen Theologen und Nicht-juden. Es wäre sehr viel besser, wenn sich die Judaistik gerade in der Bundesrepublik stärker mit dem christlich-jüdischen Verhältnis beschäftigen würde. Das hätte Sinn und Zweck, nicht die allgemeine Reflexion über Probleme des Judentums, die man vielleicht doch besser den Juden überlassen sollte.

G.M.: Sie deuteten Situationen an, in denen Sie den Fort-gang aus der Bundesrepublik erwogen haben – Wiederho-lungssituationen oder bestimmte Anlässe?

J.Sch.: Es ist für einen Juden nicht immer einfach, in Deutschland zu leben. Ich bekomme mitunter Drohbriefe, bin auch schon attackiert worden. Aber das ist alles nicht so schlimm. Schlimmer sind Äußerungen von Politikern, von Kollegen, die mir Angst machen. Ich meine das jähe Durch-blitzen uralter antisemitischer Stereotypen meist christlichen Ursprungs, die noch vorhanden sind wie eh und je und nur darauf warten, aktiviert zu werden.

G.M.: Welche Erfahrungen machen Sie als Hochschulleh-rer, als der Sie es mit jungen Leuten zu tun haben, mit den jün-geren Generationen?

J.Sch.: Das Interesse an deutsch-jüdischer Geschichte ist ungeheuer groß, ohne daß die deutschen Universitäten bisher sehr viel dafür tun würden. Es wäre in den letzten Jahren not-wendig gewesen, entsprechende Lehrstühle einzurichten, und zwar in den Bereichen der Lehrerausbildung. Das ist nicht ge-schehen. Die Möglichkeiten für Studenten, sich über Fragen des Judentums in Deutschland zu informieren, sind sehr ein-geschränkt. Hier gäbe es ein weites Feld von Aktivitäten, vor allem für die Geistes-, Kultur- und Sozialwissenschaften.

G.M.: Sind Sie persönlich schon auf antisemitische Vorur-teile gestoßen?

J.Sch.: Ab und zu höre ich Äußerungen, die mich zusam-menzucken lassen. Auf der anderen Seite glaube ich aber, daß der offene Antisemitismus mangels existierender Juden all-mählich abnimmt. Aber, man darf sich nichts vormachen, la-tent ist er vorhanden und bedarf nur eines Anlasses, um akti-viert zu werden. Erschreckend für mich ist, wenn plötzlich

Schüler antisemitische Symbole und nazistische Parolen an die Tafel schmieren. Das mag im Einzelfall der Protest gegen einen Lehrer sein, der sich als links versteht und dem man auf diese Weise gezielt eins auswischen zu können glaubt. Es zeigt aber auch das subkutane Fortleben des antisemitischen Vorurteils.

G.M.: Es wird – auch von jüdischer Seite – aus solchen und ähnlichen Anlässen öfter davor gewarnt, Juden und Jüdisches in der deutschen Geschichte, selbst auch nur in der Geschichtswissenschaft und -theorie, als einen eigenen Gegenstand auszugrenzen und ihn damit einmal mehr einer »Sonderbehandlung« auszusetzen. Wer heute vom »Juden Kafka« spreche, würde wieder zum Judenstern greifen. Was halten Sie von diesem Argument?

J.Sch.: Es ist nicht gänzlich von der Hand zu weisen und auch wohl gar nicht prinzipiell zu entkräften. Aber wie soll ich zum Beispiel angemessen von Maximilian Harden oder Walther Rathenau sprechen, ohne auf deren Judesein einzugehen? Zweifellos hat für ihr Verhalten, ja selbst auch ihre Schreibweise es eine erhebliche Bedeutung gehabt, daß sie Juden waren. Wie soll ich mir dieses Wissen, das doch auch in diesem Fall so viel erklärt, als Historiker aus dem Kopf schlagen? Mag in vielen Fällen auch das Judentum nicht thematisiert werden, so wirkt es sich doch aus, und ich kann darüber nicht hinwegsehen.

G.M.: In meinem Bekanntenkreis beobachte ich eine schwärmerische Bereitschaft zur Verklärung scheinbar ursprungsnäherer Lebensformen. Sie kam – auf dem Rücken der Ethnologie – zeitweise den Indianern Südamerikas zugute; hier und da bemerke ich einen fliegenden Wechsel zu den Juden, sofern sie noch den Osten ahnen lassen. Machen Sie Erfahrungen mit Philosemitismus, und wie stellen Sie sich dazu?

J.Sch.: Philosemitismus ist die Kehrseite des Antisemitismus. Er ist mir immer sehr unangenehm gewesen. Juden sind nicht besser als andere Menschen. Ich werde immer sehr mißtrauisch, wenn ich auf schwärmerische Begeisterung und Idea-

lisierung von Juden und Judentum treffe. Korrekt würde ich
es finden, wenn Juden genauso gesehen werden wie Nichtjuden. Ich befürchte, dies wird aber noch lange auf sich warten
lassen.

Nachweis der Druckorte

Die mißglückte Emanzipation
Zur Tragödie des deutsch-jüdischen Verhältnisses
in: Frankfurter Allgemeine Zeitung, 6. April 1987; ausführlichere Fassung in Deutsche Jüdische Soldaten 1914–1945, hrsg. vom Militärgeschichtlichen Forschungsamt, Herford und Bonn 1987, S. 97–107

»Hab'n Sie nicht den kleinen Cohn geseh'n
Antisemitismus im deutschen Alltag
in: Die Zeit, 5. Februar 1988

Öffentlich geächtet und vogelfrei
Vertreibung und Ausbürgerung im NS-Staat
in: Frankfurter Allgemeine Zeitung, Magazin 354/1986, S. 50–55

Zwischen Kreuz und Hackenkreuz
Der deutsche Protestantismus und der Mord an den Juden
in: Die Zeit, 5. Oktober 1988

Wie kam es zur Katastrophe?
Die Deutschen und der Nationalsozialismus
in: Die Zeit, 5. Dezember 1988

»Vergeßt uns nicht«
Der Widerstand der Namenlosen
in: Der Tagesspiegel, 7. Oktober 1988

Treitschke redivivus?
Ernst Nolte und die Juden
in: Der Tagesspiegel, 21. Februar 1987, ausführlichere Fassung in Zeitschrift für Religions- und Geistesgeschichte 2/1988, S. 170-176

Die Last der Geschichte
Zur Situation der Juden in der Bundesrepublik Deutschland
in: Der Aufbau, Nr. 25, 2. Dezember 1988, ebenfalls, in: Offene Wunden – brennende Fragen. Juden in Deutschland von 1938 bis heute, hrsg. von Günther Gorschenek und Stephan Reimers, Frankfurt am Main 1989, S. 67–84

Im Streit um Kafka und das Judentum
Der Briefwechsel zwischen Max Brod und Hans-Joachim Schoeps
in: Max Brod 1884–1984. Untersuchungen zu Max Brods literarischen und philosophischen Schriften, hrsg. von Margarita Pazi, New York u.a. 1987, S. 79–100

Sexualität, Erotik und Männerbund
Hans Bühler und die deutsche Jugendbewegung
in: Typisch deutsch: Die Jugendbewegung. Beiträge zu einer Phänomengeschichte, hrsg. von Joachim H. Knoll und Julius H. Schoeps, Stuttgart/Bonn 1986, S. 200–215

Der ungeliebte Außenseiter
Zum Leben und Werk des Philosophen und Schriftstellers Theodor Lessing
in: Juden in der Weimarer Republik, hrsg. von Walter Grab und Julius H. Schoeps, Stuttgart/Bonn 1986, S. 200–215.

»Erwacht aus dem Traume der Assimilation«
Max Liebermann und sein Bekenntnis zum Zionismus
in: Jüdisches Leben (= Berliner Topographien, Bd. 4), hrsg. von Wolfgang Dreßen, Berlin 1985, S. 69 und 92.

»Wir werden nie erfahren, was eigentlich geschehen«
Eine ungewöhnliche Mutter-Sohn-Beziehung: Der Briefwechsel zwischen Betty und Gershom Scholem
in: Die Zeit, 10. November 1989.

Im Gespräch mit Gert Mattenklott
in: Literatur im historischen Prozeß, hrsg. von Jost Hermand
und Gert Mattenklott, Hamburg 1988, S. 148–156.

Die Ermordung der europäischen Juden

Eine umfassende Dokumentation des Holocaust 1941–1945
Herausgegeben von Peter Longerich unter Mitarbeit
von Dieter Pohl. 479 Seiten. Serie Piper 1060

Ziel dieser Dokumentation ist es, den nationalsozialistischen Judenmord in seiner Gesamtheit darzustellen. In einer Auswahl von rund 220 Schlüsseldokumenten werden Land für Land die Mechanismen des ganz Hitler-Europa umfassenden Vernichtungsprozesses veranschaulicht. Einführende Texte des Herausgebers stellen den historischen Kontext her. Der Band schließt auch die unmittelbare Vorgeschichte des Mordes an den Juden, Widerstands- und Hilfeaktionen sowie den Problemkreis des »Wissens und Schweigens« ein.

H. G. Adler
Die Juden in Deutschland

Von der Aufklärung bis zum Nationalsozialismus
178 Seiten. Serie Piper 766

Der mörderische Judenhaß der Nationalsozialisten hat eine lange Vorgeschichte: Seidem es Juden in Deutschland gab, wurden sie von ihrer Umwelt – mit wechselnder Härte – verfolgt. Der moderne Antisemitismus beginnt allerdings erst Ende des 18. Jahrhunderts, parallel zu der – nie wirklich erreichten – Emanzipation der Juden, wie sie im Gefolge der Aufklärung angestrebt wurde. In diesem schon zum Klassiker gewordenen Buch versucht H. G. Adler, diesen Prozeß nachzuzeichnen, der von etwa 1780 bis in die Weimarer Republik reicht. Er schildert die Versuche der Juden in Deutschland, als gleichberechtigte Staatsbürger anerkannt zu werden, und die Reaktionen der Gesellschaft darauf, die schließlich in die Katastrophe von 1933 mündeten. Dabei werden auch die Gründe dafür deutlich, warum das Unheil für die Juden nach 1933 gerade aus Deutschland kam.

PIPER

»Niemand war dabei und keiner hat's gewußt«

Die deutsche Öffentlichkeit und die Judenverfolgung 1933–45. Herausgegeben von Jörg Wollenberg. 271 Seiten. Serie Piper 1066

Vor fünfzig Jahren trat mit der »Reichskristallnacht« die Judenverfolgung in ihre mörderische Phase – Anlaß genug, heute das gesamte System der Verfolgung, Beraubung und Ermordung der Juden in Deutschland zu diskutieren.

Schwerpunkt des Bandes, der auf einem Symposion des Bildungszentrums Nürnberg im November 1988 fußt, ist die Frage nach dem Verhalten der deutschen Öffentlichkeit: Wieviel wußte der »Mann auf der Straße«, wieviel hätte er wissen können, welche Möglichkeiten zum Widerstand hätte es gegeben? Beiträge zu diesem Buch schrieben u.a. Axel Eggebrecht, Jörg Friedrich, Hermann Glaser, Walter Grab, Arno Hamburger, Robert M. W. Kempner, Ulrich Klug, Maria Gräfin Maltzahn, Manfred Messerschmidt, Ernst Piper und Ernst Waltemathe.

Andrzej J. Kamiński
Konzentrationslager 1896 bis heute

Geschichte, Funktion, Typologie
289 Seiten. Serie Piper 954

Persönliche Leidensberichte über die grausame Haft in Konzentrationslagern überall in der Welt empören fast täglich das Gewissen der Menschen. Dennoch ist bisher noch nie der Versuch unternommen worden, die verschiedenen Strukturen und Funktionen von Lagern wissenschaftlich, systematisch und vergleichend zu untersuchen. Der Autor, als polnischer Widerstandskämpfer in nationalsozialistischen Konzentrationslagern inhaftiert, 1973 aus Polen emigriert, erarbeitet in diesem Buch eine erste Typologie von Lagern seit Ende des 19. Jahrhunderts nach ihren Funktionen.

PIPER

Elisabeth Endres

Die gelbe Farbe
Die Entwicklung der Judenfeindschaft aus dem Christentum
263 Seiten. Geb.

Seitdem es Christen gibt, werden Juden verfolgt: Die
Judenfeindschaft sitzt tief in den christlichen Gesellschaften.
Elisabeth Endres zeichnet in diesem Buch von der Bibel bis an die
Schwelle des 20. Jahrhunderts die Entstehung und Entwicklung
des christlichen Judenhasses nach.

»So durchzieht die gelbe Farbe ›unsere Kultur, der die
Judenfeindschaft zum Unglück geworden ist‹. Mit dieser
Feststellung beendet Elisabeth Endres ihre fesselnde Studie.«
Das Parlament

Edith Stein
Christliche Philosophin und jüdische Märtyrerin
303 Seiten. Leinen

»Elisabeth Endres ist eine exzellente Biographie gelungen, sehr
anschaulich geschrieben, mit bemerkenswert breiter
Sachkompetenz. Mit intellektueller Brillanz und Anmut erreichte
sie hier das Einfache, das (deshalb) so hochkompliziert in der
Bewältigung ist. Mit diesem Band existiert nun nicht nur die erste
umfassende Biographie der Edith Stein. Dieser Band realisiert
zugleich auch das Bestmögliche: Person und Familie,
Philosophie und Theologie, Kirche und Welt zur Zeit der Edith
Stein gewinnen markante Konturen. Werden erfreulich
begreifbar.«
Münchner Merkur

PIPER

Ruth Elias

Die Hoffnung erhielt mich am Leben
Mein Weg von Theresienstadt und Auschwitz nach Israel.
328 Seiten mit 8 s/w Abbildungen. Geb.

Ruth Elias, die in diesem Buch die Geschichte ihres Überlebens in
Theresienstadt und Auschwitz erzählt, hat alle Stationen in der Hölle
des SS-Staates durchlitten. Als Jüdin nach dem deutschen Einmarsch
in ihre mährische Heimat verfolgt, wird sie nach einer Denunziation
nach Theresienstadt »verbracht«. Dort versucht sie mit ihrem Mann
ein möglichst »normales« Leben zu führen – ein seltener Einblick in
das Innenleben eines Ghettos. 1943 wird sie nach Auschwitz deportiert,
wo es nur mehr um das nackte Überleben geht. Hier sieht sie, wie
Tausende ihrer Mitgefangenen verhungern, sterben, zu Tode gequält,
vergast werden; hier bekommt sie – und verliert durch die Quälerei des
Dr. Mengele – ein Kind.

Nach der Befreiung 1945 kehrt sie zunächst in ihre Heimat zurück, um
nach Verwandten zu suchen – aber außer ihr hat niemand den
»Holocaust« überlebt. Auch muß sie feststellen, daß frühere Bekannte,
die von der »Arisierung« profitiert hatten, sie nicht mit offenen Armen
aufnahmen: Ihr Erbe war schon verteilt. Auch dies ein Stück
Wirklichkeit der Judenverfolgung.

So wandert sie 1949 nach Israel aus, wo sie eine neue Heimat und eine
neue Familie findet. Ihren Enkeln hat sie nun, nach über 40 Jahren
des Vergessen-Wollens, diesen Bericht geschrieben, damit dies nicht
nur ein Stück Historie bleibt, sondern erfahrbar wird. Wer diesen
Bericht gelesen hat, kann erahnen, was »Holocaust« in Wirklichkeit
bedeutet hat.

PIPER

Historikerstreit

Die Dokumentation der Kontroverse um die Einzigartigkeit
der nationalsozialistischen Judenvernichtung
Texte von Rudolf Augstein, Karl Dietrich Bracher, Martin Broszat,
Micha Brumlik, Walter Euchner, Joachim Fest, Helmut Fleischer,
Imanuel Geiss, Jürgen Habermas, Hanno Helbling, Klaus Hildebrand,
Andreas Hillgruber, Eberhard Jäckel, Jürgen Kocka, Robert Leicht,
Richard Löwenthal, Christian Meier, Horst Möller, Hans Mommsen,
Wolfgang J. Mommsen, Thomas Nipperdey, Ernst Nolte, Joachim
Perels, Hagen Schulze, Kurt Sontheimer, Michael Stürmer, Heinrich
August Winkler. 397 Seiten. Serie Piper 816

Seit der »Kriegszieldiskussion« der sechziger Jahre über die Politik des
Deutschen Reiches im Ersten Weltkrieg hat wohl kein geschichtliches
Thema die Öffentlichkeit so beschäftigt wie die im vergangenen Jahr
aufgebrochene Kontroverse über die Frage der Einzigartigkeit der
nationalsozialistischen Judenvernichtung. Wie ist die Ermordung von
Millionen Juden geschichtlich einzuordnen – als ein Verbrechen, wie es
vergleichbar in der Geschichte auch anderswo und zu anderen Zeiten
stattgefunden hat, oder als einzigartiges, unvergleichliches
Geschehen? Seit Jürgen Habermas mit seiner Kritik an Andreas
Hillgrubers und Ernst Noltes Thesen die Debatte eröffnete, haben sich
eine Reihe von Historikern zu Wort gemeldet, haben Partei ergriffen,
neue Akzente gesetzt und die Problematik vertieft. Der vorliegende
Band kann für sich in Anspruch nehmen, die entscheidenden Beiträge
zu versammeln und so der Öffentlichkeit ein vollständiges,
unparteiisches und die wesentlichen Aspekte berücksichtigendes Bild
dieser wichtigen geschichtlichen Diskussion zu bieten, in der es nicht
nur um das Verhältnis der Deutschen zu ihrer jüngsten Geschichte,
sondern auch zu ihrer Gegenwart geht.

PIPER

Michael Wolffsohn

Ewige Schuld?

40 Jahre deutsch-jüdisch-israelische Beziehungen.
187 Seiten. Serie Piper 985

Ein in Israel geborener, in Deutschland lebender Jude analysiert die deutsch-jüdisch-israelischen Beziehungen seit 1948. In Themenkomplexen wie »Ohne Hitler kein Israel?«, »Deutsch-Israelische Geschichtspolitik«, »Die Legende vom gebückten Gang«, »Sprachprobleme«, »Persönlichkeiten«, »Institutionen« und »Dreiecksbeziehungen« gegliedert, zeichnet Michael Wolffsohn die Entwicklung seit dem Beginn der »Wiedergutmachung« bis zur Gegenwart nach. Beiden Seiten gleich nah, beschreibt er sinnentleerte Sühnerituale und ahistorisches Verdrängen in Deutschland ebenso wie den israelischen Umgang mit dem »Holocaust«. Juden und Deutsche sind durch ihre Geschichte unlösbar miteinander verbunden, ob sie nun – auf deutscher Seite – den Holocaust verdrängen wollen oder ihn – auf israelischer Seite – zur Bestärkung der eigenen Identität instrumentalisieren. Dennoch ist das Fazit des Autors optimistisch: »Die gesellschaftliche Entwicklung ist der politischen weit voraus; gesellschaftliche Entkrampfung ohne geschichtliche »Entsorgung« bestimmt zunehmend den deutsch-jüdisch-israelischen Alltag. Die Politiker, Funktionäre und Ideologen auf beiden Seiten haben es nur noch nicht bemerkt.«

PIPER

Martin Broszat / Elke Fröhlich

Alltag und Widerstand – Bayern im Nationalsozialismus

702 Seiten. Serie Piper 678

Nach fast zehnjähriger Forschungsarbeit hat das Institut für Zeitgeschichte 1983 die vielbeachtete sechsbändige Reihe »Bayern in der NS-Zeit« abgeschlossen. Diese Taschenbuchausgabe legt zwei besonders eindringliche Teile daraus vor: die epische Chronik der Auswirkungen der NS-Zeit in einer fränkischen Armutsregion (Ebermannstadt bei Forchheim) und die von Elke Fröhlich fesselnd erzählten zehn Geschichten über Widerstand und Verfolgung. Mit einer großen, neu geschriebenen Einleitung gibt Broszat einen Überblick über die Problematik der »Gesellschaftsgeschichte des Widerstands«. Für den zeitgeschichtlich interessierten Laien und für den Geschichtsunterricht besonders geeignet.

Karl Jaspers

Die Schuldfrage

Zur politischen Haftung Deutschlands. 89 Seiten. Serie Piper 698

Karl Jasper's berühmte Schrift »Die Schuldfrage« ist ein Beispiel dafür, wie philosophisches Denken in komplexen politischen Situationen Orientierungshilfe werden und zugleich aktuelle und die Aktualität überdauernde Bedeutung haben kann. Die anhaltende Diskussion um die jüngste Vergangenheit macht eine erneute Beschäftigung mit »Die Schuldfrage« sinnvoll und notwendig.

Jaspers schreibt in seinem letzten Nachwort von 1962: »Die Schrift wurde 1945 entworfen. Man muß bei der Lektüre sich jener Zeit erinnern, in der sie geschrieben wurde. Der Hagel der Schuldigerklärungen ging täglich auf uns Deutsche nieder.«

1945 / 46 war noch die Hoffnung lebendig, daß der Nürnberger Prozeß ein neues Weltrecht begründen würde. Diese Hoffnung wurde durch den Prozeßverlauf enttäuscht. Trotzdem plädierte Jaspers noch 1962 für das Festhalten an der Idee eines »Weltzustandes mit einem Weltrecht«.

Der Widerstand gegen den Nationalsozialismus

Die deutsche Gesellschaft und der Widerstand gegen Hitler. Vorwort von Peter Treue. Hrsg. von Jürgen Schmädeke und Peter Steinbach. 1185 Seiten. Serie Piper 685

»Diese Beiträge markieren den gegenwärtigen Stand der Forschung und werden wohl für lange Zeit die vorderste Linie dieser Forschung kennzeichnen. In der Darstellung des Umfanges des Widerstandes, der Motivationen und der Gruppierungen, in der Erfassung der verschiedenen Formen und Absichten und in der Würdigung der Beteiligten dürfte mit dieser Publikation ein Standard erreicht sein, der den historischen Gegebenheiten gerecht wird und nicht mehr einseitig vordergründigen politischen Zwecken dienstbar gemacht werden kann.« DER TAGESSPIEGEL

PIPER

Bücher zur Zeitgeschichte

Uwe Backes / Karl-Heinz Janßen / Eckhard Jesse
Henning Köhler / Hans Mommsen / Fritz Tobias
Reichstagsbrand – Aufklärung einer historischen Legende
Mit einem Vorwort von Louis de Jong und einem Nachwort
zur Taschenbuchausgabe. 332 Seiten. Serie Piper 785

Karl Dietrich Bracher
Die totalitäre Erfahrung
274 Seiten. Kt.

Karl Dietrich Bracher
Zeitgeschichtliche Kontroversen
Um Faschismus, Totalitarismus, Demokratie. 159 Seiten. Serie Piper 142

Martin Broszat / Elke Fröhlich
Alltag und Widerstand – Bayern im Nationalsozialismus
702 Seiten. Serie Piper 678

Raymond Cartier
Vom Ersten zum Zweiten Weltkrieg
1918–1939. Aus dem Franz. von Ulrich F. Müller.
652 Seiten mit 205 Abbildungen und 15 Karten. Geb. im Schuber

Raymond Cartier
Der Zweite Weltkrieg
Aus dem Franz. von Max Harries-Kester, Wolf D. Bach und Wilhelm Thaler,
unter wissenschaftlicher Beratung von Hellmuth Dahms, Hermann Weiss
und Wolfgang Kneip. 1322 Seiten, 462 Abbildungen und 55 Karten.
Serie Piper 280

Piper 50/5a

PIPER

Bücher zur Zeitgeschichte

Georg Denzler
Widerstand oder Anpassung?
Katholische Kirche und Drittes Reich.
154 Seiten. Serie Piper 294

Theodor Eschenburg
Die Republik von Weimar
Beiträge zur Geschichte einer improvisierten Demokratie.
335 Seiten. Serie Piper 356

Joachim C. Fest
Das Gesicht des Dritten Reiches
Profile einer totalitären Herrschaft. 515 Seiten. Geb.
(Auch in der Serie Piper 199 lieferbar)

Imanuel Geiss
**Das Deutsche Reich und die Vorgeschichte
des Ersten Weltkriegs**
261 Seiten. Serie Piper 442

Imanuel Geiss
Das Deutsche Reich und der Erste Weltkrieg
253 Seiten. Serie Piper 443

Werner Hilgemann
Atlas zur deutschen Zeitgeschichte
1918–1968. 208 Seiten und über 100 farbige Karten.
Serie Piper 328

PIPER

Bücher zur Zeitgeschichte

Peter Hoffmann
Widerstand gegen Hitler
Probleme des Umsturzes. 104 Seiten. Serie Piper 190

Peter Hoffmann
Widerstand Staatsstreich Attentat
Der Kampf der Opposition gegen Hitler.
1003 Seiten mit Karten, Skizzen und 8 Fotos. Serie Piper 418

Ernst Nolte
Der Faschismus in seiner Epoche
Action française, Italienischer Faschismus, Nationalsozialismus.
633 Seiten. Serie Piper 365

Ernst Nolte
**Die Krise des liberalen Systems
und die faschistischen Bewegungen**
475 Seiten. Leinen

Ernst Piper
**Ernst Barlach und die
nationalsozialistische Kunstpolitik**
Eine dokumentarische Darstellung zur »entarteten Kunst«.
283 Seiten mit 18 Abbildungen. Geb.

Gerhard Tomkowitz / Dieter Wagner
»Ein Volk, ein Reich, ein Führer!«
Der »Anschluß« Österreichs 1938. 393 Seiten. Serie Piper 796

Piper 50/3c

PIPER

Bücher zur Zeitgeschichte

Der Weg ins Dritte Reich
1918–1933. 221 Seiten. Serie Piper 261

Der Widerstand gegen den Nationalsozialismus
Die deutsche Gesellschaft und der Widerstand gegen Hitler.
Vorwort von Peter Treue. Hrsg. von Jürgen Schmädeke und Peter Steinbach.
1185 Seiten. Serie Piper 685

A. P. Young
Die ›X‹-Dokumente
Die geheimen Kontakte Carl Goerdelers mit der britischen
Regierung 1938/1939.
Herausgegeben von Sidney Aster. Betreuung der deutschen Ausgabe und
Nachwort: Helmut Krausnick.
Aus dem Englischen von Dieter Vogel. 331 Seiten. Kt.

Der Zweite Weltkrieg
Analysen, Grundzüge, Forschungsbilanz.
Im Auftrag des Militärgeschichtlichen Forschungsamtes, herausgegeben von
Wolfgang Michalka. 878 Seiten. Serie Piper 811

PIPER